Hacia la Resiliencia y Neutralidad Climática en América Latina y el Caribe

PRIORIDADES POLÍTICAS CLAVE

OCDE
MEJORES POLÍTICAS PARA UNA VIDA MEJOR

El presente trabajo se publica bajo la responsabilidad del Secretario General de la OCDE. Las opiniones expresadas y los argumentos utilizados en el mismo no reflejan necesariamente el punto de vista oficial de los Países miembros de la OCDE.

Tanto este documento, así como cualquier dato y cualquier mapa que se incluya en él, se entenderán sin perjuicio respecto al estatus o la soberanía de cualquier territorio, a la delimitación de fronteras y límites internacionales, ni al nombre de cualquier territorio, ciudad o área.

Por favor, cite esta publicación de la siguiente manera:
OECD (2023), *Hacia la Resiliencia y Neutralidad Climática en América Latina y el Caribe: Prioridades políticas clave*, OECD Publishing, Paris, https://doi.org/10.1787/a73c1364-es.

ISBN 978-92-64-84643-2 (impresa)
ISBN 978-92-64-84266-3 (pdf)
ISBN 978-92-64-73317-6 (HTML)
ISBN 978-92-64-29379-3 (epub)

Publicado originalmente en inglés por la OCDE con el título: OECD (2023), *Towards Climate Resilience and Neutrality in Latin America and the Caribbean*, OECD Publishing, Paris, https://doi.org/10.1787/278e52e8-en.

Esta traducción ha sido comisionada por la Dirección de Medio Ambiente y su exactitud no puede ser garantizada por la OCDE. Las únicas versiones oficiales son los textos en inglés.

Imágenes: Portada © Ana Lucía Soto

Las erratas de las publicaciones se encuentran en línea en: www.oecd.org/about/publishing/corrigenda.htm.

Prefacio

La región de América Latina y el Caribe (ALC) es una de las zonas con mayor biodiversidad del mundo, abarcando una amplia gama de ecosistemas y recursos naturales. La región también es muy vulnerable a los impactos del cambio climático, incluidos los fenómenos meteorológicos extremos, el aumento del nivel del mar y los cambios en los patrones de precipitación. Estos retos relacionados con el clima plantean riesgos significativos para el desarrollo socioeconómico de la región, el capital natural y el bienestar de su población.

En los últimos años, la crisis del COVID-19 ha aumentado la urgencia de abordar los retos de la desigualdad, el cambio climático y la degradación ambiental. Las incertidumbres económicas y las presiones inflacionarias provocadas por la guerra de agresión de Rusia contra Ucrania también han resaltado la vulnerabilidad de la región ante los impactos económicos externos, debilitando aún más su recuperación verde. Se prevé que el cambio climático lleve a la pobreza a otros 5 millones de personas de la región de aquí al 2030, especialmente a los grupos vulnerables y a los hogares con mayor dependencia de los recursos naturales.

El momento de tomar medidas decisivas en materia de medioambiente es ahora. Los países de ALC contribuyen con menos del 10% de las emisiones mundiales de gases de efecto invernadero (GEI), pero en las últimas dos décadas la región ha experimentado un aumento significativo de emisiones. Reconociendo la necesidad urgente de hacer frente al cambio climático, muchos países de la región se han comprometido a lograr la neutralidad climática y construir resiliencia. A raíz del Acuerdo de París, los gobiernos de ALC se comprometieron a reducir las emisiones de GEI en sus Contribuciones Determinadas a Nivel Nacional (NDC, por sus siglas en inglés) con ambiciosos objetivos de reducción de emisiones para el 2030. En la COP26 de Glasgow asumieron nuevos compromisos, especialmente con respecto a la adaptación al cambio climático y la eliminación gradual de los combustibles fósiles para alcanzar la neutralidad climática a mediados de siglo.

Poner en práctica estos compromisos es, por tanto, imperativo para la región de ALC. El Programa Regional de la OCDE para América Latina y el Caribe (LACRP, por sus siglas en inglés) tiene como objetivo apoyar a los países de la región para avanzar reformas de las prioridades clave, tales como el aumento de la productividad, la mejora de la inclusión social, el fortalecimiento de las instituciones y la gobernanza, y - más recientemente - hacer frente a los problemas ambientales y climáticos como parte de una nueva prioridad de Sostenibilidad Ambiental. Hace un llamado para que se preste mayor atención a la integración efectiva de las consideraciones medioambientales en las prioridades de Productividad, Inclusión Social y Gobernanza, a la promoción de una transición justa y verde y a un desarrollo más sostenible y neutro en carbono en ALC.

Este reporte, presentado en la primera Cumbre Ministerial sobre Sostenibilidad Medioambiental que tendrá lugar en San José de Costa Rica el 5 de octubre de 2023, destaca los principales retos y acciones para hacer frente al cambio climático en la región. Ofrece 40 recomendaciones políticas, presentadas en forma de Plan de Acción, basadas en diálogos políticos entre expertos de ALC y de la OCDE en el marco del LCARP. El Plan de Acción pretende ayudar a los países de ALC a cumplir los compromisos internacionales, tales como los del Acuerdo de París, así como los compromisos regionales y nacionales expresados en las declaraciones Nuestro Futuro Sostenible y Verde y Acelerando la Transición Justa hacia la Energía Limpia, Sostenible y Renovable, adoptadas en la IX Cumbre de las Américas; la Carta Medioambiental Iberoamericana, adoptada en la XVIII Cumbre Iberoamericana; y los compromisos en materia de clima y sostenibilidad contenidos en la tercera Declaración de la Cumbre UE-CELAC.

El reporte comparte experiencias políticas y buenas prácticas de la región, identifica las prioridades políticas clave para la resiliencia y la neutralidad climática y propone adoptar enfoques integrados en la hacer frente a las emisiones de GEI y la protección de poblaciones y ecosistemas vulnerables. El Plan de Acción presentado en este reporte hace enfatiza, entre otras cosas, la importancia de integrar el cambio climático y las consideraciones ambientales en las políticas sectoriales, alinear las prioridades y los objetivos políticos con la implementación, y garantizar mecanismos de financiación eficientes e inversiones verdes rápidas.

También son cruciales una coordinación más eficaz a todos los niveles, nacional e internacional, y asociaciones para una acción más coherente y estratégica. El pilar de Sostenibilidad Ambiental del LACRP se complementa con el Foro Inclusivo sobre Enfoques para Mitigar el Carbono (IFCMA, por sus siglas en inglés), otra iniciativa emblemática de la OCDE en la que ya participan once países de ALC, para ayudar a optimizar el impacto global de los esfuerzos de reducción de emisiones en todo el mundo a través de un mejor intercambio de datos e información, un aprendizaje mutuo basado en la evidencia y un diálogo multilateral inclusivo.

Esperamos que este reporte proporcione un marco útil para ampliar esa cooperación entre la OCDE y los países de ALC, garantizando al mismo tiempo una base política sólida para una acción climática que permita una transición neutra en carbono, justa y verde en la región.

Jo Tyndall,
Directora,
Dirección de Medio Ambiente, OCDE

Andreas Schaal,
Director,
Dirección de Relaciones Globales y Cooperación, OCDE

Prólogo

Este reporte es uno de los principales entregables del *proyecto de la OCDE Aumentando la transición verde en América Latina y el Caribe: de los compromisos a la acción*. Ofrece a los gobiernos de la región de América Latina y el Caribe (ALC) recomendaciones sobre las prioridades políticas clave para avanzar hacia la resiliencia y la neutralidad climáticas. El reporte no es un análisis exhaustivo de toda la acción climática existente y de las oportunidades y desafíos relacionados en toda la región de ALC, sino más bien una selección de aquellas que surgieron durante una serie de Diálogos Políticos Regionales, Talleres de Expertos e intercambios organizados entre expertos de la OCDE y de los países de ALC durante el período de 2022 y 2023. Además, las conclusiones del reporte también aprovechan el análisis basado en el conocimiento realizado por la OCDE y otras organizaciones internacionales sobre los distintos temas cubiertos.

El reporte se elaboró en el contexto del Programa Regional para América Latina y el Caribe (LACRP, por sus siglas en inglés) de la OCDE, que apoya a la región de ALC en el avance de su agenda de reformas en áreas prioritarias clave, como la mejora de la productividad, el aumento de la inclusión social y el fortalecimiento de las instituciones y la gobernanza. En 2022, el LACRP incorporó una nueva prioridad sobre Sostenibilidad Ambiental. El reporte proporciona una lista de 40 recomendaciones políticas clave, en forma de Plan de Acción, destinadas a apoyar a los países de ALC a conseguir la resiliencia y la neutralidad climática, integrando al mismo tiempo las consideraciones de sostenibilidad ambiental en las demás áreas prioritarias del LACRP.

Este reporte representa un esfuerzo de colaboración entre la Dirección de Medio Ambiente (ENV) y la Dirección de Relaciones Globales y Cooperación (GRC) de la OCDE, bajo la dirección de Rodolfo Lacy, ex Director de Acción Climática y Medio Ambiente para América Latina y Enviado Especial ante las Naciones Unidas. El reporte ha sido redactado por Dimitra Xynou (Capítulos 1 y 2) y Sergio Ampudia (Capítulos 3 y 4) de ENV. Eija Kiiskinen (ENV) proporcionó orientación general y dirigió el proyecto, supervisado por José Antonio Ardavin (GRC).

La elaboración de este reporte, así como los Diálogos Políticos Regionales y los Talleres de Expertos que se organizaron durante el proceso de redacción, se beneficiaron de las contribuciones y valiosos comentarios de Aimée Aguilar Jaber, Geraldine Ang, Olof Bystorm, Miguel Cárdenas Rodríguez, Amy Cano Prentice, Joseph Cordonnier, Jane Ellis, Chiara Falduto, Catherine Gamper, Nathalie Girouard, Douglas Herrick, Raphaël Jachnik, Katia Karousakis, Lylah Davies, Nicolina Lamhauge, Xavier Leflaive, Mikael Maes, Florian Mante, Virginie Marchal, Sarah Miet, Mariana Mirabile, Michael Mullan, Daniel Naghtigall, Rodrigo Pizarro, Coline Pouille, Elia Trippel, Klas Wetterberg, Shunta Yamaguchi y Pinhas Zamorano de ENV; Jorge Carbonell y William Thompson (GRC); Peter Haxton, Eva Katzer y Jane Stacey (CFE); Jens Sedemund (DCD); Jonas Teusch y Elena Vidal (ECO); Diana Toledo Figueroa (EDU); y Federico Bonaglia, Luis Cecchi, Olivia Cuq, Juan Larrain y Sebastián Nieto Parra (DEV). Deborah Holmes (ENV) prestó un valioso apoyo administrativo. Sofia Blamey, Charlotte Dubald, Daniela Sena y Julie Whitelock (GRC) prestaron apoyo en la organización organizativo coordinación durante el proceso preparatorio. Beth Del Bourgo, Ria Sandilands, Stephanie Simonin-Edwards, Dominique Haleva y Lupita Johanson (ENV) se encargaron de la producción de la publicación.

Un agradecimiento especial a los participantes en los Diálogos Políticos Regionales y los Talleres de Expertos. Sus presentaciones e intervenciones proporcionaron valiosas aportaciones que posteriormente se integraron en el reporte. A los miembros de la OCDE y de ALC del Grupo Directivo del LACRP revisaron el Plan de Acción - parte integral del reporte - y brindaron aportaciones y comentarios. El Plan de Acción también se ha beneficiado de las aportaciones y comentarios de las siguientes instituciones asociadas: el Banco de Desarrollo de América Latina y el Caribe (CAF), el Banco Interamericano de Desarrollo (BID), la Organización Internacional del Trabajo (OIT), la Comisión Económica de las Naciones Unidas para América Latina y el Caribe (CEPAL) y el Programa de las Naciones Unidas para el Medio Ambiente (PNUMA). Agradecemos la participación del Comité de Asesoría Empresarial e Industrial (BIAC, por sus siglas en ingles) y del Comité de Asesoría Empresarial e Industrial (TUAC, por sus siglas en inglés), que también discutieron el Plan de Acción dentro de sus comunidades, aportando ideas relevantes. El Plan de Acción busca apoyar a los países de ALC en el diseño e implementación de estrategias nacionales para una agenda integral de crecimiento inclusivo, sostenible y resiliente. No refleja necesariamente las opiniones de ninguna de estas instituciones.

El reporte ha sido elaborado con la ayuda financiera de la Facilidad Regional para el desarrollo en transición de la Unión Europea. Las opiniones aquí expresadas no reflejan en modo alguno la posición oficial de la Unión Europea ni de sus Estados miembros.

Table of contents

Tables

Figures

Boxes

Resumen Ejecutivo

Al igual que en otros lugares, los países de América Latina y el Caribe deben tomar medidas decisivas y urgentes frente al cambio climático. Aunque muchos países de la región se han comprometido a lograr la neutralidad climática y a construir resiliencia, es necesario redoblar esfuerzos. Esto implica, por ejemplo, una mejor gestión de los crecientes riesgos derivados del cambio climático y la variabilidad climática, pero también mitigar las emisiones de gases de efecto invernadero (GEI) y promover la innovación y las inversiones verdes. La consecución de estos objetivos requiere una planificación estratégica y financiera global a largo plazo, un enfoque más integrado e inclusivo, que alinee mejor las políticas y medidas de adaptación y mitigación en los distintos sectores, aunque sea a un nivel diferenciado.

La región de ALC es muy vulnerable al cambio climático. Los eventos climáticos ya están afectando a los ecosistemas, la seguridad alimentaria e hídrica, la salud humana y la pobreza, así como a las zonas urbanas, la productividad agrícola, los regímenes hidrológicos, los medios de subsistencia costeros y la biodiversidad. Estas vulnerabilidades al cambio climático tienen un impacto directo en el desarrollo económico nacional y local y en los distintos sectores de la región. Aunque la adaptación al cambio climático es una prioridad política clave para la región, las circunstancias, vulnerabilidades y necesidades nacionales de cada país requerirán planteamientos políticos diferenciados.

Se necesita urgentemente una planificación específica de las políticas de adaptación al clima para aumentar la resiliencia climática de los países de la región. Vincular la adaptación al cambio climático y las intervenciones de reducción del riesgo de desastres, como los sistemas de alerta temprana y los sistemas de protección civil, puede mejorar la capacidad de los países para reducir las repercusiones económicas, ambientales y sociales de los fenómenos climáticos extremos. Integrar las consideraciones climáticas en la planificación estratégica de infraestructura a largo plazo podría apoyar las inversiones en infraestructura resistente al clima. Una buena gestión de la demanda de agua es crucial para la región y requiere una combinación de regímenes de asignación de agua e instrumentos económicos. La lucha contra la pérdida de biodiversidad también puede desempeñar un papel clave a la hora de limitar los efectos del cambio climático. Abordar los retos de la adaptación al clima y la biodiversidad, a través de un enfoque integrado que incorpore las consideraciones de biodiversidad en los sectores económicos y la adopción y aplicación más amplias de soluciones basadas en la naturaleza, es una oportunidad para que los gobiernos de ALC refuercen las medidas políticas y aumenten la eficiencia de las respuestas.

La adopción de medidas de mitigación ambiciosas en sectores económicamente importantes, desde las energías renovables hasta el transporte sostenible, el desarrollo urbano y el turismo, es vital para combatir el cambio climático. Muchos países de ALC han hecho progresos significativos en el desarrollo de mercados de energías renovables y en la diversificación de su matriz energética para reducir la dependencia de los combustibles fósiles y mejorar su resiliencia climática. Sin embargo, aún queda mucho por hacer para desarrollar y aplicar planes energéticos que den prioridad al despliegue y la utilización de fuentes de energía renovables, eliminen progresivamente la exploración y producción de combustibles fósiles y mejoren la eficiencia energética. También es necesario actuar para promover el transporte sostenible. Las altas tasas de urbanización han provocado un aumento de la demanda de transporte, sobre todo de vehículos privados, lo que se traduce en mayores emisiones de GEI, contaminación atmosférica y congestión del tráfico. Promover el desarrollo y la gestión sostenibles del turismo representa un reto permanente, dadas las considerables variaciones de los problemas y los impactos en los distintos destinos, lo que hace necesaria una planificación estratégica a largo plazo para contribuir a un desarrollo resistente al clima. Las estrategias de mitigación deben diseñarse para promover resultados equitativos, abordando las desigualdades existentes en la región de ALC y creando al mismo tiempo empleos verdes. En este contexto, los gobiernos deberían alinear las políticas ambientales y sanitarias para proteger el medio ambiente y la salud pública, considerando al mismo tiempo las sinergias entre la reducción de emisiones y los objetivos más amplios de bienestar.

Los países de ALC deben alinear sus objetivos y medidas de mitigación y adaptación al tiempo que consideran y abordan los posibles conflictos, compensaciones, sinergias y cobeneficios. Las acciones integradas de mitigación y adaptación pueden ayudar a lograr un enfoque coherente y coordinado para abordar el cambio climático, y crear impactos a largo plazo y aumentar el apoyo político. Esto facilita el desarrollo de objetivos y metas comunes para una asignación eficiente de los recursos y unos resultados más eficaces. El desarrollo de planes integrados que tengan en cuenta la energía sostenible, la seguridad alimentaria y la bioeconomía, que promuevan el uso de energías renovables, las prácticas agrícolas sostenibles, la reducción de los residuos alimentarios y la innovación tecnológica con una perspectiva de resiliencia debería ayudar a hacer frente a los efectos negativos del cambio climático en la región.

El cambio climático es un problema complejo que requiere crear una base de conocimientos e involucrar a los ciudadanos. La recopilación de datos e información ambiental es necesaria para ayudar a los países a establecer prioridades y objetivos claros, tomar decisiones políticas con conocimiento de causa para hacer frente a los retos del cambio climático y seguir los avances hacia el cumplimiento de sus compromisos climáticos internacionales y nacionales. También es necesario reforzar la gobernanza climática (marcos institucionales, jurídicos y normativos coherentes) y la planificación mediante un mayor uso de las evaluaciones ambientales estratégicas y la transparencia en la toma de decisiones.

Para que los países avancen hacia una economía con emisiones netas cero y cumplan sus compromisos climáticos internacionales, es necesario aumentar la financiación para la acción climática procedente de una amplia gama de fuentes (nacionales, internacionales, públicas y privadas). Las economías de ALC deben utilizar mejor los recursos nacionales existentes y movilizar recursos públicos y privados adicionales para inversiones que ayuden a cumplir los objetivos medioambientales. El uso de fijación de precios del carbono y de los mercados de carbono son enfoques importantes en este sentido. Garantizar un mejor uso de la financiación climática internacional para ampliar la acción climática y movilizar mejor la financiación privada internacional podría acelerar aún más la transición hacia emisiones netas cero en la región.

La productividad y la competitividad en la región de ALC pueden mejorar mediante la transferencia de tecnología y la innovación. La transición hacia una economía circular y eficiente en el uso de los recursos puede contribuir a mejorar el uso de los materiales y los resultados ambientales, económicos y sociales. Lo mismo se aplica en la implementación de políticas para una economía oceánica sostenible, como la promoción de la ordenación del espacio marino, la ampliación de las zonas marinas protegidas, la lucha contra la contaminación marina por plásticos y la promoción de la pesca sostenible. Lograr la resiliencia y la neutralidad climática no conducirá a una economía con emisiones netas cero sin factores sociales que puedan reducir las desigualdades y mejorar la productividad, como los empleos verdes, la igualdad de género y la educación medioambiental.

Este reporte recoge los resultados del proyecto de la OCDE "Aumentando la transición verde en ALC: de los compromisos a la acción". Identifica las principales prioridades políticas de los países de ALC en materia de cambio climático que se debatieron a través de una serie de Diálogos Políticos Regionales y Talleres de Expertos llevados a cabo en 2022-2023, y las complementa con análisis recientes realizados por la OCDE y otros socios internacionales. Las 40 recomendaciones políticas clave, en forma de un Plan de Acción presentado en este reporte, proporcionan un marco para priorizar la futura acción climática de los países de la región de ALC, en cooperación con la OCDE y otros actores de la región.

1 Plan de Acción hacia la Resiliencia y la Neutralidad Climática en América Latina América y el Caribe

Los países de América Latina y el Caribe (ALC) se han comprometido a lograr la neutralidad climática y a construir resiliencia. Para superar los retos y aprovechar las oportunidades, se propone un Plan de Acción hacia la resiliencia y la neutralidad climática. Mediante un conjunto de 40 recomendaciones políticas clave desarrolladas a través de una serie de Diálogos Políticos Regionales y Talleres, los países de ALC pueden priorizar las acciones sectoriales y horizontales más efectivas, definir su secuencia y avanzar hacia su implementación.

Identificación de las prioridades de cambio climático en América Latina y el Caribe

Los países de ALC se encuentran entre los comprometidos a lograr la neutralidad climática y aumentar la resiliencia climática. Este reporte se basa en las aportaciones realizadas en una serie de Diálogos Políticos Regionales y Talleres de Expertos, durante los cuales los expertos proporcionaron un análisis de los retos y oportunidades para lograr la resiliencia y neutralidad climática en la región de ALC. Estos Diálogos Políticos Regionales y Talleres estuvieron abiertos a representantes de los países de ALC, así como a representantes de los miembros de la OCDE, organizaciones internacionales activas en la región, la academia, el sector privado y organizaciones no gubernamentales. Los análisis recientes de la OCDE y de otras organizaciones internacionales y los intercambios con expertos de la región también contribuyeron como información base. Durante las reuniones, las discusiones se centraron en maximizar el potencial de una transición verde para un mayor bienestar. Desde una perspectiva de cambio climático, los participantes se centraron en las siguientes cuestiones:

- **Establecer las prioridades para la neutralidad climática y la resiliencia.** Los participantes intercambiaron opiniones sobre la necesidad de establecer un marco político e institucional específico para las medidas de mitigación del cambio climático. Destacaron la necesidad de integrar el cambio climático en políticas sectoriales, así como de alinear los planes y acciones regionales y municipales con políticas gubernamentales de arriba hacia abajo. En cuanto a la adaptación al cambio climático, una prioridad clave para la región de ALC es reconocer el valor del enfoque local de abajo hacia arriba para abordar los retos de adaptación, además de los esfuerzos de reducción de riesgos y la inclusión social (incluidos los pueblos indígenas), así como la erradicación de la pobreza. Las soluciones basadas en la naturaleza (NbS, por sus siglas en inglés) se consideraron fundamentales para minimizar los impactos del cambio climático y mejorar la resiliencia, especialmente en relación con los ecosistemas y las soluciones de adaptación en las zonas urbanas.
- **Aumentar la financiación climática y promover la transferencia de tecnología.** Los participantes enfatizaron la necesidad de reformar los marcos políticos y regulatorios de financiación climática, con el objetivo de generar la confianza necesaria para estimular las inversiones del sector privado. Paralelamente, deben desarrollarse mecanismos eficientes de seguimiento de flujos financieros internacionales, así como taxonomías verdes claras que aporten claridad y permitan mayores flujos financieros hacia la región de ALC. Se prestó especial atención a la necesidad de recopilar más y mejor información y datos ambientales, especialmente sobre la adaptación al cambio climático, el desarrollo de capacidades para un uso eficaz de la financiación verde y climática, y un conjunto de incentivos verdes que permitan la transferencia de tecnología en ALC. Los países indicaron que hay que seguir trabajando en la interrelación que existe entre la adaptación al clima y la mitigación, así como la necesidad existente de romper los silos y alinear las políticas para garantizar adicionalidad en las medidas introducidas. Se reconocieron las iniciativas sobre el desarrollo de taxonomías verdes en la región y el uso del financiamiento combinado por parte de los bancos de desarrollo, ya que podrían reforzar las actividades de financiación del sector privado. Por último, los incentivos gubernamentales para apoyar las transferencias de tecnología de mitigación del cambio climático a la región de ALC, que abarcan el acceso a la financiación, la creación de valor para la innovación y el desarrollo de la capacidad técnica, podrían potenciar la transferencia de tecnología en toda la cadena de valor.
- **Abordar la adaptación al clima**. La identificación y el refuerzo de las respuestas de políticas públicas a los riesgos climáticos mediante la integración de la adaptación climática en las políticas nacionales, locales y sectoriales se reconoció como una prioridad para alcanzar la resiliencia climática. Los participantes reiteraron la necesidad de cartografiar y desarrollar escenarios climáticos para identificar vulnerabilidades y pérdidas, así como pérdidas y daños, y explotar el

potencial no explotado de las inversiones en adaptación climática una vez superados los retos. También se hizo resaltó la necesidad de considerar el impacto diferenciado de la adaptación climática en las comunidades locales, los grupos vulnerables y las mujeres. La conservación de la biodiversidad y las NbS también pueden ofrecer múltiples beneficios en términos de adaptación.

Aumentando la transición verde en ALC

El reporte no debe considerarse un trabajo aislado. Es uno de los entregables para contextualizar la recién introducida prioridad de "sostenibilidad ambiental" en el marco del Programa Regional de la OCDE para América Latina y el Caribe (LACRP, por sus siglas en inglés) de la OCDE.

El LACRP, en el que la productividad, la inclusión social y la gobernanza son las tres áreas temáticas prioritarias acordadas por los países, sirve como marco de referencia en el que la OCDE trabaja con los países de ALC para facilitar el diálogo político y la difusión de buenas prácticas en ámbitos como la inversión, la educación, la inclusión y la buena gobernanza. La nueva cuarta prioridad sobre sostenibilidad ambiental se introdujo en 2022 para complementar e interactuar con estas otras tres áreas prioritarias. Intrínsecamente, el reporte presenta las interrelaciones entre las cuatro áreas prioritarias diferentes del LACRP, que son especialmente visibles en el análisis sobre la promoción de la transición verde y la integración sectorial. Este reporte es uno de los principales entregables del proyecto de la OCDE, siendo los otros dos el informe Perspectivas Económicas de América Latina 2022, y el reporte Panorama del Medio Ambiente en América Latina y el Caribe 2023: Enfoque sobre el cambio climático. Como tal, se pretende que sirva como documento de referencia para apoyar las discusiones de la 1ª Cumbre Ministerial de la OCDE para América Latina y el Caribe sobre Sostenibilidad Ambiental, que se celebrará en San José, Costa Rica, el 5 de octubre de 2023.

El Plan de Acción de ALC hacia la resiliencia climática y la neutralidad

El reporte, mediante el mapeo de la implementación de políticas relacionadas con el clima y examinando sus compensaciones y complementariedades, propone una serie de recomendaciones políticas que pueden ayudar a los países de ALC a priorizar las acciones sectoriales u horizontales más eficaces, definir su secuencia y avanzar hacia su aplicación.

Las 40 recomendaciones políticas clave se presentan a continuación, en forma de Plan de Acción para la región de ALC. Una vez más, el Plan de Acción no es exhaustivo ni demasiado prescriptivo. Presenta recomendaciones políticas clave, identificadas a través de las discusiones de Diálogos Políticos Regionales y de Talleres en el marco de este Proyecto. Su aplicación puede variar entre los países de ALC y dentro de ellos, ya que sus puntos de partida son diferentes y cada país deberá adoptar su propio enfoque. Sin embargo, las recomendaciones políticas identificadas pueden servir como herramientas de referencia para medir el progreso hacia la resiliencia climática y la neutralidad. El Plan de Acción también puede proporcionar un marco útil para identificar acciones y proyectos prioritarios para la futura cooperación entre los países de ALC, la OCDE y otras organizaciones internacionales, donantes bilaterales y partes interesadas.

Plan de acción de ALC hacia la resiliencia climática y la neutralidad climática

15 Prioridades Políticas Clave para construir resiliencia al cambio climático

Comunidades

Reducir vulnerabilidad

1. Desarrollar y actualizar progresivamente los Planes Nacionales de Adaptación (PNAs) presentados a la Convención Marco de las Naciones Unidas sobre el Cambio Climático (CMNUCC), y apoyar su implementación a través de marcos legales y regulatorios, institucionales y financieros sólidos.
2. Alinear la planificación regional y urbana con los PNAs y promover un enfoque integrado para superar las brechas de gestión de riesgos, capacidad y financiamiento.

Sistemas de alerta temprana (SAT)

3. Mejorar los sistemas de alerta temprana para garantizar que todas las personas, especialmente aquellas en comunidades con mayor riesgo de sufrir eventos climáticos extremos, tengan acceso a información vital en tiempo real, a nivel individual, y que las comunidades locales participen en la diseño e implementación de los SAT.
4. Fortalecer o crear sistemas de protección civil en ALC, que estén equipados y preparados con insumos, personal capacitado, infraestructura y fondos suficientes para brindar atención inmediata, albergue y asistencia médica integral antes, durante y después de los desastres naturales.

Infraestructura resistente al clima

5. Alinear mejor la planificación, el desarrollo y las inversiones en infraestructura con estrategias de desarrollo inclusivas, resilientes al clima y bajas emisiones a corto y largo plazo a nivel nacional.
6. Asegurar un entorno propicio para el desarrollo de infraestructura resiliente al clima para limitar la vulnerabilidad a los daños climáticos.

Agua

7. Mejorar la gestión de la demanda de agua para hacer abordar la escasez de agua y señalar su valor, mediante regímenes reformados de asignación de agua y un mejor uso de los instrumentos de política económica.
8. Revisar las condiciones propicias para el financiamiento del agua y las inversiones sostenibles en seguridad hídrica.

Biodiversidad y ecosistemas

Corredores biológicos

9. Mejorar la conectividad de las Areas Protegidas (APs) terrestres y marinas, ya que es vital para la conservación de las especies.
10. Proteger, ampliar y mantener eficazmente los corredores biológicos de Mesoamérica, el Caribe, la Amazonía, los Andes y la Patagonia, entre otros, para revertir la degradación y restaurar la integridad de sus ecosistemas naturales.

Integración de la biodiversidad

11. Establecer instrumentos de política que regulen el uso y la intensidad de uso de los recursos naturales, respetando los ciclos naturales y promoviendo la conservación y el uso sostenible de la biodiversidad y los servicios ecosistémicos. Estas políticas podrían incluir objetivos de reducir la vulnerabilidad de los ecosistemas y de las emisiones de GEI, aumentando así la resiliencia frente a las múltiples presiones antropogénicas.

Soluciones basadas en la naturaleza

12. Integrar y ampliar el uso de soluciones basadas en la naturaleza en instrumentos políticos que aborden la mitigación del cambio climático, la adaptación y la protección de los ecosistemas.
13. Valorizar adecuadamente los servicios ecosistémicos para generar compensación económica por el uso de la naturaleza, particularmente, para canalizar los ingresos hacia las entidades y comunidades que protegen la naturaleza.

Restauración de tierras

14. Priorizar las políticas de restauración de tierras y adaptación al clima en la agricultura e introducir medidas que transformarán los sistemas alimentarios y mejorarán la salud de la tierra y el suelo.

Control efectivo y tolerancia cero para el comercio ilegal de especies

15. Combatir las actividades extractivas ilegales y el comercio de especies de vida silvestre amenazadas mediante mayores esfuerzos multilaterales, la coordinación entre autoridades internacionales y nacionales y el apoyo a las autoridades locales, dada la asociación de esta actividad con grupos criminales.

15 Prioridades Políticas Clave para abordar la Neutralidad Climática

Energía

Ampliación de energía renovable en los sectores productivos, de servicios y residencial

16. Desarrollar e implementar planes energéticos que prioricen el despliegue y utilización de fuentes de energía renovables, considerando al mismo tiempo ampliar el acceso asequible y confiable a la electricidad.
17. Establecer e implementar planes de eliminación gradual de la infraestructura de exploracióny producción de combustibles fósiles, incluidas políticas destinadas a redirigir la financiación pública hacia el desarrollo de alternativas bajas en carbono.
18. Adoptar tecnologías sostenibles de bajo costo para la energía limpia utilizada en la producción de electricidad, calentamiento de agua, cadenas de frío, aire acondicionado y calefacción.

Eficiencia energética

19. Intensificar políticas, programas y marcos institucionales específicos para mejorar la eficiencia energética. Aplicar estándares y programas de etiquetado para ofrecer productos energéticamente eficientes, como aire acondicionado y motores eléctricos.

Hidrógeno verde y bajo en carbono

20. Implementar políticas para crear y aumentar la demanda necesaria de hidrógeno verde y bajo en carbono como materia prima y combustible alternativo, creando un círculo virtuoso entre los esfuerzos de descarbonización y el desarrollo industrial sostenible.

Minería sostenible para la transición ecológica

21. Asegurar que la creciente demanda de minerales críticos, utilizados para desarrollar tecnologías energéticas bajas en carbono, junto con la posición estratégica de la región, permita un modelo integral de minería sustentable, con bajo impacto ambiental, bienestar para las comunidades locales y vinculación en cadenas de valor regionales que permitan su transformación y la producción de bienes finales de alto valor agregado.

Transporte

Producción regional de modos de transporte cero emisiones

22. Fortalecer la aplicación de instrumentos de política para adquirir la capacidad industrial necesaria para producir modos de transporte con emisiones netas cero para 2050, incluida la producción y el uso local de biocombustibles y combustibles sintéticos con bajas emisiones de carbono y vehículos eléctricos.

Infraestructura de movilidad cero emisiones

23. Implementar políticas públicas destinadas a descarbonizar el transporte de pasajeros. Ampliar la infraestructura de transporte no motorizado como carriles para bicicletas y senderos para peatones
24. Introducir estrictas normas y objetivos de emisiones para los vehículos de transporte público. Promover combustibles limpios y estándares comunes para combustibles que reduzcan los niveles de azufre a niveles de ultra-bajo azufre. Establecer programas complementarios para reducir las emisiones de los vehículos diésel más antiguos, centrándose en las flotas urbanas.

Ciudades

Construcción sostenible

25. Establecer marcos, estándares y políticas creíbles que promuevan edificios y prácticas de construcción sustentables en las ciudades, reciclando así materiales y reduciendo las emisiones de GEI asociadas a la construcción.

Marcos regulatorios para la reducción de emisiones

26. Mejorar los marcos regulatorios para las emisiones de GEI y contaminantes climáticos de vida corta (SLCPs), con especial atención al metano y los gases fluorados, estableciendo objetivos sectoriales, nacionales y locales.
27. Apuntar a obtener beneficios colaterales de la reducción de la contaminación del aire con la regulación de la mitigación climática mediante la alineación de las políticas ambientales y de salud y las enfermedades asociadas con los riesgos ambientales.

Sectores Agrícola, forestal y terrestre

28. Desarrollar e implementar planes integrados de energía sostenible, seguridad alimentaria y bioeconomía, considerando el uso de fuentes de energía renovables y prácticas sostenibles en la agricultura, la minimización del desperdicio de alimentos y la promoción de innovaciones tecnológicas con una perspectiva de resiliencia.

Turismo Sostenible

29. Desarrollar estrategias integrales a largo plazo para el turismo sostenible, respaldadas por planes de acción. Promover la transición del turismo verde liderando a través del ejemplo gubernamental y garantizar que toda la infraestructura turística adquirida o financiada con fondos públicos cumpla con los más altos estándares ambientales, contribuyendo al desarrollo resiliente al clima.

30. Promover la certificación de empresas turísticas sostenibles sobre la base de normas acordadas internacionalmente, como herramienta para incorporar prácticas sostenibles, reducir el impacto negativo en el medioambiente, cumplir los objetivos nacionales de desarrollo sostenible y fomentar opciones y comportamientos de los consumidores más sostenibles.

10 Áreas prioritarias de políticas transversales

Gobernanza climática

31. **Revisar y actualizar progresivamente los marcos regulatorios nacionales.** Considerar los beneficios y desafíos de los enfoques de política de arriba hacia abajo y de abajo hacia arriba. La actualización de las leyes y regulaciones nacionales alineadas con las actualizaciones de las NDCs, así como el establecimiento de PNAs y Estrategias de Largo Plazo, son esenciales para alcanzar los compromisos globales establecidos en los Objetivos de Desarrollo Sostenible (ODS) y las tres convenciones ambientales (cambio climático, biodiversidad y desertificación), manteniendo al mismo tiempo decisiones políticas basadas en la ciencia.

Planificación integral y Evaluación Ambiental Estratégica (EAE)

32. **Acordar estrategias, planes y programas a largo plazo.** Incrementar el uso de EAE para promover la sustentabilidad en la toma de decisiones, planes, programas y políticas. La transparencia y la evaluación estratégica periódica también contribuirán al cumplimiento de los compromisos de Medición, Reporte y Verificación (MRV) establecidos en los instrumentos de la CMNUCC.

Información Ambiental

33. **Recopilar más y mejor información sobre el cambio climático.** Incrementar los estándares en las oficinas no estadísticas y establecer un mecanismo de coordinación sólido para capturar los datos existentes. Priorizar el desarrollo de nuevos esfuerzos de recopilación de datos, especialmente sobre la vulnerabilidad al cambio climático y la biodiversidad. Invertir en métodos confiables de recopilación de datos y tecnologías de la información y al mismo tiempo crear indicadores precisos para evaluar la complejidad de las políticas de mitigación y adaptación.

Precio del Carbono, Financiamiento Climático e Inversiones Verdes

34. Sobre la fijación del precio del carbono, finanzas climáticas e inversiones verdes:

    i. **i. Adoptar políticas fiscales verdes para generar recursos públicos domésticos para apoyar la acción climática y los enfoques de mitigación de carbono, y desarrollar financiamiento innovador.** Reformar, reorientar y eliminar progresivamente los subsidios a los combustibles fósiles y establecer un precio del carbono mediante impuestos y gravámenes, que también pueden incentivar la transición neta cero.

    ii. **ii. Alinear y movilizar la inversión privada a través de estrategias e instrumentos de financiamiento innovadores,** como financiamiento combinado alineado con objetivos ambientales, sociales y de gobernanza (ESG), instrumentos de deuda innovadores, y mediante el desarrollo de taxonomías verdes regionales y nacionales para proyectos de mitigación y adaptación. Estas deberían responder a las preocupaciones y particularidades locales y ser coherentes con las oportunidades públicas y privadas de inversión.

Transferencia Tecnológica

35. **Apoyar el desarrollo industrial y promover la innovación.** Emprender un camino de industrialización verde promoviendo la producción local de tecnologías e innovación limpias y respetuosas con el medio ambiente. Esto puede incluir la fabricación de vehículos eléctricos, turbinas eólicas, baterías y calentadores solares. Podría ayudar a la región a reducir la deuda

pública, impulsar la resiliencia económica, crear oportunidades de empleo y promover una distribución más equitativa del ingreso.

Empleos verdes

36. **Establecer marcos de inversión y políticas que promuevan la creación de empleos verdes.** Garantizar la implementación de políticas laborales coherentes del mercado laboral, basándose en un diálogo social eficaz, para facilitar una transición justa hacia empleos verdes nuevos, formales y de alta calidad y fortalecer los sistemas de protección social para apoyar tanto a los trabajadores como a los empresarios en la transición a una economía neta cero.

Economía Circular

37. **Avanzar en las hojas de ruta sectoriales.** Lograr una economía circular requiere de una política de Estado de Responsabilidad Extendida del Productor (REP) y modificación de prácticas de consumo insostenibles. Los sectores productivos, el comercio y la sociedad en general deben asumir su papel en el uso eficiente de materiales y recursos a lo largo de todo su ciclo de vida, la minimización de residuos, el reciclaje y la reutilización como componente intrínseco a las reglas del mercado.

Economía Sostenible para el Océano

38. Por una economía oceánica sostenible:
    i. **Implementar políticas que promuevan la planificación espacial mariana y la ampliación de las áreas marinas protegidas.** Estas medidas pueden ayudar a conciliar los objetivos ecológicos, económicos y sociales. Alcanzar el objetivo de áreas marinas protegidas para 2030 del Marco Mundial de Biodiversidad.
    ii. **Promover la pesca sostenible.** Introducir o mejorar aún más la gestión y las prácticas pesqueras sostenibles para combatir las actividades pesqueras ilegales. Incluir la sostenibilidad de los océanos como un objetivo en los instrumentos basados en el mercado.

Igualdad de Género

39. **Buscar el crecimiento verde a través de la igualdad de género.** Reconocer el impacto diferenciado del cambio climático en mujeres y hombres y adoptar un marco político integrado para alcanzar la igualdad de género y empoderar a las mujeres puede contribuir a lograr una transición económica justa y verde. La igualdad de género y el empoderamiento económico de las mujeres se pueden lograr mediante políticas, instrumentos y medidas climáticas sensibles al género, así como con información ambiental desglosada por género.

Educación Ambiental

40. **Promover una educación equitativa y verde.** Establecer una estrategia activa de educación ambiental, formal e informal, para inducir un cambio de comportamiento en la sociedad, creando conciencia, sensibilidad y responsabilidad hacia la sostenibilidad ambiental y el cambio climático. Los sistemas educativos, desde la primera infancia, deben garantizar que las generaciones futuras abandonen los comportamientos y preferencias individuales de los actuales métodos insostenibles de producción y consumo. El conocimiento ambiental y las habilidades verdes deberían ser parte de los planes de estudio en todos los componentes de los sistemas educativos.

2 Alcanzando resiliencia climática en la región de América Latina y el Caribe

La región de América Latina y el Caribe (ALC) se caracteriza por su alta vulnerabilidad frente a fenómenos meteorológicos extremos y desastres climáticos, así como por su riqueza en biodiversidad y abundantes recursos naturales. Los países de ALC han desarrollado y están aplicando Planes Nacionales de Adaptación (PNAs). Sin embargo, aún queda mucho por hacer para gestionar los crecientes riesgos derivados del cambio climático y la variabilidad climática. Con base en las discusiones en una serie de Diálogos Políticos Regionales y Talleres sobre estas cuestiones entre expertos de ALC y de la OCDE en el contexto del Programa Regional de la OCDE para América Latina y el Caribe (LACRP, por sus siglas en inglés), este capítulo mapea los desafíos para abordar la adaptación al cambio climático en la región de ALC y presenta opciones sobre iniciativas de políticas públicas que podrían emprenderse con este fin.

Introducción

La región de ALC es muy vulnerable al cambio climático. Es considerada una de las regiones más propensas a los desastres mundialmente, con un aumento promedio del 62% en el número de fenómenos meteorológicos extremos relacionados con el clima en la región durante el periodo 2001-2022, en comparación con el periodo 1980-2000 (OECD, 2023[1]).

Los fenómenos climáticos ya están impactando los ecosistemas, la seguridad alimentaria e hídrica, la salud humana y la pobreza, así como a zonas urbanas, la productividad agrícola, los regímenes hidrológicos, los medios de subsistencia costeros y la biodiversidad (Figura 2.1). Los países de ALC se enfrentan a graves retos a la hora de proteger a las poblaciones y los ecosistemas vulnerables. Los escenarios de cambio climático elevado -con altos niveles de incertidumbre sobre los impactos físicos del cambio climático y las políticas locales de adaptación- estiman que 5,8 millones de personas caerán en la pobreza extrema entre 2020 y 2030 en ALC, aumentando el promedio de pobreza en más de 300%, en comparación con un escenario sin cambio climático (Arga Jafino et al., 2020[2]). Dichos impactos pueden variar entre los países y subregiones de ALC, ya que existen grandes diferencias en los desastres naturales y los impactos del cambio climático a nivel local, así como en el impacto sobre la población local.

Figura 2.1. Principales impactos socioeconómicos y medioambientales en ALC

Fuente : (OECD et al., 2022[3]) ; (IPCC, 2022[4]) ; (WMO, 2023[5]) ; (UNDESA, 2014[6])

Los datos muestran que la población de la región de ALC está cada vez más expuesta al estrés térmico provocado por los días calurosos de verano (especialmente Paraguay y El Salvador), las precipitaciones extremas (como en Surinam, Guyana y Trinidad y Tobago), las sequías (Paraguay, Argentina y Brasil), los incendios forestales (Jamaica, Paraguay, México y El Salvador), las amenazas del viento (El Caribe), las inundaciones fluviales (Surinam, Guyana, Argentina) (Figura 2.2; Figura 2.3); (OECD, 2023[1]). La región también es especialmente vulnerable a la pérdida de biodiversidad, ya que muchas de las actividades económicas de ALC están vinculadas a los recursos naturales y a la calidad de los ecosistemas como el turismo y la agricultura (OECD, 2023[1]).

Figura 2.2. Amenazas relacionadas con el clima en América Latina y el Caribe (1/2)

A. El estrés por calor causado por los días calurosos varía regionalmente en ALC

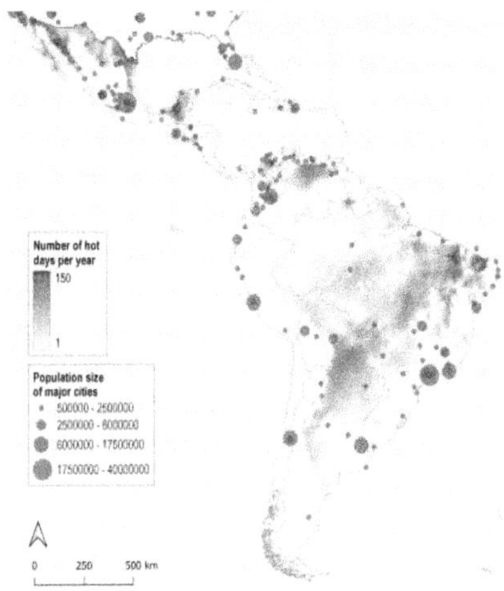

Nota: Los días calurosos se definen como días en los que la temperatura máxima diaria supera los 35 °C. El mapa A muestra el número anual de días calurosos (promedio 2017-21) y la densidad de población en toda la región de ALC.

B. Las precipitaciones extremas afectan particularmente a las regiones tropicales de ALC

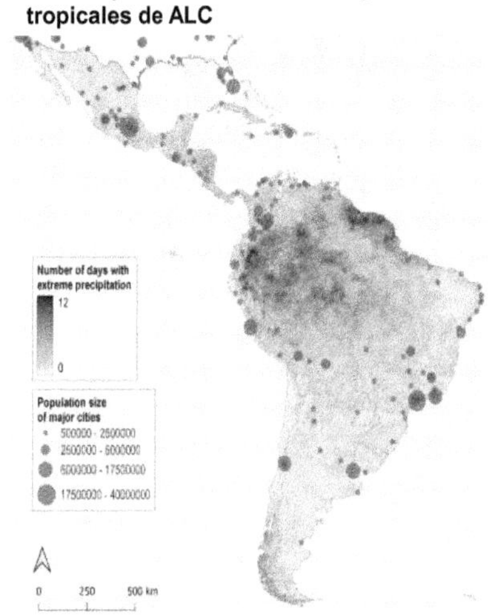

Nota: Los eventos de precipitación extrema se refieren a una precipitación total diaria que excede el valor del percentil 99 durante el período de referencia 1981-2010. El mapa B muestra el número anual de días con precipitaciones extremas (promedio 2017-21) y la densidad de población en toda la región de ALC.

C. Amplias zonas de América Central y del Sur sufren sequías

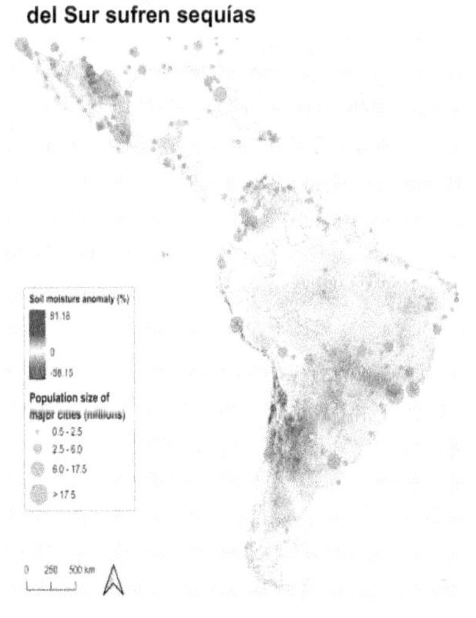

Nota: El Mapa C muestra la anomalía de la humedad del suelo (%) 2017-21, en comparación con 1981-2010.

D. Amplias regiones de ALC están expuestas al peligro de incendios forestales

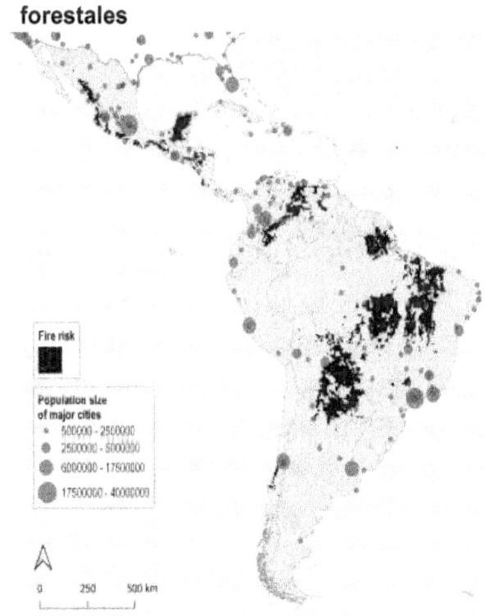

Nota: El peligro de incendios forestales mide 3 días consecutivos de peligro de incendio muy alto o extremo según el Índice Canadiense de Clima de Incendios (FWI), ajustado según la disponibilidad de biomasa. El mapa D muestra el peligro de incendios forestales y la densidad de población en toda la región de ALC (2016-20).

Fuente : (Maes et al., 2022[7]), "Monitoring exposure to climate-related hazards: Indicator methodology and key results", OECD Environment Working Papers, No. 201, OECD Publishing, Paris, https://doi.org/10.1787/da074cb6-en.

Figura 2.3. Amenazas relacionadas con el clima en América Latina y el Caribe (2/2)

E. Tormentas violentas afectan mayoritariamente al Cono Sur, mientras que ciclones tropicales afectan a Centroamérica y el Caribe

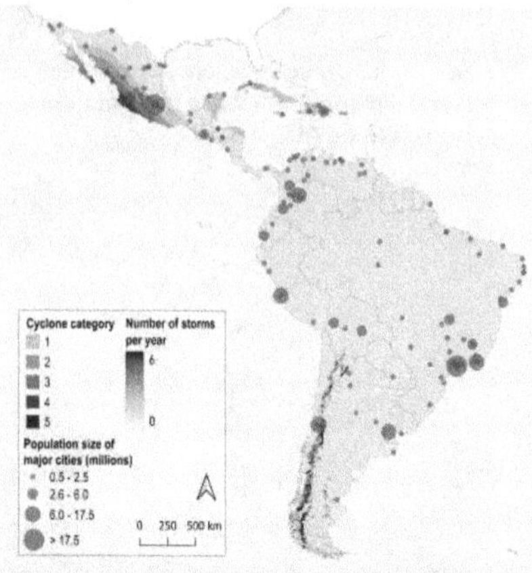

Nota: Las tormentas de viento violentas se miden como el número anual de días con tormentas de viento violentas (promedio de 2016-20) donde la velocidad de las ráfagas de viento sostenidas superó los 28,5 m/s (equivalente a la clase 11 de Beaufort). Mientras tanto, las categorías de ciclones se refieren a la escala de vientos de huracanes de Saffir-Simpson, que clasifica los ciclones en función de la velocidad sostenida del viento como una medida de daño potencial. Los ciclones de categoría 1 se describen como "vientos muy peligrosos que producirán algunos daños". Las categorías superiores cubren daños extensos, devastadores y catastróficos. El mapa indica zonas donde se espera que ocurran ciclones tropicales al menos una vez cada 100 años. El Mapa E muestra la exposición a tormentas violentas, la exposición a ciclones tropicales con un período de retorno de 100 años y la densidad de población en toda la región de ALC.

F. Las áreas de la región de ALC propensas a inundaciones fluviales suelen estar escasamente pobladas

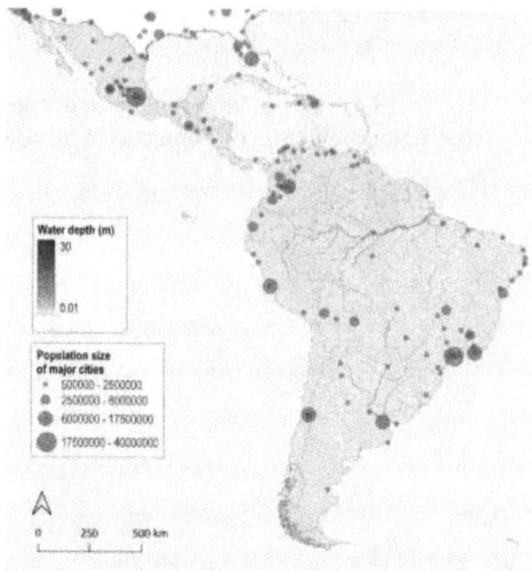

Nota: El mapa F muestra la exposición a las inundaciones de los ríos con un período de retorno de 100 años (2020) y la densidad de población en toda la región de ALC.

Fuente : (Maes et al., 2022[7]), "Monitoring exposure to climate-related hazards: Indicator methodology and key results", OECD Environment Working Papers, No. 201, OECD Publishing, Paris, https://doi.org/10.1787/da074cb6-en.

Entre 1970 y 2021, América del Sur representó el 3% de las muertes registradas en todo el mundo, siendo las inundaciones la principal causa de muertes registradas. Estos desastres provocaron pérdidas económicas por valor de 115.200 millones de dólares (WMO, 2021[8]). En total, el 17,1% de los 11 933 fenómenos meteorológicos extremos relacionados con el clima registrados en todo el mundo entre 1970 y 2022 se produjeron en ALC (OECD et al., 2022[3]). Además, los impactos del cambio climático se distribuyen de manera desigual, y las comunidades vulnerables, incluidas las mujeres y los niños, los pueblos indígenas y los hogares pobres, suelen soportar los mayores impactos.

Los impactos del cambio climático son amplios ya que afectan a las poblaciones vulnerables, especialmente a los niños. En ALC, aproximadamente 169 millones de niños viven en zonas donde se superponen al menos dos impactos climáticos y ambientales y 47 millones de niños, es decir, 1 de cada 4, viven en zonas afectadas por al menos 4 impactos. Además, unos 55 millones de niños están expuestos a la escasez de agua, 60 millones a los ciclones, 85 millones al virus del Zika, 115 millones al dengue, 45 millones a las olas de calor y 105 millones a la contaminación atmosférica (UNICEF, 2021[9]). Los huracanes en el Caribe, por ejemplo, destruyen infraestructuras críticas para el bienestar y el desarrollo de los niños, como escuelas e instalaciones sanitarias. Las inundaciones pueden dañar viviendas, poner en peligro las instalaciones de agua y saneamiento, contaminar las fuentes de agua potable y contribuir a la propagación de enfermedades diarreicas, que afectan de forma desproporcionada a los niños pequeños. Además, las familias vulnerables se ven obligadas a migran debido a los choques y a la escasez de agua y recursos. En 2020, los fenómenos meteorológicos desplazaron internamente 2,8 millones de personas en ALC (UNICEF, 2021[9]).

Las vulnerabilidades al cambio climático están teniendo impactos directos en el desarrollo económico nacional y local y en los sectores económicos de la región de ALC. Argentina ya está experimentando los impactos climáticos en las actividades económicas agrícolas (Straffelini et al., 2023[10]); (Müller, Lovino and Sgroi, 2021[11]). Para México, el valor actual de los cambios en el rendimiento de los cultivos, debido a las altas temperaturas y precipitaciones, se estima en unos 40 millones de USD, el doble de la producción agrícola nacional del país en 2012 (Estrada et al., 2022[12]). Perú ha estimado el coste de la inacción frente al cambio climático entre el 11% y el 20% de su producto interior bruto (PIB) hasta 2050, y la pérdida de hábitats en torno al 9% hasta 2050 y al 22% hasta 2100 (OECD, 2023[13]).

La región de ALC también es muy sensible a los puntos de inflexión del sistema climático, es decir, a los posibles eventos catastróficos que podrían ocurrir debido a los niveles actuales de calentamiento global, incluso si se alcanzan los objetivos del Acuerdo de París de 1,5oC y 2oC. Para ALC, los elementos de inflexión que se espera que se manifiesten como cambios en el sistema climático son el colapso de la capa de hielo de la Antártida Occidental; la extinción de la selva amazónica; así como la Oscilación Meridional de El Niño y el colapso de vuelco del Atlántico. La inflexión de uno de estos elementos -así como de otros que se produzcan en otras partes del globo- podrían potencialmente desencadenar cascadas de inflexiones con impacto global (OECD, 2022[14]). Los puntos de inflexión climáticos tendrían efectos adicionales en los sistemas socioeconómicos, ya que la pérdida de bosques, la subida del nivel del mar y los daños a las infraestructuras repercutirían en los medios de vida y la salud de las personas.

Estos retos exigen una actuación urgente para adaptarse al cambio climático y aumentar la resiliencia a nivel regional, nacional y local, así como integrar las políticas y herramientas de adaptación a las políticas sectoriales, los instrumentos económicos y las soluciones innovadoras, incluidas las basadas en la naturaleza o las nuevas tecnologías. Las acciones para adaptarse a los impactos presentes y futuros del cambio climático deberán ir acompañadas y alineadas con fuertes medidas de mitigación para evitar lo peor del calentamiento global (véase el Capítulo 3). Este capítulo se centra en los retos abordados durante una serie de Diálogos Políticos Regionales en 2023, en los que participaron expertos de ALC y de la OCDE. El análisis no es exhaustivo, ya que se centra en los puntos destacados como prioritarios por los países de ALC durante los conversatorios.

Contribuciones de ALC al marco internacional para la adaptación al cambio climático

Alcanzar el Objetivo Global de Adaptación (GGA, por sus siglas en inglés) establecido en el Acuerdo de París (UN, 2015[15]), **es una prioridad para los países de ALC.** Establecer el camino para alcanzar la meta también es importante y requiere que los países evalúen sus fortalezas y debilidades para responder mejor a los impactos del cambio climático (Climate Analytics, 2021[16]). En la vigésimo sexta Conferencia de las Partes de las Naciones Unidas sobre el Cambio Climático (COP26), los países acordaron crear un programa bianual de trabajo Glasgow-Sharm el-Sheikh para abordar los GGA. El programa enfatiza la importancia de los enfoques sensibles a las cuestiones de género, participativos y transparentes para la acción de adaptación. Considera a los grupos vulnerables, las comunidades y los ecosistemas, y se guía por los mejores conocimientos científicos disponibles, así como por los conocimientos tradicionales y locales. Pretende alcanzar objetivos como la plena aplicación del Acuerdo de París, mejorar la comprensión de la GGA y contribuir a la revisión del progreso general a través de balances globales. También se centra en mejorar la planificación nacional y la implementación de medidas de adaptación, facilitar la comunicación de prioridades, planes y acciones, y establecer sistemas sólidos de monitoreo y evaluación (UNFCCC, n.d.[17]).

En enero de 2021, se formó la Coalición de Acción para la Adaptación con el objetivo de acelerar la acción global en materia de adaptación para lograr un mundo resiliente al clima para el 2030. De los 33 países de ALC, 8 forman ahora parte de la coalición: Argentina, Chile, Costa Rica, Colombia, Jamaica, Paraguay, Perú y Uruguay (Adaptation Action Coalition, 2022[18]). Por último, el Pacto de Glasgow por el Clima incluye el objetivo de que los países desarrollados dupliquen el financiamiento proporcionado a los países en desarrollo para la adaptación antes de 2025, lo que representaría 40.000 millones de dólares para la adaptación. También reconoce el papel fundamental que desempeña la restauración de la naturaleza y los ecosistemas en la obtención de beneficios para la adaptación al cambio climático (UNEP, 2021[19]).

Durante la 27ª Conferencia de las Partes de las Naciones Unidas sobre el Cambio Climático (COP27), los países aprobaron el *Plan de Implementación de Sharm el-Sheikh*, que incluía la decisión de crear un Fondo para Pérdidas y Daños con más de 230 millones de dólares en nuevos compromisos. El objetivo del fondo es ayudar a los países en desarrollo afectados por fenómenos climáticos extremos. También alienta a los países a considerar Soluciones Basadas en la Naturaleza (NbS, por sus siglas en inglés) para sus acciones de mitigación y adaptación. Además, los países aprobaron los acuerdos institucionales para poner en funcionamiento la Red de Santiago, un portal que pone en contacto a organizaciones, expertos y organismos internacionales con regiones, países y comunidades que desean minimizar y hacer frente a las pérdidas y daños derivados del cambio climático. La Red de Santiago cataliza la asistencia técnica, y debería estar plenamente operativa para la vigésimo octava Conferencia de las Partes de las Naciones Unidas sobre el Cambio Climático (COP28). Naciones Unidas dio a conocer un plan de 3.100 millones de dólares para garantizar la cobertura universal de los sistemas de alerta temprana en los próximos cinco años. Sin embargo, los países no definieron la GGA, sino que establecieron un marco para su formulación que se estudiará y adoptará en la COP28. Por último, en la COP27 se lanzó la Agenda de Adaptación de Sharm El-Sheikh, cuyo objetivo es acelerar las soluciones transformadoras mediante intervenciones del sistema y alcanzar una serie de objetivos de adaptación para 2030 (Adaptation Action Coalition, 2022[18]); (UNFCCC, n.d.[20]); (Carver, 2023[21]).

A nivel regional, ALC adoptó el *Acuerdo Regional sobre Acceso a la Información, Participación Pública y Justicia en Asuntos Ambientales en América Latina y el Caribe*, conocido como el *Acuerdo de Escazú*, el primer acuerdo ambiental en ALC y el primer instrumento jurídicamente vinculante del mundo que incluye disposiciones para los defensores de los derechos humanos ambientales (UN, 2018[22]). El acuerdo fue adoptado en Costa Rica, el 4 de marzo de 2018, con el objetivo de garantizar la aplicación plena y efectiva de los derechos relacionados con el acceso a la información ambiental, la participación pública en la toma de decisiones y el acceso a la justicia en materia ambiental. También se centra en el desarrollo de capacidades, la cooperación y la protección del derecho a un medio ambiente sano y al desarrollo sostenible. En la actualidad, 25 de los 33 países de ALC invitados a participar son signatarios del Acuerdo de Escazú. A pesar de que el Acuerdo ha entrado en vigor, su implementación requiere de una base tecnológica, humana y de NbS, así como de un alto nivel de colaboración y cooperación transfronteriza en materia de gestión ambiental (López-Cubillos et al., 2021[23]); (UN ECLAC, 2023[24]).

ALC es la segunda región más propensa a catástrofes del mundo. La gestión de los crecientes riesgos derivados del cambio climático y la variabilidad climática es una necesidad cada vez mayor en la región. La adopción del *Marco de Sendai para la Reducción del Riesgo de Desastres 2015 - 2030* (Marco de Sendai) y el Acuerdo de París ha dado lugar a la necesidad de ampliar la coherencia en los enfoques de los países para la reducción del riesgo climático y de desastres. A nivel nacional, los países han repartido las responsabilidades relativas a la adaptación al cambio climático y la reducción del riesgo de desastres entre diferentes instituciones y partes interesadas, mientras que a nivel internacional reciben el apoyo de distintos organismos de las Naciones Unidas y procesos relacionados, lo que da lugar a solapamientos y lagunas. Sin embargo, los países han ido reconociendo las ventajas de una mayor coherencia. Cada vez integran más ambos conceptos, desarrollando estrategias conjuntas o poniendo en marcha procesos que facilitan la coordinación entre la adaptación al cambio climático y la reducción del riesgo de catástrofes. También es necesario garantizar la existencia de algunos factores favorables, como liderazgo y un compromiso sólido de los principales organismos gubernamentales, una amplia participación y coordinación de las partes interesadas, una clara asignación de funciones, responsabilidades y recursos, y un seguimiento, evaluación y aprendizaje continuos. Estos elementos pueden contribuir a la identificación de intercambios y sinergias, minimizando al mismo tiempo las redundancias (OECD, 2020[25]).

La región de ALC ha informado de manera desigual sobre los indicadores del Marco de Sendai. ALC ha reducido notablemente la mortalidad global por desastres y ha aumentado el número de estrategias nacionales y locales de reducción del riesgo de desastres, así como ampliado la cooperación internacional en apoyo de sus acciones nacionales para la aplicación del Marco de Sendai. No obstante, ALC aún debe redoblar esfuerzos para reducir sustancialmente el número de personas afectadas por los impactos del cambio climático y reducir sus pérdidas económicas directas por desastres en relación con el PIB. Se pueden realizar esfuerzos adicionales para reducir los daños causados por los desastres a infraestructuras críticas y la interrupción de los servicios básicos, así como con respecto al aumento de la disponibilidad y el acceso de las personas a los sistemas de alerta temprana para peligros múltiples, así como a la información y evaluación del riesgo de catástrofes (UNDRR, 2022[26]).

La relación entre el cambio climático y la pérdida de biodiversidad está bien establecida en el marco internacional, tanto a través del Convenio sobre la Diversidad Biológica (CDB) como de la Convención Marco de las Naciones Unidas sobre el Cambio Climático (CMNUCC). La decimoquinta reunión de la Conferencia de las Partes (COP15) del CDB, celebrada en 2022, subrayó una vez más la interconexión entre el cambio climático y la pérdida de biodiversidad. El *Marco Mundial para la Biodiversidad de Kunming-Montreal (GBF, por sus siglas en inglés),* adoptado en la COP15 del CDB, incluye cuatro objetivos hasta 2050 y 23 metas que deben alcanzarse antes de 2030, entre ellas la de minimizar el impacto del cambio climático y la acidificación de los océanos sobre la biodiversidad, mediante NbS, enfoques basados en los ecosistemas y acciones climáticas sobre la biodiversidad. Más allá del cambio climático y fundamental para la resiliencia climática, el GBF incluye otras metas para salvaguardar la biodiversidad y los ecosistemas, como conservar y gestionar eficazmente al menos el 30% de las tierras, las aguas continentales, las zonas costeras y los océanos del mundo; eliminar progresivamente o reformar los subsidios que perjudican a la biodiversidad en al menos 500.000 millones de dólares al año; aumentar los incentivos positivos para la biodiversidad, y reducir a la mitad el desperdicio mundial de alimentos, así como reducir significativamente el consumo excesivo y la generación de residuos (CBD, 2022[27]).

Panorama de los Planes Nacionales de Adaptación en ALC

Los PNAs constituyen una herramienta política para que los países recojan, desarrollen, adopten y apliquen medidas de adaptación. Sirven de marco de referencia bajo el cual los países pretenden reducir la vulnerabilidad derivada del cambio climático, reforzar su resiliencia y aumentar su capacidad de adaptación. El desarrollo de PNAs también ha demostrado ser un proceso muy aceptado, a través del cual los países alinean sus acciones de adaptación con otros marcos y objetivos internacionales como el Marco de Sendai para la Reducción del Riesgo de Desastres y los Objetivos de Desarrollo Sostenible (ODS).

Desde 2010 hasta 2022, sólo el 36% (12 de 33) de los países de ALC habían presentado sus PANs en el marco del proceso de la CMNUCC. Pocos países de ALC han adoptado leyes o marcos políticos nacionales sobre adaptación o resiliencia climática, mientras que la mayoría ha preferido introducir leyes o marcos generales sobre cambio climático. Varios países de ALC también están incluyendo consideraciones de adaptación en la legislación o planes sectoriales u otros planes especializados (Anexo A). Sin embargo, en general, sigue existiendo una brecha entre la introducción de un plan o marco nacional sobre adaptación climática y su aplicación. Los países de ALC han identificado los siguientes retos importantes para reforzar su ruta nacional de adaptación: dificultad para alinear los objetivos y prioridades identificados en los PNAs con los planes de desarrollo sectoriales y subnacionales; definir y asegurar el presupuesto para aplicar los PNAs; y garantizar la disponibilidad de información a escala nacional y reducida sobre los impactos previstos del cambio climático.1 Evidentemente, sólo el 12% (4 de 33) de los países de ALC han presentado ya PNAs sectoriales y otros productos como una estrategia de seguimiento y evaluación o una estrategia de comunicación apoyando la implementación (Anexo A).

Los PNAs no son la única herramienta disponible para los países que deseen avanzar en el establecimiento y la aplicación de medidas y acciones políticas de adaptación al clima. Los países también están incluyendo políticas relacionadas con la resiliencia climática o de adaptación al clima en sus Contribuciones Determinadas a Nivel Nacional (NDC, por sus siglas en inglés) o en sus Estrategias a Largo Plazo (LTS, por sus siglas en inglés) (Anexo A). A pesar de que todos los países de ALC han presentado y actualizado sus NDCs, sólo unos pocos han avanzado en sus acciones de adaptación incluidas en sus NDCs, y aún menos han presentado o actualizado sus LTS (World Bank, 2022[28]); (NDC Partnership, n.d.[29]). En cualquier caso, lo importante es garantizar que las políticas introducidas estén alineadas con las contribuciones a los objetivos internacionales y los compromisos ambientales nacionales. También es necesario examinar las compensaciones e intercambios con las políticas sectoriales y no climáticas y aprovechar las sinergias con las medidas de mitigación del cambio climático. Actualizar con frecuencia los PNAs y otros planes y estrategias nacionales relacionados con la adaptación al clima y basados en análisis contrastados sobre el calentamiento global, los puntos de inflexión y las pérdidas y daños como los proporcionados por el Grupo Intergubernamental de Expertos sobre el Cambio Climático (IPCC) y la OCDE, podrían ayudar a los países a ajustar sus medidas y acciones climáticas para reflejar la rápida evolución del entorno.

Recomendación

- Desarrollar y actualizar progresivamente los Planes Nacionales de Adaptación presentados a la CMNUCC, y apoyar su implementación a través de marcos legales y regulatorios, institucionales y financieros sólidos.

Alinear las prioridades de adaptación con los compromisos nacionales y atender las necesidades de adaptación con las políticas nacionales.

Los países de ALC están identificando la adaptación al cambio climático como una prioridad política clave para la región. Para abordar con éxito esta cuestión, los países deben identificar acciones específicas de adaptación climática. Varios países de ALC han introducido legislación o planes de acción y hojas de ruta con acciones específicas de adaptación al clima, ya sea en el marco de la política general de cambio climático o a través de políticas y estrategias sectoriales no relacionadas con el medio ambiente, basándose en las interrelaciones entre los efectos de la adaptación al clima con la vulnerabilidad, el crecimiento económico y el desarrollo (Anexo A).

Los países siguen planteamientos políticos diferenciados para adaptarse a las circunstancias, vulnerabilidades y necesidades nacionales, lo que no permite la comparabilidad directa entre las alternatives de políticas públicas seleccionadas. Esto es especialmente particular en el caso de ALC, ya que es muy diversa en términos de crecimiento económico, desarrollo social, geografía y distribución, entre otras. Independientemente de las particularidades de los distintos países y subregiones de la región, existen algunas consideraciones principales que deben tenerse en cuenta a la hora de desarrollar legislación, políticas y acciones que aborden la adaptación al cambio climático:

- **Alinear las prioridades nacionales y locales de adaptación con los compromisos de los países.** En muchos casos, los países de ALC han ido introduciendo marcos políticos e instrumentos jurídicos para cumplir sus compromisos con los objetivos de adaptación fijados internacionalmente, con una clara asignación de responsabilidades entre las partes interesadas nacionales, subnacionales y locales. En el caso de Perú, por ejemplo, la ley marco de cambio climático establece no sólo objetivos, sino también procesos sobre la gobernanza de los programas y proyectos de cambio climático, con especial atención en las acciones transversales que involucran a diferentes partes interesadas en todo el país (OECD, 2023[13]). Paraguay está priorizando sectores ambientales específicos para la acción en el marco de su PNA y también ha establecido un plan para su aplicación operativa (Box 2.1).

- **Alinear las prioridades de mitigación y adaptación, para salvaguardar el equilibrio entre los dos aspectos del cambio climático.** Hace tiempo que la mitigación del cambio climático recibe más atención y prioridad, tanto en las negociaciones internacionales como en la toma de decisiones nacionales, así como a través de la financiación y las inversiones. La medición del impacto de las medidas de mitigación ha avanzado mucho, sobre todo desde que se calculan las emisiones de gases de efecto invernadero (GEI) generadas por las actividades humanas y se avanza en su desvinculación del crecimiento económico (véase el capítulo 3). Sin embargo, medir la vulnerabilidad al cambio climático y los efectos de los fenómenos climáticos, a menudo sin precedentes, así como actualizar rápidamente las políticas de adaptación y alinearlas con las medidas de mitigación sigue siendo desafío. Argentina cuenta con un marco jurídico y una estructura de gobernanza que supervisan tanto la mitigación como la adaptación, midiendo también la eficacia de las medidas adoptadas (Box 2.1).
- **Integrar las consideraciones de adaptación en las políticas sectoriales**. Para hacer frente al cambio climático no solo es necesaria la acción climática, sino también la armonización de diversos ámbitos públicos, como el financiero, fiscal, inversión, infraestructura, comercio, innovación, entre otros, con los objetivos climáticos (OECD, 2015[30]). Alinear los marcos jurídicos, normativos y políticos, actualmente fuera de la cartera de políticas climáticas, con los objetivos climáticos, requiere una serie de compromisos y posiblemente la aceptar intercambios a corto plazo, lo que proporcionaría un marco de referencia más sostenible en el largo plazo.

Box 2.1. Alinear las prioridades para abordar la adaptación al cambio climático

Prioridades de Paraguay para la adaptación al cambio climático

Paraguay ha establecido la adaptación al cambio climático como una prioridad nacional, con medidas introducidas en su NDC, su PNA y su estrategia nacional. En su PNA 2022-2030, Paraguay ha identificado siete sectores clave y ha establecido 25 objetivos con el fin de aumentar la resiliencia a nivel local y nacional en estos sectores. Los sectores identificados son i) comunidades urbanas y rurales resilientes; ii) salud; iii) ecosistemas y biodiversidad; iv) energía; v) agricultura, silvicultura y seguridad alimentaria; vi) recursos hídricos; y vii) transporte. Los objetivos fijados están en consonancia con los ODS y el Marco de Sendai. También se introduce la aplicación operativa del plan, haciendo hincapié en las funciones y los vínculos entre los niveles nacional y subnacional de gobernanza, y estableciendo un sistema de monitoreo y evaluación.

Plan argentino de mitigación y adaptación al cambio climático

En diciembre de 2019, Argentina presentó una Ley (Nº 27520) sobre cambio climático, que buscó establecer presupuestos mínimos ambientales que garanticen acciones, instrumentos y estrategias de adaptación y mitigación al cambio climático, en línea con los compromisos del país. La ley prevé la creación de un Plan Nacional de Adaptación y Mitigación al Cambio Climático, que debe abarcar, entre otros, i) la identificación de vulnerabilidades y medidas de adaptación a corto, medio y largo plazo; ii) el desarrollo de escenarios climáticos basados en la vulnerabilidad y las tendencias socioeconómicas y ambientales; y iii) el establecimiento de procesos de seguimiento y evaluación de la eficacia de las medidas y acciones políticas adoptadas. También establece una estructura de gobernanza, encabezada por un Gabinete Nacional de Cambio Climático, responsable de supervisar la aplicación de las disposiciones legislativas, y apoyada por un Consejo Asesor Externo que consulta de forma permanente sobre el Plan Nacional. Argentina también ha lanzado recientemente una Estrategia Nacional de Financiación Climática, que incorpora la adaptación al clima en las políticas de financiación.

Fuente: (MECON, 2023[31]); (MADES and PNUD, 2022[32]); (Argentina Presidencia, 2019[33]);

La seguridad jurídica y la planificación específica de las políticas de adaptación al clima pueden proporcionar una base sólida para acentuar las medidas de adaptación al cambio climático. Sin embargo, avanzar en la aplicación de medidas de adaptación requiere un enfoque más holístico, que abarque otros retos a los que se enfrentan varios países, incluidos los de la región de ALC:

- En primer lugar, **la aplicación de las NDCs y los PNAs requiere un enfoque equilibrado y centrado en las personas** para que las medidas de adaptación que se apliquen beneficien a las comunidades locales, los pueblos indígenas y los grupos vulnerables, y aprovechen sus conocimientos a la hora de abordar la adaptación climática. En el caso de Perú, por ejemplo, hasta la fecha se han identificado 84 medidas de adaptación, con especial atención a los sistemas de alerta temprana, las acciones para abordar los problemas de salud pública y el fortalecimiento de capacidades en los sectores pesquero y agrícola (OECD, 2023[13]). El éxito en la implementación de estas medidas depende en gran medida de la ubicación y de la incorporación de las necesidades de las comunidades locales en las soluciones propuestas.
- En segundo lugar, **hay que asegurar el financiamiento que permita implementar políticas específicas y avanzar en la agenda de adaptación**. A menudo, en los países de ALC, las medidas propuestas no están vinculadas a líneas presupuestarias específicas. En algunos casos, la aplicación de las medidas depende de mecanismos de financiamiento, tales como como el

Fondo Mundial para el Clima y el Fondo de Adaptación, y su papel en la movilización de recursos para la adaptación. La introducción de herramientas de financiamiento más creativas -a saber, microseguros en bonos verdes, taxonomías verdes, incorporación del riesgo climático en los procesos de financiamiento- también podría ayudar a transformar buenas propuestas de adaptación en proyectos financiables, con la participación del sector privado (OECD, 2023[13]).

- En tercer lugar, **es necesario desarrollar capacidades.** Para avanzar en la adaptación al cambio climático es necesario desarrollar capacidades críticas en la administración pública para poder identificar proyectos de adaptación que sean financieramente adecuados y que puedan llevarse a cabo. Paralelamente, la mejora de capacidades nacionales y locales para desarrollar ideas de proyectos relacionados con el clima que tengan en cuenta la participación del sector privado, la aceptación de las partes interesadas locales y promuevan la resiliencia en diversos sectores, garantizaría la viabilidad de las soluciones propuestas.

Personas - Justicia medioambiental - Comunidades

El cambio climático es un fenómeno mundial, pero tiene repercusiones locales. Las soluciones para la adaptación al cambio climático deben incluir a las comunidades locales y tener en cuenta las vulnerabilidades locales. Esto se aplica tanto a las zonas urbanas como a las rurales, que pueden variar en morfología, vulnerabilidades a distintos fenómenos climáticos y meteorológicos, actividades productivas que impulsan la economía local y, por tanto, el bienestar local.

Sistemas de alerta temprana y protección civil en ALC

Existe un estrecho vínculo entre las intervenciones para la adaptación al cambio climático y la reducción del riesgo de catástrofes. Estos ámbitos públicos suelen compartir objetivos comunes para aumentar la resiliencia, como proteger a las comunidades y la infraestructura de los efectos de los peligros naturales y minimizar las pérdidas causadas por las catástrofes. También se enfrentan a riesgos que se contraponen ya que los peligros climáticos, cada vez mayores y más intensos, aumentan los riesgos y los efectos de las catástrofes. Una mayor coherencia entre los dos ámbitos, a través de una acción coordinada entre todas las partes interesadas, podría ayudar a mejorar las intervenciones de políticas públicas (OECD, 2020[25]) y apoyar un desarrollo local informado sobre los riesgos climáticos.

Los sistemas de alerta temprana (SAT) son reconocidos como un elemento clave de la reducción del riesgo de catástrofes, cuyo objetivo es ayudar a las personas a adaptarse al cambio climático y aumentar su resiliencia. Aunque los sistemas de alerta temprana se han calificado de "fruta al alcance de la mano" para la adaptación, por ser una forma eficiente y eficaz de proteger a las personas, su aplicación requiere varios requisitos previos para alcanzar el éxito. Estos se refieren principalmente al desarrollo y la transferencia de tecnología enfocada en las personas, la gestión de datos y la previsión, el fomento de la innovación y la garantía de un financiamiento sostenible para la actualización constante de la tecnología. La CMNUCC puso en marcha en 2022 un plan de trabajo renovable del Comité Ejecutivo de Tecnología para 2023-2027, en el que destaca la necesidad de una mayor colaboración para apoyar una acción acelerada en innovación y desarrollo tecnológico para la amplia aplicación de los SAT. El Plan de Acción Ejecutivo de Alerta Temprana para Todos, presentado durante la COP27, identifica áreas clave para avanzar en el conocimiento universal del riesgo de desastres, prioriza las principales acciones técnicas para mejorar la capacidad de recopilación de datos e información, y sienta las bases para alinear y coordinar los instrumentos de financiamiento con el fin de aumentar las inversiones para los SAT (WMO, 2022[34]).

Los SAT se mencionan en más del 60% de las NDCs presentadas por los países de ALC, lo que destaca la necesidad de hacer frente a los fenómenos del cambio climático y a los fenómenos meteorológicos extremos, así como de reducir los riesgos relacionados con el agua y la seguridad

alimentaria. Debido a los múltiples tipos de amenazas que se producen en la región, los Sistemas de Alerta Temprana Multiamenaza (SATM) se consideran herramientas esenciales para hacer frente a los elevados riesgos derivados de los fenómenos meteorológicos, hídricos y climáticos extremos. Sin embargo, un reporte reciente de la Organización Meteorológica Mundial (OMM) muestra que, a pesar de que los países de ALC se enfrentan a vulnerabilidades que van desde las sequías a las inundaciones, pasando por los corrimientos de tierra, la subida del nivel del mar, las tormentas y los huracanes, etc., también se enfrentan a lagunas en la capacidad de alerta temprana. De hecho, de los 19 países de ALC que respondieron a la encuesta de la OMM, al menos 8 tienen SATs inadecuados para inundaciones fluviales, crecidas repentinas y sequías (Figura 2.4). Un examen más detallado de los países de ALC muestra que las principales necesidades de la región son el conocimiento del riesgo de catástrofes, la detección, el monitoreo, el análisis y la prevención para la respuesta ante catástrofes. La difusión y comunicación de alertas también es un problema para Sudamérica (WMO, 2020[35]).

Figura 2.4. Capacidad de los sistemas de alerta temprana en los países de ALC

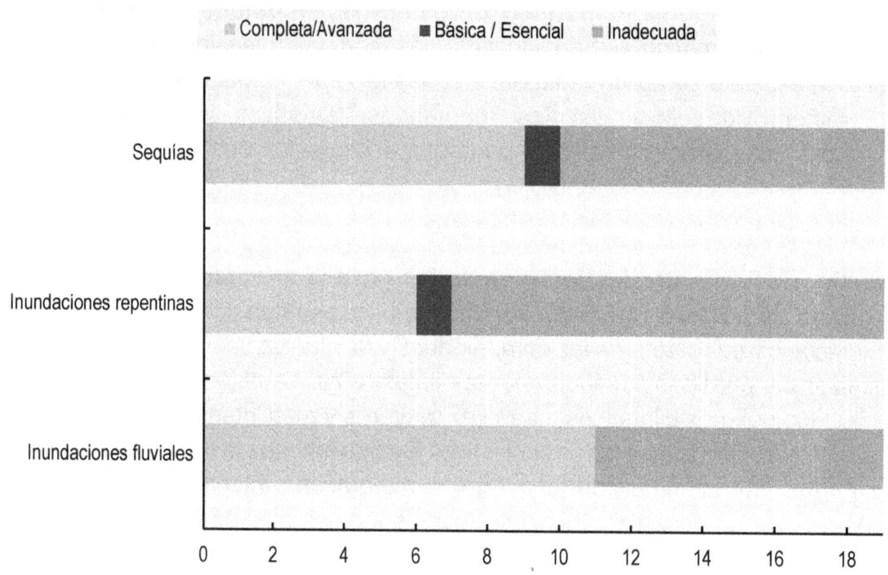

Fuente: (WMO, 2020[35])

Los Estados insulares del Caribe han sido pioneros en el desarrollo de sus sistemas de alerta temprana, debido a la alta vulnerabilidad de la región a diversos peligros naturales (huracanes, inundaciones, sequías, incendios forestales, erupciones volcánicas y terremotos). Con el apoyo del Programa de las Naciones Unidas para el Desarrollo (PNUD), la Federación Internacional de la Cruz Roja (FICR), la Agencia Caribeña para el Manejo de Emergencias por Desastres (CDEMA) y Cuba, islas como Antigua y Barbuda, Dominica, la República Dominicana, Santa Lucía y San Vicente y las Granadinas aplicaron la Caja de Herramientas Cubana para SATs, que ofrece herramientas y actividades que los países podrían llevar a cabo para mejorar su conocimiento de riesgos, sus sistemas de monitoreo y alerta, difusión y comunicación, y sus capacidades de respuesta. El programa también incluye formaciones técnicas, pruebas de funcionamiento de los productos de predicción meteorológica recién instalados, una herramienta de medición regional para el seguimiento de los avances, y el intercambio de información para difundir más ampliamente las lecciones aprendidas en la región (Gazol, 2019[36]).

Además de los SAT, también son necesarios mecanismos para gestionar las consecuencias de fenómenos meteorológicos extremos u otros peligros relacionados con el clima. La necesidad urgente de atención sanitaria primaria, refugio, alimentos, agua, saneamiento y artículos de primera necesidad requiere una preparación adecuada ante catástrofes a nivel nacional y local, con mecanismos de coordinación establecidos y financiamiento suficiente para emergencias. A medio y largo plazo, la construcción de infraestructura resistente también podría contribuir a la adaptación a estos fenómenos, mientras que una mayor inversión en la preservación de los ecosistemas podría aumentar la resiliencia frente a los riesgos naturales (véase más adelante).

Varios países de ALC, como Argentina, Bolivia, Brasil, Colombia, Costa Rica, El Salvador, Guatemala, México, Nicaragua, Panamá, Paraguay, Perú, Uruguay y Venezuela, han establecido mecanismos de protección civil para abordar las actividades de gestión de riesgos, preparación y prevención, junto con la coordinación de los sistemas de emergencia y reconstrucción. La mayoría de estos países han dado clara prioridad a la coordinación entre los distintos niveles de gobierno para mejorar la protección civil, así como a la creación de fondos que cubran, entre otras, las catástrofes naturales o relacionadas con el clima. Sin embargo, sigue habiendo deficiencias en la gestión de las catástrofes naturales, así como en el acceso a los recursos financieros disponibles en caso de emergencias climáticas, o incluso suministros en especie para las necesidades de los afectados. Para superar estos retos, es necesaria una mejor coordinación de las acciones entre los diferentes niveles de gobierno, y dedicar recursos financieros suficientes para apoyar tanto la reducción de riesgos como la respuesta de emergencia al cambio climático (Szlafsztein, 2020[37]).

A la hora de introducir SATs u otros mecanismos de reducción de riesgos climáticos, es fundamental tener en cuenta las particularidades de los grupos vulnerables para aumentar la resiliencia. Los pueblos indígenas, las personas desplazadas, las personas con discapacidad, las comunidades rurales, los ancianos, las mujeres y los niños experimentan de forma diferente cualquier cambio social, económico, cultural y ambiental. Si no se considera esto, se podría dar un aumento de las desigualdades, exacerbando las ya existentes (Box 2.2). La colaboración activa con los grupos vulnerables puede proporcionar información adicional sobre los peligros climáticos y los fenómenos meteorológicos locales y ayudar a la prevención y preparación de las comunidades. En el caso de Costa Rica, la colaboración activa y eficaz con las comunidades indígenas permite que se tengan en cuenta sus voces y propuestas para mejorar la alerta temprana. La inversión adicional en infraestructura resiliente y el desarrollo de capacidades para responder a tales fenómenos ayudaría mucho a mejorar los SATs (OECD, 2023[38]).

Box 2.2. Acciones sensibles al género frente a los riesgos de desastres climáticos en ALC

Los riesgos climáticos no son neutrales desde el punto de vista de género. Su impacto varía en función de los roles de género, el acceso a los recursos, los ingresos y otras identidades sociales que se entrelazan. Las mujeres suelen ser las últimas en evacuar en caso de fenómenos meteorológicos extremos debido a sus responsabilidades como cuidadoras de niños y ancianos. También suelen estar menos formadas en materia de preparación y respuesta ante un fenómeno meteorológico extremo. Por último, pueden tener menos acceso a la información o menos capacidad para recibir alertas tempranas y actuar en consecuencia debido a la falta de educación y analfabetismo o a la falta de formación técnica. Estas características se aplican también a la región de ALC.

Transformar las políticas de reducción de riesgos de desastres climáticos y los mecanismos de alerta temprana para que tengan en cuenta las cuestiones de género requiere:

- Recopilación de datos desglosados por sexo y establecimiento de indicadores sensibles al género. Antigua y Barbuda, Chile, Costa Rica y Ecuador ya están proporcionando estos datos desglosados para el seguimiento del Marco de Sendai.
- Incluir una perspectiva de género en la gobernanza de riesgos climáticos. Aumentar la participación de las mujeres en los procesos de toma de decisiones ayudaría a plantear sus

preocupaciones en la planificación y en la reducción de la vulnerabilidad. Granada está incluyendo a las mujeres en los debates en las fases de diseño, implementación y evaluación de las estrategias de mitigación y adaptación climática.

- Invertir en SATs y otros mecanismos para la resiliencia climática con perspectiva de género. A menudo, las inversiones dirigidas a la reducción del riesgo climático carecen de una perspectiva de género o de inclusión, por lo que pierden la oportunidad de abordar las desigualdades o incluso las exacerban. El proyecto de Sistemas de Alerta Temprana de Riesgos Climáticos (CREWS) para el Caribe da prioridad a las inversiones que apoyan los sistemas de alerta temprana desarrollados con la participación de las comunidades locales, incluidas las mujeres.
- Proporcionar asistencia técnica, desarrollo de capacidades y preparación a largo plazo frente a peligros múltiples. Reconocer los efectos diferenciados de los desastres climáticos en mujeres y hombres requiere incorporar a ambos grupos en las intervenciones de preparación y respuesta. Jamaica incluye a las mujeres en la identificación de zonas de alto riesgo e infraestructura crítica que podrían verse afectadas por un desastre climático. Perú apoyó económicamente a los hogares encabezados por mujeres para reconstruir sus comunidades tras las inundaciones de 2017.

Fuente: (Brown et al., 2019[39]); (Value for Women, 2020[40]); (Beltrame and del Pilar Medina, 2022[41]); (CREWS Caribbean, n.d.[42])

Recomendación

- Mejorar los sistemas de alerta temprana para garantizar que todas las personas, especialmente aquellas en comunidades con mayor riesgo de sufrir eventos climáticos e extremos, tengan acceso a información vital en tiempo real, a nivel individual, y que las comunidades locales participen en la diseño e implementación de los SAT.
- Fortalecer o crear sistemas de protección civil en ALC, que estén equipados y preparados con insumos, personal capacitado, infraestructura y fondos suficientes para brindar atención inmediata, albergue y asistencia médica integral antes, durante y después de los desastres naturales.

Reducir la vulnerabilidad en las zonas urbanas

Las zonas urbanas y las ciudades están adquiriendo inevitablemente más protagonismo en relación con la adaptación al cambio climático, ya que las proyecciones indican que en 2050 dos tercios de la población mundial vivirá en zonas urbanas. Gestionar los impactos de esta tendencia requeriría revisiones de los PNAs, poniendo en primer plano el papel de las zonas urbanas y las ciudades a la hora de abordar la adaptación al cambio climático.

La región de ALC es una de las más urbanizadas del mundo. A pesar de las disparidades entre los distintos tipos y tamaños de ciudades, es evidente que muchas de ellas se enfrentan a problemas similares, como el crecimiento urbano, las restricciones en las capacidades de planificación urbana y la falta de evaluaciones de riesgos climáticos que podrían ayudar a identificar el tipo de mejoras necesarias para combatir el cambio climático a nivel local.

Casi el 21% de la población urbana de ALC vive en barrios marginales. Aunque este porcentaje puede ser inferior a la media mundial, que se sitúa en el 23,9%, sigue siendo inaceptable teniendo en cuenta las condiciones de vida de los residentes (Figura 2.5). Los asentamientos precarios de la región de ALC suelen verse afectados por desastres naturales como corrimientos de tierras e inundaciones y las ya limitadas infraestructuras (servicios de agua y saneamiento, electricidad, transporte y carreteras, etc.) sufren daños y requieren mejoras (Fay et al., 2017[43]).

Figura 2.5. Porcentaje de población urbana que vive en barrios marginales

Datos del 2018

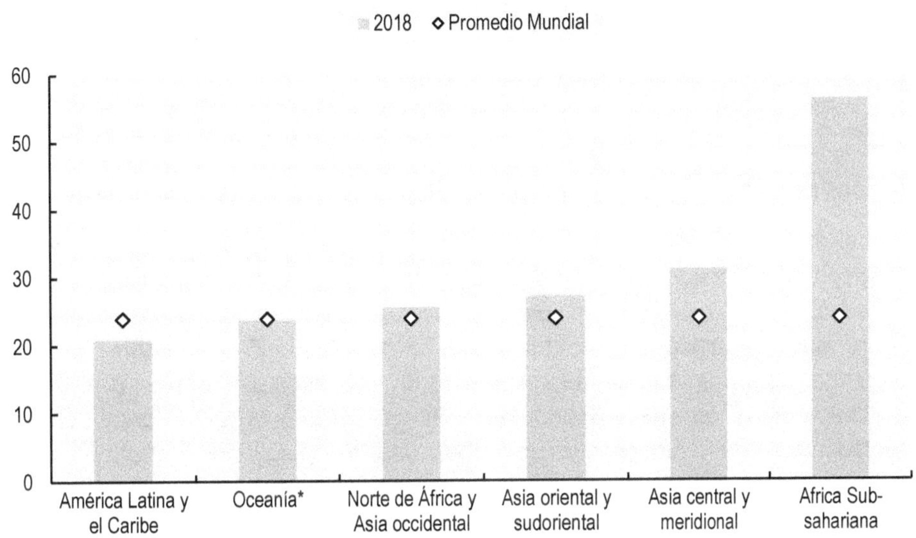

Nota : Oceanía no incluye Australia ni Nueva Zelanda. La media mundial es del 23,9%.
Fuente : (UNSD, n.d.[44])

De los 12 países de ALC que han presentado un PNA, la mayoría incluye objetivos relacionados con la planificación urbana y el uso del suelo, aunque se presentan diferentes perspectivas. Chile vincula la planificación urbana con la conservación de la biodiversidad y los ecosistemas. Costa Rica y Paraguay lo vinculan con corredores verdes en zonas urbanas. Granada y Santa Lucía presentan la interconexión de la planificación urbana con los recursos hídricos. Uruguay hace referencia a las mejoras necesarias en la administración del uso del suelo y la recopilación de datos. En general, hay poca evidencia local de interconexión entre la planificación urbana y los marcos regulatorios de uso del suelo con las evaluaciones de riesgos climáticos.

En el caso de los Estados insulares del Caribe, la cuestión de la urbanización exige una acción transformadora inmediata. Los Pequeños Estados Insulares en Desarrollo (SIDS, por sus siglas en inglés) del Caribe se enfrentan a limitaciones en la vivienda formal, al aumento de las estructuras de asentamientos irregulares y a infraestructura inadecuada para el tratamiento de agua y de aguas residuales, así como para los servicios de transporte. Estos retos se ven agravados por el cambio climático y los fenómenos meteorológicos extremos en la región del Caribe. Los SIDS del Caribe están enfocando sus medidas de planificación urbana en los PNAs en el acceso a los recursos hídricos, la ampliación de los espacios verdes en las zonas urbanas y la lucha contra los efectos de la creciente migración de las zonas rurales a las urbanas. La integración de la mitigación del cambio climático y la adaptación al mismo en la planificación urbana requiere algo más que simples cambios en el desarrollo urbano y el uso del suelo. Requiere mejoras en la recopilación de datos, en las evaluaciones de riesgos climáticos y en la inclusión de las comunidades locales en la planificación, el diseño y el desarrollo de infraestructura, así como garantizar una financiación adecuada para dichas obras (Mycoo, 2022[45]).

Se necesita un enfoque integrado mediante el cual las medidas de planificación urbana consideren la adaptación climática y ayuden a construir ciudades más resilientes al clima. Este enfoque debería incluir una recopilación de datos y monitoreo suficiente, herramientas de evaluación y gestión de riesgos y asignación presupuestaria suficiente. La evaluación de la vulnerabilidad a nivel local, incluidas las actividades económicas locales, también ayudaría a los gobiernos locales a mejorar su gestión y planificación. Los bancos internacionales de desarrollo y las agencias de cooperación al desarrollo están apoyando activamente la adaptación al cambio climático a nivel local y municipal en ALC. Centrándose en la recopilación de información y el seguimiento y desarrollo de capacidades, pretenden reforzar una planificación urbana y local resiliente (Box 2.3).

Box 2.3. Actores internacionales que apoyan la planificación urbana y local resiliente en ALC.

Planes estratégicos de inversión y fortalecimiento institucional para la adaptación al cambio climático

El Banco Mundial está apoyando a las ciudades medianas de la región de ALC en el desarrollo de *Planes Estratégicos de Inversión para la Adaptación al Clima y de Fortalecimiento Institucional* para cada una de ellas. El ejercicio también incluyó tres evaluaciones: sobre los riesgos relacionados con el clima, sobre las capacidades institucionales de adaptación y sobre las capacidades socioeconómicas para adaptarse al cambio climático. En los casos de Castries (Santa Lucía), Cuzco (Perú), Esteli (Nicaragua), El Progreso (Honduras) y Santos (Brasil), las actividades del Banco Mundial incluyeron mecanismos para la recopilación de datos y una mejor vigilancia del clima y planificación de riesgos; la integración a escala transfronteriza de prácticas de gestión de riesgos; el desarrollo de capacidades para los funcionarios locales que trabajan en la planificación del cambio climático y la gestión de riesgos; mejores asignaciones presupuestarias y financiación privada del clima para aumentar la resiliencia; y un cambio en los sistemas de gobernanza de riesgos, pasando de la gestión de desastres a la reducción de riesgos a largo plazo.

Gobernanza y procesos de planificación a varios niveles

La Agencia Alemana de Cooperación Internacional (GIZ) también está trabajando con los países de ALC para mejorar la gobernanza multinivel, reforzar los procesos de planificación e incluir el uso del suelo como un factor que afecta a varias actividades económicas de la región como el turismo y la agricultura. Una parte necesaria en los proyectos de la GIZ es el desarrollo de herramientas para la recopilación de datos que permitan el análisis de la vulnerabilidad, así como la identificación de marcos estratégicos y modelos de adaptación a nivel local. Por ejemplo, en materia de recursos hídricos, el ejercicio no sólo se limita a cartografiar las cuencas hidrográficas, sino que también incluye la información en los planes municipales para el uso del agua. Al mismo tiempo, es necesario desarrollar las capacidades municipales para mejorar la gestión y la planificación.

Fuente: (World Bank, 2014[46]); (OECD, 2023[13])

Recomendación

- Alinear la planificación regional y urbana con los PNAs y promover un enfoque integrado para superar las brechas de gestión de riesgos, capacidad y financiamiento.

Enfoques sectoriales de la adaptación al clima

Invertir en infraestructura resistente al clima

La infraestructura se ven gravemente afectadas por la variabilidad climática y los fenómenos meteorológicos extremos, que pueden causar daños en edificios, carreteras y puentes, interrupciones en el transporte, el suministro de agua y electricidad, y posibles pérdidas de empresas y personas. Los impactos climáticos tendrán implicaciones en las necesidades de inversión en infraestructura, no solo en relación con el coste, sino también a la hora de garantizar que las nuevas infraestructuras sean resilientes (OECD, 2018[47]). Al mismo tiempo, invertir en infraestructura resiliente tiene un efecto multiplicador para la economía, ya que reduce las pérdidas del PIB (debido a la reducción del capital destruido durante los desastres naturales) (Fernández Corugedo, Gonzalez and Guerson, 2023[48]). Por lo tanto, es esencial reducir los riesgos climáticos hacia la infraestructura, así como gestionar eficazmente los intercambios entre minimización de riesgos y costes. Se espera que dar prioridad a una infraestructura resistente al clima mejore tanto la fiabilidad de la prestación de servicios como aumente la vida útil de los activos. La introducción de enfoques adaptativos en infraestructura, utilizando escenarios de modelos climáticos también podría reducir las incertidumbres y los riesgos futuros. Incluir otros cambios socioeconómicos en el análisis ayudaría realmente a lograr la resiliencia climática (OECD, 2018[47]).

Las necesidades de inversión en infraestructuras a nivel mundial se han estimado en unos 6,3 billones de dólares anuales entre 2016 y 2030 (OECD, 2017[49]). Considerando que los países tendrían que acelerar sus acciones para alcanzar los objetivos del Acuerdo de París de 1,5 °C y 2 °C, se espera que las necesidades de inversión en infraestructura sean aún mayores. Sin embargo, las inversiones anuales ni siquiera se acercan a esta cantidad. Únicamente en el caso de los países del G20, es decir, los mayores inversores en infraestructura, las estimaciones de las inversiones anuales son inferiores a las necesidades reales, lo que subraya la necesidad de cerrar la brecha de inversión (Zelikow and Savas, 2022[50]).

Las necesidades de inversión en infraestructuras en la región de ALC para 2030 se han estimado en el 3,12% del PIB, mientras que entre 2008 y 2019 la inversión media fue de tan solo el 1,8% del PIB (Brichetti et al., 2021[51]). Para cubrir este déficit de inversión y garantizar además que las nuevas inversiones sean resilientes al cambio climático se requiere la movilización de recursos adicionales. La mayor parte del financiamiento movilizado por los países desarrollados en los países en desarrollo está vinculada a proyectos de mitigación climática (67% de media anual para el período 2016-2020), mientras que alrededor del 24% cubre proyectos de adaptación climática. A pesar de un aumento en los últimos años en el financiamiento de la adaptación, la brecha entre la mitigación y la adaptación sigue siendo significativa. Concretamente en la región de ALC, el 74% del financiamiento climático se centró en la mitigación, siendo los principales sectores destinatarios la energía (25%), el transporte (11%) y el suministro de agua y saneamiento (10,5%) (OECD, 2022[52]).

Aumentar el financiamiento climático dirigido a proyectos de adaptación no solo es necesario para aumentar la resiliencia frente al cambio climático, sino también para garantizar un crecimiento más inclusivo y sostenible. Invertir en infraestructura resiliente al clima ayudaría no solo a evitar pérdidas, sino también a reducir los riesgos de la infraestructura existente y a salvaguardar los beneficios sociales y ambientales; el llamado "triple dividendo" (Global Center on Adaptation, 2021[53]).

Invertir en infraestructuras resilientes podría reducir la desigualdad social. Podría proporcionar mejores servicios de agua y saneamiento en zonas afectadas por la sequía, mejorar la gestión forestal con la inclusión de las comunidades locales o mejorar las condiciones de vida en las zonas costeras. Los proyectos de inversión en infraestructuras sostenibles que sean transparentes y tengan en cuenta las circunstancias locales y las necesidades de las comunidades vulnerables en la fase de planificación, diseño y ejecución, servirían mejor a las comunidades receptoras y reconocerían su experiencia y conocimientos tradicionales. Por último, valorar y evaluar los impactos de los proyectos de infraestructura con respecto a las necesidades de los más vulnerables, desde la perspectiva de los inversores (públicos, privados, multilaterales, nacionales, subnacionales), ayudaría a revisar la priorización futura de las decisiones de inversión (Faria, Perutti and Villalba, 2021[54]).

Los países también deberían considerar la introducción de consideraciones de adaptación al clima en las inversiones tradicionalmente financiadas en el marco de la agenda de mitigación. Mejorar el alineamiento en la planificación y el financiamiento de las inversiones en infraestructura con vías de desarrollo a largo plazo, bajas en emisiones, resilientes e inclusivas permitirá aumentar las inversiones en infraestructura energética, de transporte y de industria. La creación de un entorno propicio para la inversión en infraestructura resiliente al clima también requiere la armonización entre la priorización a corto y largo plazo de los proyectos, la evaluación a nivel de proyecto y el desarrollo de capacidades.

Sin embargo, sólo unos pocos países de todo el mundo están elaborando ya estrategias de desarrollo con bajas emisiones a largo plazo, integrando las consideraciones climáticas en la planificación de infraestructura. En muchos casos, es necesario crear capacidades para planificar, diseñar y evaluar proyectos de infraestructura financiable que esté en consonancia con los objetivos climáticos, tanto a corto como a largo plazo. Además, el enfoque debe ser holístico y no dividirse entre las distintas autoridades institucionales que puedan estar a cargo de la infraestructura en diferentes sectores. La planificación de todo el gobierno puede ayudar a evitar inversiones con impactos climáticos conflictivos. La creación de una "cartera" de proyectos de infraestructura, para agilizar el proceso entre la concepción del proyecto y la financiación, también puede ayudar a garantizar flujos de inversión suficientes para infraestructura resiliente al clima (Box 2.4) (OECD, 2018[55]).

Box 2.4. Desarrollo de infraestructura resiliente al clima en Santa Lucía

En el caso de Santa Lucía, una isla caribeña que se enfrenta a numerosos retos relacionados con el clima, es imperativo planificar a largo plazo la infraestructura de los distintos sectores. Santa Lucía está aplicando las siguientes herramientas para beneficiarse al máximo del desarrollo de infraestructura resiliente al clima:

1. Una Evaluación Nacional de Infraestructuras que garantice la satisfacción de las necesidades económicas, medioambientales y sociales en la futura planificación de infraestructura;
2. Planificación estratégica de infraestructuras en los sectores de la energía, el suministro de agua, las aguas residuales y los residuos sólidos; que analiza de forma integrada los futuros cambios en la demanda de estos sectores, teniendo en cuenta los efectos de los flujos turísticos;
3. Alinear la evaluación y la planificación con los ODS y el Acuerdo de París, garantizando que la Evaluación Nacional de Infraestructuras priorice las medidas incluidas en el PNA del país;
4. Coordinación interministerial en el marco de la Unidad Nacional de Planificación y Programas Integrados, encargada de definir la visión, la estrategia y la hoja de ruta generales del programa de infraestructuras de la isla.

Fuente: (UNEP, 2021[56]); Saint Lucia's National Infrastructure Assessment – Case Study

Recomendación

- Alinear mejor la planificación, el desarrollo y las inversiones en infraestructura con estrategias de desarrollo inclusivas, resilientes al clima y bajas emisiones a corto y largo plazo a nivel nacional.
- Asegurar un entorno propicio para el desarrollo de infraestructura resiliente al clima para limitar la vulnerabilidad a los daños climáticos.

Gestión y financiamiento de los recursos hídricos resilientes al clima

Se prevé que el calentamiento global, uno de los síntomas del cambio climático, tenga repercusiones desiguales en los recursos hídricos de todo el planeta, con un aumento de la frecuencia tanto de las inundaciones como de las sequías. Las actividades económicas vinculadas a la industria, la agricultura y el desarrollo de infraestructura también provocan deforestación y degradación del suelo, fenómenos que a su vez afectan a las fuentes de agua. Proteger el ciclo del agua y mejorar la gestión de los suministros de agua es esencial para hacer frente a los efectos negativos sobre los recursos hídricos (Rockström et al., 2023[57]).

La región de ALC no es homogénea en cuanto al impacto del cambio climático sobre los recursos hídricos. La región es rica en agua, ya que alberga más del 30% de los recursos mundiales de agua dulce, pero también tiene zonas áridas y semiáridas afectadas por sequías, por no mencionar los glaciares de los Andes (World Bank, 2013[58]). Mientras que en muchos países de ALC las precipitaciones extremas son un problema que provoca la destrucción de cultivos, corrimientos de tierras, etc., en otros las sequías graves y la escasa disponibilidad y calidad del agua son más preocupantes. Surinam, Guyana y Trinidad y Tobago son los países que más sufren las precipitaciones extremas, mientras que Paraguay, Argentina y Brasil son los más afectados por las sequías (OECD, 2023[1]).

La adaptación al cambio climático tiene un grave impacto en los recursos hídricos de la región de ALC, lo que repercute negativamente en la biodiversidad y los ecosistemas, así como en la calidad de vida de las poblaciones locales. La destrucción de tierras, bosques y ecosistemas agrava los riesgos relacionados con el agua. En la región de ALC, el agua que se evapora en la selva amazónica impulsa las precipitaciones en la mayor parte del continente. Afectar a esa cuenca de evaporación, mediante la deforestación continua, tendrá consecuencias sobre las precipitaciones en varios países de ALC, como Argentina, Bolivia y Colombia (Rockström et al., 2023[57]). Esta interdependencia debe tenerse en cuenta a la hora de diseñar políticas sobre los recursos hídricos. Una mayor investigación y recopilación de datos sobre estos fenómenos contribuiría a apoyar la formulación de políticas.

La agricultura es, en general, la principal actividad económica detrás de la extracción de agua en América del Sur y Central, con un 81% y un 66% de la extracción total de agua, respectivamente. En el Caribe, aproximadamente la mitad de la extracción total de agua se destina al uso municipal (Figura 2.6). Sin embargo, el agua no es una fuente infinita, por lo que los cambios en las actividades económicas, como la agricultura, la energía y la minería, afectarán a la asignación del agua. Lo mismo ocurre en los casos de aumento de la demanda de agua debido a cambios demográficos en los que una afluencia repentina de población puede crear tensiones adicionales, especialmente en zonas que sufren restricciones de recursos hídricos.

Figura 2.6. La extracción de agua para la agricultura es elevada en América Central y del Sur

Porcentaje de extracción de agua por actividad

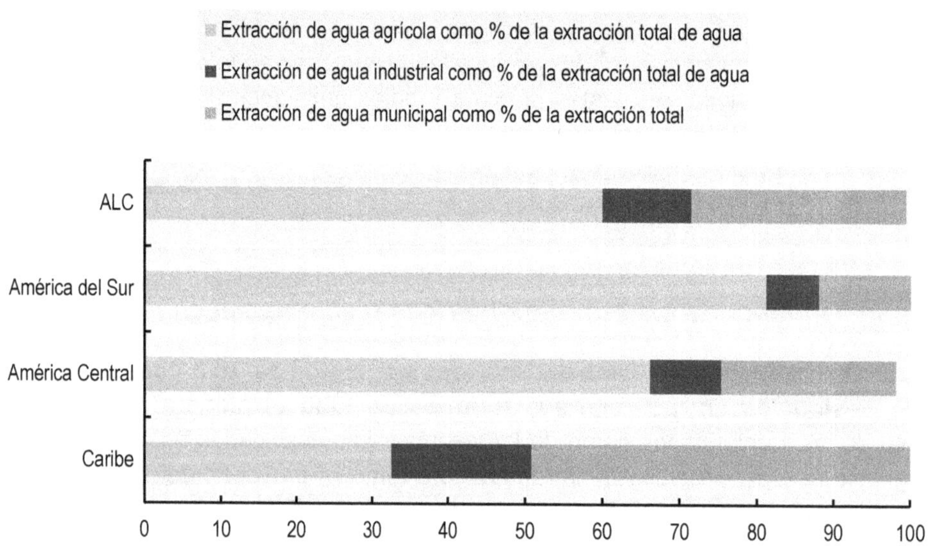

Nota : Datos de 2020. Cuando la extracción de agua en una subregión no suma 100, se debe a los datos de los países disponibles en la base de datos AQUASTAT FAO database.
Fuente : (FAO, n.d.[59]) AQUASTAT dissemination system

Una buena gestión de la demanda de agua es crucial para la región. Los países de América Central presentan las mayores carencias en materia de gobernanza de la gestión de los recursos hídricos, siendo los principales puntos ausentes los planes de gestión de las cuencas fluviales, los instrumentos de financiación de la gestión de los recursos hídricos y un sistema de información integrado. En algunos casos, persisten problemas de solapamiento de responsabilidades entre distintas instituciones gubernamentales. En América del Sur, existen instrumentos institucionales, jurídicos y de gestión para la gestión de los recursos hídricos; sin embargo, sigue habiendo desafíos, que a menudo conducen a la fragmentación o a lagunas en la gestión de los recursos hídricos (World Bank, 2022[60]).

Una buena gestión del agua requiere una combinación de regímenes de asignación del agua e instrumentos de política económica. Los regímenes de asignación del agua podrían abordar los problemas de escasez de agua. Establecen el proceso de reparto de los recursos hídricos entre los distintos usuarios del agua, tanto a largo como a corto plazo, al tiempo que también pueden incorporar ajustes estacionales, en función de los acontecimientos cíclicos que repercuten en el suministro de agua. Los países de ALC deberían reformar sus regímenes de asignación de agua para afrontar mejor los riesgos futuros de cambios en los recursos hídricos. En el caso de Brasil, la OCDE ha destacado tres conjuntos de medidas para abordar las deficiencias existentes en la asignación del agua. Éstas podrían aplicarse, con cierta flexibilidad y adaptación, también a otros países de ALC. Las sugerencias se centran en (i) definir claramente los recursos hídricos disponibles y el uso del agua, y fomentar el uso eficiente del agua de los embalses con fines múltiples basándose en los derechos de uso del agua; (ii) introducir o renovar instrumentos políticos como los permisos de uso del agua con criterios de emisión claros, e introducir la fijación de precios para facilitar la reasignación del agua entre los usuarios; y (iii) clarificar el marco de gobernanza del agua entre el nivel nacional y el local, mejorando los mecanismos de monitoreo y aplicación de la asignación del agua, reforzando la capacidad a nivel local para definir mejor las prioridades y los planes, e incluir a los usuarios del agua en la toma de decisiones (OECD, 2022[61]).

Los instrumentos de política económica señalan el valor del agua. Pueden contribuir a la gestión sostenible de los recursos hídricos, especialmente cuando se consideran conjuntamente con los regímenes de asignación del agua. También pueden contribuir a la gestión de los riesgos relacionados con el agua aumentando así la seguridad hídrica, al tiempo que reflejan las externalidades del uso del agua. Los cargos por extracción y contaminación son instrumentos de este tipo que ya se aplican en algunos países de la OCDE. México aplica cargos por extracción tanto a las aguas subterráneas como a las superficiales, para uso doméstico, industrial y de producción de energía. El régimen de gestión de asignaciones de Chile permite la transferencia de derechos de agua entre usuarios, de modo que el agua pueda destinarse a usos de mayor valor (OECD, 2021[62]). Aunque la aplicación de tales cargos puede variar en función del objetivo, la base imponible y la estructura, cuando se introduzcan deben tenerse en cuenta principalmente los siguientes aspectos (OECD, 2017[63]):

- La tarificación del agua debe ser análoga al uso del agua y a la fuente de agua. Un buen inventario de los usuarios de agua por fuente de agua puede ayudar a establecer un sistema justo de tarificación del agua, y podría ayudar a enmarcar casos excepcionales de tarificación diferenciada, si es necesario;
- Una orientación clara sobre cómo establecer y aplicar instrumentos económicos, desde el gobierno central hasta las partes implicadas en la gobernanza y gestión de los recursos hídricos, podría ayudar a superar la capacidad;
- El análisis económico de la gestión de los recursos, la asequibilidad y el efecto de los cargos en la competitividad podrían ayudar a diseñar cánones más específicos;
- La transparencia en el uso de los ingresos procedentes de los cargos del agua permitirá una mejor aceptación por parte de los interesados locales. La reutilización de los ingresos para seguir financiando mejoras en infraestructura hídrica también ayudaría a cubrir el posible déficit financiero que suele existir en la gestión de los recursos hídricos.

El diseño urbano sostenible podría ayudar a mitigar los riesgos de inundación y escasez en los entornos urbanos. Por término medio, alrededor del 5% de la población y el 4% de los edificios de la región de ALC están expuestos a riesgos de inundaciones fluviales, siendo Surinam, Guyana y Argentina los que presentan los porcentajes de exposición más elevados de la región (OECD, 2023[1]). Para reducir los efectos de los fenómenos relacionados con el agua es necesario mejorar las infraestructuras físicas, lo que a su vez requiere una financiación y una inversión adecuadas. La ciudad de Cartagena, en Colombia, se ha fijado como objetivo un desarrollo económico sostenible y resiliente. Se está poniendo en marcha un proyecto destinado a estimular las innovaciones resilientes y sostenibles y a generar inversiones para proyectos innovadores e integrados de aguas urbanas. El análisis abarcará todo el tejido urbano desde el punto de vista físico, social, económico y cultural. Las partes interesadas locales, gubernamentales y no gubernamentales, desde inversores hasta poblaciones indígenas, participan en el proceso, desde la fase de análisis y diseño hasta el desarrollo de la infraestructura física (World Water Atlas, n.d.[64]).

La mejora del rendimiento operativo de los servicios de abastecimiento de agua y saneamiento puede contribuir tanto a aumentar la eficiencia operativa del sistema de gestión del agua como a mejorar los servicios ofrecidos al consumidor final. La gestión del agua en la región de ALC se enfrenta a retos de baja capacidad, que a menudo conducen a lagunas técnicas que dificultan la calidad del servicio prestado y a pérdidas de ingresos (World Bank, 2022[60]). Mejorar el rendimiento operativo requiere una regulación económica fuerte e independiente, que establezca normas de rendimiento, evalúe comparativamente el rendimiento de los proveedores de servicios, cuestione los planes de inversión y fije tarifas que impulsen el rendimiento (OECD, 2022[65]); (OECD, 2022[66]).

Invertir en un sector hídrico resiliente al clima puede apoyar los esfuerzos para lograr la seguridad hídrica. Sin embargo, la infravaloración de los recursos hídricos está limitando las oportunidades financieras de tales inversiones. Para acelerar el financiamiento del agua en el contexto de la adaptación es necesario que se den las condiciones propicias. La OCDE está desarrollando una tarjeta de puntuación para evaluar si se dan estas condiciones a nivel nacional (OECD, 2023[67]). La tarjeta de puntuación podría utilizarse en todos los países de la región de ALC para revisar las condiciones favorables para el financiamiento del agua. En la región, las instituciones financieras internacionales y los bancos públicos de desarrollo tienen un papel que desempeñar en la revisión de estas condiciones habilitadoras y promover la alineación con las prácticas que pueden acelerar el financiamiento para el agua y la adaptación y minimizar los costes de transacción.

Recomendación

- Mejorar la gestión de la demanda de agua para abordar la escasez de agua y señalar su valor, mediante regímenes reformados de asignación de agua y un mejor uso de los instrumentos de política económica.
- Revisar las condiciones propicias para el financiamiento del agua y las inversiones sostenibles en seguridad hídrica.

Protección de la biodiversidad para la mitigación y adaptación al cambio climático

La pérdida de biodiversidad y el cambio climático están interrelacionados; ambos constituyen amenazas para el planeta y el bienestar de las personas, y sus efectos negativos afectan especialmente a las comunidades y grupos más vulnerables. El cambio climático es una de las cinco presiones clave en relación a la pérdida de biodiversidad (S. Díaz et al., 2019[68]); (IPBES and IPCCC, 2021[69]), y la pérdida de biodiversidad (por ejemplo, la pérdida de bosques) contribuye al cambio climático.

La biodiversidad también puede desempeñar un papel limitando el cambio climático. Los ecosistemas son sumideros naturales de carbono, capaces de absorber el dióxido de carbono de la atmósfera. Este es especialmente el caso de ALC, una de las regiones más ricas del mundo en biodiversidad, con una gran superficie forestal, el Amazonas, así como una gran cuenca oceánica en el mar Caribe. Al mismo tiempo, las medidas de adaptación, como la restauración de los manglares, pueden proteger a las comunidades locales de las inundaciones, así como aumentar la resiliencia de los ecosistemas. Debido a su interconexión, la lucha contra el cambio climático debería ir de la mano de la minimización de la pérdida de biodiversidad, y viceversa. Reconocer las interrelaciones y abordar mutuamente los impactos negativos aportaría soluciones óptimas. Mantener la biodiversidad requiere esfuerzos centrados en la conservación y el uso sostenible, acciones coordinadas y soluciones innovadoras con fuertes características de adaptación (IPBES and IPCCC, 2021[69]).

Abordar simultáneamente los retos de la adaptación climática y la biodiversidad, a través de un enfoque integrado, sería una oportunidad para que los gobiernos, especialmente en la región de ALC, aborden los riesgos relacionados con el clima y, al mismo tiempo, construyan entornos más resilientes para las comunidades locales (OECD, 2021[70]); (UNFCCC et al., 2022[71]). Integrar las consideraciones sobre biodiversidad en sectores económicos como la silvicultura, la agricultura y la pesca puede ayudar a abordar las causas subyacentes de la pérdida de biodiversidad (OECD, 2018[72]). Establecer o revisar los instrumentos políticos existentes, como los incentivos económicos (por ejemplo, impuestos, tasas y cargos), y seguir promoviendo la NbS, podría ayudar a elevar el papel de la biodiversidad en la formulación de políticas.

Conservación de la biodiversidad mediante áreas protegidas y corredores biológicos

Los ecosistemas conectados y biodiversos tienden a ser más resistentes a los efectos del cambio climático. La región de ALC es una de las más biodiversas del mundo con cerca del 40% de las especies del planeta, el 16% de los bosques, el 40% de las fuentes de agua dulce y el segundo arrecife de coral más grande del mundo (The Nature Conservancy, 2021[73]).

ALC es la región más protegida del mundo en términos de cobertura (con la excepción de la región polar), y los países de ALC han trabajado para aumentar la superficie protegida (terrestre y marina) (Alvarez Malvido et al., 2021[74]). No obstante, se requieren mayores esfuerzos para que las Áreas Protegidas (APs) sean también representativas de la biodiversidad ecológica, y que exista suficiente conectividad entre ellas. Tales esfuerzos también ayudarían a los países a alcanzar la meta global 3 del CDB de Kunming-Montreal, que llama a la conservación y gestión efectiva, mediante sistemas de APs ecológicamente representativas, bien conectadas y gobernadas de forma equitativa de al menos el 30% de las zonas terrestres, aguas continentales, costeras y marinas (CBD, 2022[27]). Actualmente, sólo nueve países de la región tienen más del 17% de su cobertura de áreas protegidas conectadas, mientras que una media del 33% de las AP no están bien conectadas (Figura 2.7).

Figura 2.7. Áreas protegidas en la región de ALC

Datos de 2020

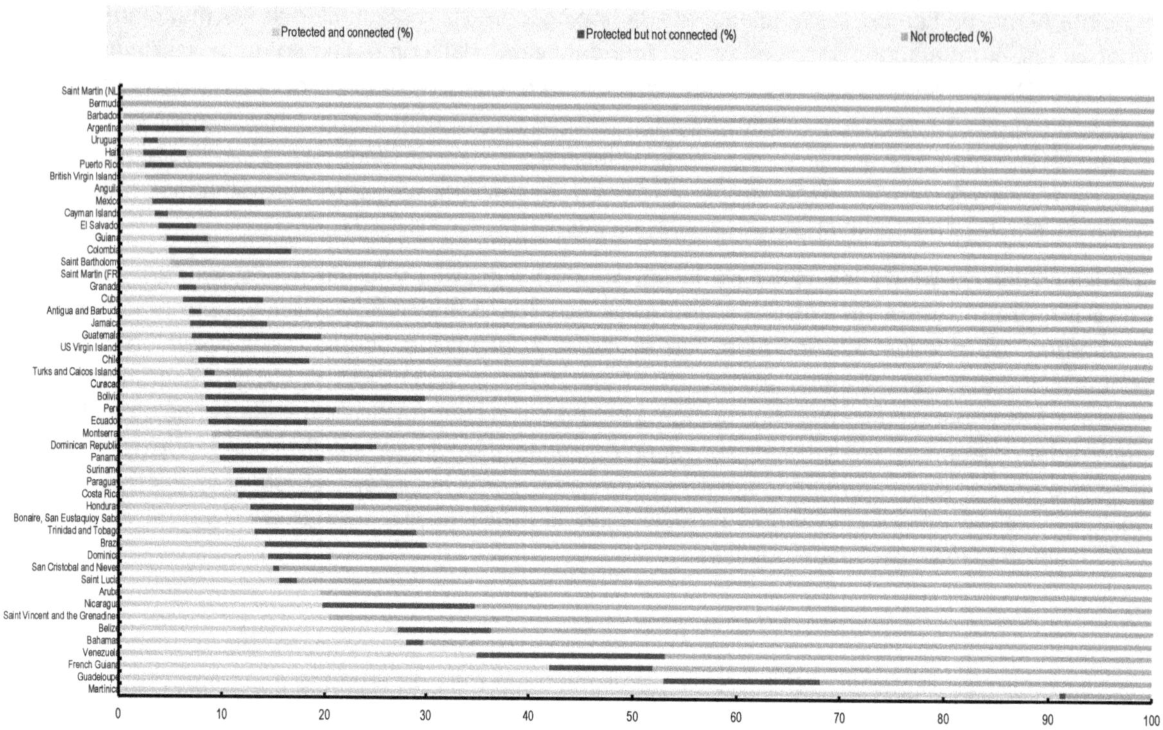

Fuente : (Alvarez Malvido et al., 2021[74])

A pesar de los esfuerzos por aumentar las APs, especialmente por parte de los Estados insulares del Caribe, aún queda mucho por hacer para garantizar la conservación de la biodiversidad en la región de ALC. La conexión de las distintas AP, a través de corredores biológicos, y la adopción de Otras Medidas Eficaces de Conservación Basadas en Áreas (OECM, por sus siglas en inglés) fuera de las áreas protegidas, ayudarían a construir mejores métodos de conservación en el futuro. Tales esfuerzos requerirían aumentar el compromiso político, implicar a las comunidades locales, que a menudo poseen conocimientos sobre los ecosistemas locales y garantizar los recursos técnicos y financieros necesarios para avanzar con estrategias holísticas de conservación de la biodiversidad (IPBES and IPCCC, 2021[69]).

Recomendación

- Mejorar la conectividad de las Áreas Protegidas (AP) terrestres y marinas, ya que es vital para la conservación de las especies.
- Proteger, ampliar y mantener eficazmente los corredores biológicos de Mesoamérica, el Caribe, la Amazonía, los Andes y la Patagonia, entre otros, para revertir la degradación y restaurar la integridad de sus ecosistemas naturales.

Integrar la biodiversidad en todos los sectores económicos

La integración de la biodiversidad en los distintos sectores económicos puede lograrse a través de instrumentos económicos, como impuestos, gravámenes o subsidios por razones ambientales, que ofrecen incentivos positivos para adoptar comportamientos y medidas más sostenibles. En la región de ALC, siete países ya cuentan con impuestos relevantes para la biodiversidad: Brasil, Chile, Colombia, Costa Rica, México, Panamá y Paraguay. Sin embargo, sólo Chile, Colombia y México han introducido tasas y gravámenes relevantes para la biodiversidad, es decir, un pago del contribuyente al gobierno general por un bien o servicio a cambio (como un pago por aguas residuales que varía en función del volumen de agua consumida). Los mismos tres países han introducido también subsidios por motivos ambientales relacionados con la biodiversidad (Figura 2.8).

Figura 2.8. Instrumentos económicos relacionados con la biodiversidad en los países de ALC

Datos de 2021

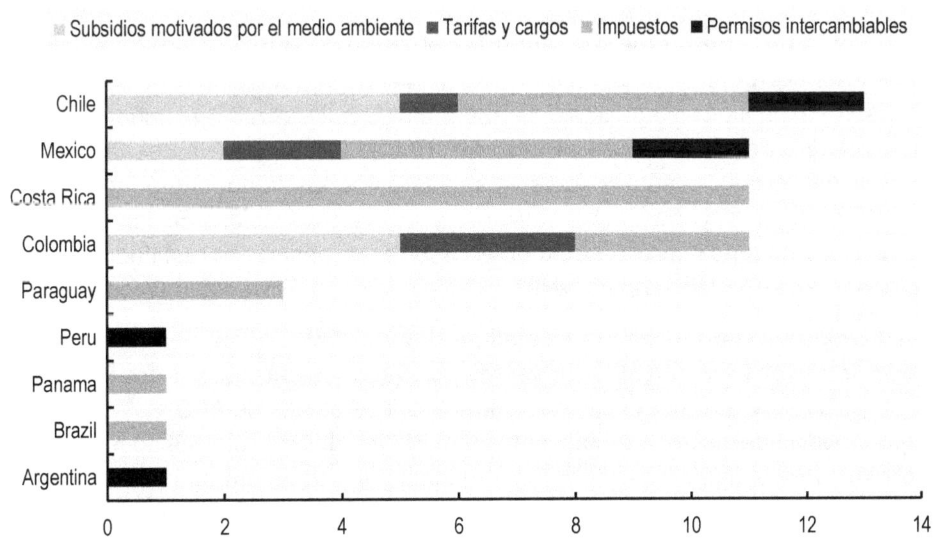

Fuente : (OECD, 2021[75]), Tracking Economic Instruments and Finance for Biodiversity, https://www.oecd.org/environment/resources/biodiversity/tracking-economic-instruments-and-finance-for-biodiversity-2021.pdf.

Recomendación

- Establecer instrumentos de política que regulen el uso y la intensidad de uso de los recursos naturales, respetando los ciclos naturales y promoviendo la conservación y el uso sostenible de la biodiversidad y los servicios ecosistémicos. Estas políticas podrían incluir objetivos de reducir la vulnerabilidad de los ecosistemas y las emisiones de GEI, aumentando así la resiliencia a múltiples presiones antropogénicas.

Consideración del uso del suelo, la biodiversidad y la adaptación al cambio climático en la agricultura

La región de ALC tiene más del 30% de todos los bosques del mundo, con altos niveles de vulnerabilidad debido a la degradación de los ecosistemas. Al menos el 20% de la tierra de estos ecosistemas está destruida y otro 20% está gravemente dañada (OECD, 2023[13]). Los factores clave que afectan a la degradación de la tierra en ALC son la expansión de la agricultura y la ganadería a gran y pequeña escala, la construcción insostenible de infraestructura, la expansión de territorios en expansión y la minería (ilegal) (UNCCD, 2019[76]).

Los países de ALC han incorporado objetivos de Neutralidad en la Degradación de la Tierras (NDT) a nivel nacional, alineadas con los Objetivos de Desarrollo Sostenible y la iniciativa NDT impulsada por la Convención de las Naciones Unidas de Lucha contra la Desertificación (UNCCD), mientras que todos los países de ALC son parte de la UNCCD. Aunque se han establecido objetivos de degradación, y también existe un rico conocimiento tradicional sobre la gestión sostenible de la tierra en la región, es fundamental proteger mejor el capital natural y reforzar la resiliencia de los ecosistemas. Dar prioridad a iniciativas políticas que sirvan a tales fines también ayudará a abordar cuestiones de adaptación al cambio climático, teniendo en cuenta, por ejemplo, la contribución de la selva amazónica al control de las temperaturas globales (UNCCD, 2019[76]).

La degradación del suelo, junto con las sequías y el exceso de precipitaciones, también afectan gravemente al sector agrícola. En total, alrededor del 14% de la población rural de ALC, es decir, unas 44 000 personas, vive en tierras agrícolas degradadas (OECD, 2023[13]), mientras que en 2021 la agricultura cubría el 15% del empleo total de la región (World Bank, n.d.[77]). Los fenómenos climáticos, como corrimientos de tierras, incendios forestales, aumentos de temperatura, tormentas, sequías e inundaciones, afectan a la mayoría de las regiones y cultivos agrícolas. En los casos en que estos fenómenos disminuyen los rendimientos, como en el caso de Argentina, los resultados son una reducción de la actividad económica agrícola y un aumento de la inseguridad alimentaria (World Bank, 2022[78]).

ALC es la mayor región exportadora neta de alimentos del mundo, así como la mayor productora de servicios ecosistémicos, ya que alberga vastos bosques y sabanas que conforman los patrones meteorológicos globales y mitigan el cambio climático. Los países de ALC, cuyo PIB y exportaciones dependen en gran medida del sector agrícola, deben proprizar políticas públicas de restauración de tierras y adaptación climática en la agricultura y proponer medidas que transformen los sistemas alimentarios - más allá de la siembra y la cosecha, hasta el envasado y el consumo- y mejoren la salud de la tierra y el suelo, creando certidumbre sobre los derechos a la tierra y el acceso a la misma, y utilizando los conocimientos tradicionales de forma más eficaz. En términos más generales, los países deben analizar las sinergias e intercambios que se generan entre el uso de la tierra, la biodiversidad, el cambio climático y los alimentos, y avanzar hacia soluciones más coherentes y sostenibles para el uso de la tierra a nivel nacional y local (OECD, 2020[79]). Para ampliar la agricultura, los países de ALC pueden desarrollar procesos a largo plazo en los que participen las organizaciones locales, compartir el aprendizaje colectivo y apoyar el desarrollo de las capacidades de los trabajadores del sistema agrícola y alimentario. Los países también pueden fortalecer la investigación agrícola y los sistemas de extensión para generar innovaciones que aumenten las ganancias de productividad en la región, simplificar las leyes de propiedad intelectual y agilizar los procesos de desarrollo de prototipos de productos, así como apoyar la investigación sobre oportunidades productivas poco atractivas como los cultivos huérfanos o los pequeños agricultores. Además, es importante que los países de ALC desarrollen y apliquen políticas destinadas a modernizar la infraestructura agrícola, incluidas las tecnologías de la información y las comunicaciones, y desarrollen políticas con el objetivo de garantizar el establecimiento de prácticas agrícolas climáticamente inteligentes (Le Coq, Sabourin and Fouilleux, 2020[80]); (Morris, Sebastian and Perego, 2020[81]).

Recomendación

- Priorizar las políticas de restauración de tierras y adaptación al clima en la agricultura e introducir medidas que transformarán los sistemas alimentarios y mejorarán la salud de la tierra y el suelo.

Soluciones basadas en la naturaleza para hacer frente al cambio climático

Las NbS han sido introducidas por muchos países de ALC como parte de sus NDCs. Se trata de medidas que protegen, gestionan de forma sostenible y restauran la naturaleza, al tiempo que mantienen o mejoran los servicios ecosistémicos para hacer frente a los retos socioeconómicos y medioambientales (OECD, 2020[82]). Sus ventajas son indiscutibles: aportan beneficios adicionales a los obtenidos por los servicios ecosistémicos, pueden ser costo-efectivos, proporcionar múltiples cobeneficios y complementar la infraestructura no ecológica existente, al tiempo que responden a los impactos del cambio climático con cierta flexibilidad. La integración de los NbS en la planificación de infraestructura resiliente al clima a largo plazo también puede contribuir a gestionar mejor algunos riesgos climáticos (OECD, 2018[55]). Un reporte reciente del Instituto de Recursos Mundiales (WRI, por sus siglas en ingés), sobre NbS en la región de ALC identificó alrededor de 150 proyectos de NbS, en agua, energía, transporte y desarrollo urbano. En muchos casos, estos proyectos muestran múltiples beneficios en paralelo, como la creación de empleo local, la mejora de los medios de vida, el logro de beneficios para la biodiversidad y el secuestro de carbono (Ozment et al., 2021[83]).

Sin embargo, **aún existen desafíos que limitan una adopción e implementación más amplia de NbS** (OECD, 2021[84]); (Ozment et al., 2021[83]). Estos también están presentes en la región de ALC:

- Las NbS aún no están plenamente integradas en las políticas sectoriales por lo que las complementariedades y compensaciones entre las NBS y los objetivos de las políticas sectoriales no siempre están claras;
- A menudo se carece de un marco de referencia político claro y de oportunidades de inversión que permitan adoptar y aplicar las NbS, por lo que se mantienen las soluciones tradicionales (es decir, para infraestructura);
- Múltiples agencias gubernamentales apoyan la NbS, pero sin la coordinación necesaria. La falta de claridad en las responsabilidades, la duplicación de esfuerzos y la dispersión de la financiación pueden mermar la eficiencia y la eficacia;
- Las capacidades técnicas a nivel local pueden retrasar a menudo la ejecución de un proyecto, que requiere primero desarrollo de capacidades y formación;
- El marco de financiamiento existente no reconoce las características especiales de las NbS, por lo que los mecanismos de financiamiento a los que pueden optar las NbS son limitados;
- La participación del sector privado en la NbS es limitada, lo que dificulta la ampliación de los esfuerzos. En ALC, el 94% de los proyectos de NbS cuentan con participación gubernamental

(nacional o local), con el compromiso de la sociedad civil, mientras que alrededor del 75% dependen de subvenciones, con una financiación insuficiente.

Chile, Colombia y México reconocen la importancia de las NdS para la adaptación climática, a través de referencias específicas en sus NDCs (OECD, 2021[84]). Otros países de ALC también han introducido proyectos de NbS, con un alto nivel de participación de la sociedad civil y los gobiernos nacionales (Figura 2.9). En el caso del Plan Nacional de Desarrollo de Colombia, las NbS deben diseñarse con un enfoque comunitario, ya que podrían ayudar a alcanzar objetivos como la eliminación de la deforestación, la preservación de los ecosistemas y la transformación de los sectores productivos a través de hojas de ruta verdes. Se hace especial énfasis en la integración de las NbS en las políticas de agricultura, minería y energía, y turismo, como medios para abordar tanto la mitigación como la adaptación climática (OECD, 2023[13]).

Figura 2.9. La gran mayoría de los proyectos de NbS en ALC cuentan con algún tipo de participación gubernamental

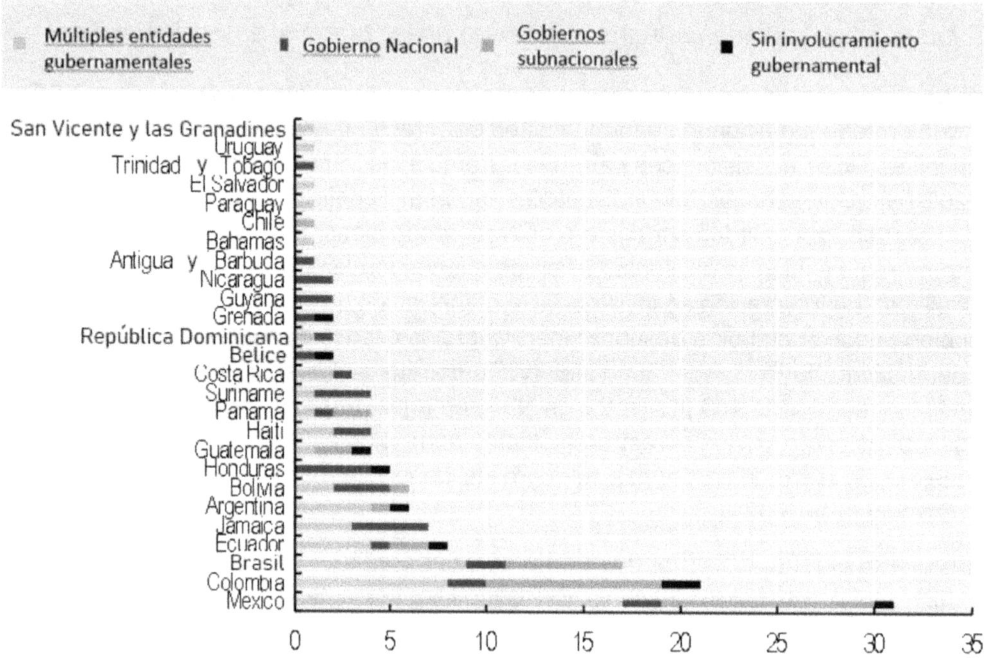

Nota : La figura muestra los grupos de partes interesadas que dirigen o participan en los proyectos de NbS. Los gobiernos subnacionales incluyen municipios, ciudades y estados.
Fuente : (Ozment et al., 2021[83])

Se requieren esfuerzos adicionales para que los países de ALC puedan superar los retos mencionados y ampliar con éxito la NbS para abordar el cambio climático de una manera más coherente y coordinada. La inclusión de las NbS en los marcos políticos es sólo un primer paso. Los proyectos piloto son una oportunidad para ver en la práctica la mejor manera de mejorar los instrumentos políticos existentes, para que sean más inclusivos de las NbS, especialmente en los sectores económicos que requieren la adopción de medidas eminentes para reducir sus emisiones de GEI y su impacto negativo sobre los recursos naturales.

Recomendación

- Integrar y ampliar el uso de soluciones basadas en la naturaleza en instrumentos políticos que aborden la mitigación del cambio climático, la adaptación y la protección de los ecosistemas.
- Valorizar adecuadamente los servicios ecosistémicos para generar compensación económica por el uso de la naturaleza, particularmente, para canalizar los ingresos hacia entidades y comunidades que protegen la naturaleza.

Control efectivo y tolerancia cero con el comercio ilegal

El comercio ilegal en ambientes ambientales sensibles puede ser uno de los principales factores de perturbación de los ecosistemas y socavar las medidas de adaptación y mitigación del cambio climático y suponen un desafío para las economías nacionales y locales. El comercio ilegal de especies silvestres puede amenazar la biodiversidad y tener implicaciones negativas para las funciones de los ecosistemas. La reducción de la población de una especie puede provocar cambios en los ecosistemas, dependiendo del papel que desempeñen estas especies y de los efectos que puedan tener para la resiliencia (Phelps, Board and Mailley, 2022[85]). Uno de los principales motores de este comercio ilegal suele ser la elevada demanda de los mercados extranjeros y los grandes beneficios que obtienen quienes se dedican a estas actividades de exportación (OECD, 2012[86]).

El comercio ilegal de fauna y flora no se monitorea adecuadamente ya que no se dispone de información taxonómica adecuada, lo que dificulta la identificación de las especies. Además, faltan datos y evidencias sobre las actividades de comercio ilegal de fauna y flora silvestres y los delitos contra la vida silvestre, lo que limita la comprensión de la magnitud del problema en ALC (UNODC, 2020[87]). Sólo en Perú, que registra actividad de comercio ilegal de vida silvestre, se han decomisado alrededor de 102 000 animales vivos de especies protegidas desde el año 2000 (Jabiel, 2002[88]).

La falta de información científica que ayude a clasificar las especies y los organismos puede obstaculizar los esfuerzos para salvaguardar la diversidad biológica. La Iniciativa Mundial sobre Taxonomía, establecida por la COP del CDB en 1998, proporciona formación e intercambio de conocimientos entre países, al tiempo que enriquece la base de datos de especies animales, vegetales y fúngicas (CBD, n.d.[89]). Los esfuerzos en la región de ALC se han intensificado para alcanzar las metas de Aichi sobre el comercio ilegal de vida silvestre, a través de la aplicación de la Convención sobre el Comercio Internacional de Especies Amenazadas de Fauna y Flora Silvestres (CITES, por sus siglas en inglés) (UNEP-WCMC, 2016[90]). Sin embargo, el tráfico de vida silvestre persiste (Figura 2.10); y junto con la minería ilegal, la extracción de madera y los cultivos ilícitos, causan una grave presión sobre la biodiversidad en la región (OECD, 2018[91]). Paralelamente, la región de ALC muestra un aumento en el número de especies amenazadas de extinción debido a la sobreexplotación, la fragmentación y pérdida de hábitat y las enfermedades (WWF, 2020[92]). La adopción de medidas adicionales para combatir estas actividades, en combinación con el comercio ilegal, ayudaría a minimizar la pérdida de biodiversidad en la región.

Figura 2.10. Tráfico de vida silvestre en ALC 2010-2020

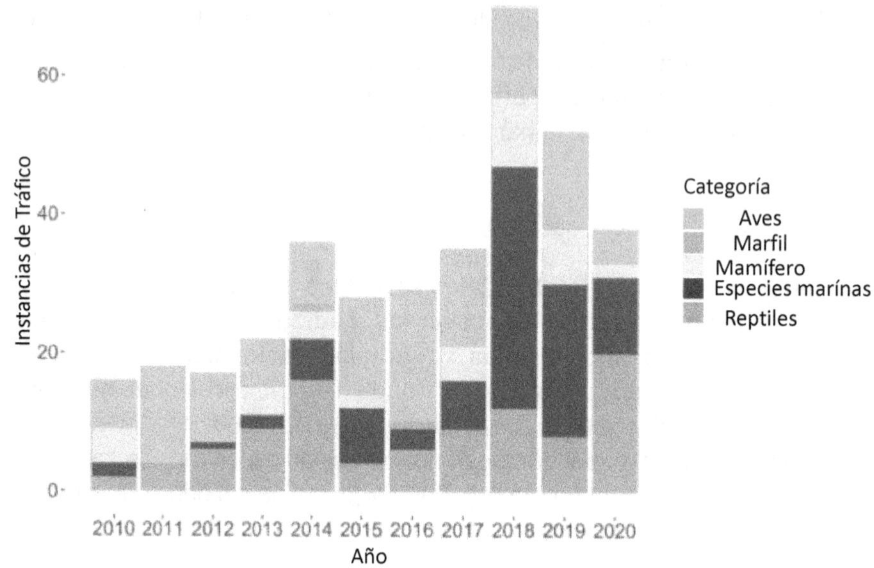

Fuente : (Connelly and Peyronnin, 2021[93])

Aunque no siempre es así, el comercio ilegal de fauna y flora silvestres suele estar entrelazado con otras actividades delictivas y con la delincuencia organizada, ya sea porque los grupos delictivos amplían sus actividades a otro tipo de comercio ilegal mercados que los que abarcaban originalmente (por ejemplo, de comerciar únicamente con drogas a hacerlo también con fauna y flora silvestres) o porque utilizan las mismas redes de tráfico/contrabando (van Uhm, South and Wyatt, 2021[94]).

La cooperación internacional es necesaria para combatir el comercio ilegal de vida silvestre. Los países de las Américas han firmado la Declaración de Lima de 2019 sobre el Comercio Ilegal de Vida Silvestre, que insta a reforzar la colaboración entre los países de origen, tránsito y destino; mejorar las normativas nacionales para prevenir, combatir y erradicar el comercio ilegal; así como mejorar el sistema de justicia penal para responder mejor al tráfico de vida silvestre. Sin embargo, la declaración no es vinculante y su aplicación ha sido lenta (Guynup, 2023[95]).

La región de ALC también alberga recursos naturales como metales y minerales, incluidos los que se consideran fundamentales para la transición hacia recursos energéticos más sostenibles. Las actividades extractivas en la región suelen presentar impactos ambientales y sociales, afectando negativamente al agua, el aire y el suelo, la pérdida de biodiversidad y afectando a los medios de vida y la salud de las comunidades locales (e indígenas). La minería informal e ilegal también está vinculada al crimen organizado como en el caso de Colombia, Panamá y Perú, donde la minería ilegal de oro se utiliza para el blanqueo de dinero y el tráfico ilegal de drogas (OECD, 2022[96]).

Se han puesto en marcha varias iniciativas políticas multilaterales y bilaterales en la región de ALC o con países de ALC para aumentar la coordinación, las operaciones conjuntas y las investigaciones contra la minería ilegal. La Organización Internacional de Policía Criminal (INTERPOL) apoya a los países de ALC en el desarrollo de respuestas coordinadas de fuerzas del orden nacionales, regionales e internacionales, en un intento de hacer frente a la minería ilegal. Centrándose en Bolivia, Brasil, Ecuador, Panamá y Perú, INTERPOL propone la creación de grupos de trabajo nacionales multiinstitucionales contra la minería ilegal, así como el nombramiento de puntos focales en los organismos encargados de la aplicación de la ley que serán responsables de la aplicación y la investigación de los delitos de minería ilegal (INTERPOL, 2022[97]).

La sociedad civil en ALC ha estado activa en relación a la concientización tanto sobre el comercio ilegal de vida silvestre como sobre la minería ilegal destacando el daño causado a los hábitats naturales y las especies, así como el efecto sobre los grupos vulnerables y las comunidades indígenas (EIA, n.d.[98]); (IFAW, n.d.[99]); (Villarreal Villamar and Echart Munoz, 2018[100]); (GIATOC, 2016[101]). En el caso de industrias extractivas, los esfuerzos para comprometerse con los mineros artesanales y de pequeña escala, y aclarar su situación y actividades mediante la concesión de licencias y el control, podrían reducir la minería ilegal y la informalidad (OECD, 2018[91]).

Recomendación

- Combatir las actividades extractivas ilegales y el comercio de especies de vida silvestre amenazadas mediante mayores esfuerzos multilaterales, la coordinación entre autoridades internacionales y nacionales y el apoyo a las autoridades locales, dada la asociación de esta actividad con grupos criminales.

Referencias

Adaptation Action Coalition (2022), *Adaptation Action Coalition: an overview*, https://webarchive.nationalarchives.gov.uk/ukgwa/20230304100218/https://www.gov.uk/government/publications/adaptation-action-coalition-an-overview/adaptation-action-coalition-an-overview (accessed on 26 May 2023). [18]

Almond, R., M. Grooten and T. Petersen (eds.) (2020), *Living Planet Report 2020 - Bending the curve of biodiversity loss*, WWF, https://f.hubspotusercontent20.net/hubfs/4783129/LPR/PDFs/ENGLISH-FULL.pdf. [92]

Alvarez Malvido, M. et al. (eds.) (2021), *Informe Planeta Protegido 2020: Latinoamérica y el Caribe*. [74]

Arga Jafino, B. et al. (2020), *Revised Estimates of the Impact of Climate Change on Extreme Poverty by 2030*, https://openknowledge.worldbank.org/server/api/core/bitstreams/ad7eeab7-d3d8-567d-b804-59d620c3ab37/content (accessed on 12 December 2022). [2]

Argentina Presidencia (2019), *Ley de Presupuestos Mínimos de Adaptación y Mitigación al Cambio Climático Global (27520)*, https://www.boletinoficial.gob.ar/detalleAviso/primera/224006/20191220 (accessed on 13 July 2023). [33]

Beltrame, D. and M. del Pilar Medina (2022), *Towards gender Equality and Women's Leadership for Resilience to Disaster Risks in Latin America and the Caribbean*, https://www.cepal.org/sites/default/files/csw66_-_disaster_risk_reduction_-_en_vf.pdf. [41]

Brichetti, J. et al. (2021), *La brecha de infraestructura en América Latina y el Caribe: estimación de las necesidades de inversión hasta 2030 para progresar hacia el cumplimiento de los Objetivos de Desarrollo Sostenible*, Inter-American Development Bank, https://doi.org/10.18235/0003759. [51]

Brown, S. et al. (2019), *Gender Transformative Early Warning Systems: Experiences from Nepal and Peru*. [39]

Carver, D. (2023), *What was agreed at COP27?*, https://commonslibrary.parliament.uk/what-was-agreed-at-cop27/ (accessed on 26 May 2023). [21]

CBD (2022), *COP15: Final Text of Kunming-Montreal Global Biodiversity Framework*, https://www.cbd.int/article/cop15-final-text-kunming-montreal-gbf-221222 (accessed on 13 July 2023). [27]

CBD (n.d.), *Global Taxonomy Initiative*, https://www.cbd.int/gti/. [89]

Climate Analytics (2021), *What next for the Global Goal on Adaptation?*, https://climateanalytics.org/media/what_next_for_the_global_goal_on_adaptation_2.pdf (accessed on 26 May 2023). [16]

Connelly, B. and H. Peyronnin (2021), *Taking Off - Wildlife Trafficking in the Latin America and Caribbean Region*, https://www.traffic.org/site/assets/files/14510/routes_taking_off_report.pdf. [93]

CREWS Caribbean (n.d.), *CREWS Caribbean: Strengthening Hydro-Meteorological and Early Warning Services in the Caribbean*, https://www.gfdrr.org/en/crews-caribbean (accessed on September 2023). [42]

EIA (n.d.), *Environmental Investigation Agency - What we do*, https://eia-international.org/about-us/what-we-do/ (accessed on 13 July 2023). [98]

Estrada, F. et al. (2022), "Impacts and economic costs of climate change on Mexican agriculture", *Regional Environmental Change*, Vol. 22/4, https://doi.org/10.1007/s10113-022-01986-0. [12]

FAO (n.d.), *AQUASTAT dissemination system*, https://data.apps.fao.org/aquastat/?lang=en (accessed on 10 September 2023). [59]

Faria, F., M. Perutti and D. Villalba (2021), *The Changing Face of Infrastructure in Latin America. Public Sector Perspectives*, https://assets.kpmg.com/content/dam/kpmg/pe/pdf/kpmg_changing_infrastructure_LatinAmerica.pdf (accessed on 13 July 2023). [54]

Fay, M. et al. (2017), *Rethinking Infrastructure in Latin America and the Caribbean - Spending Better to Achieve More*, https://documents1.worldbank.org/curated/pt/676711491563967405/114110-REVISED-Rethinking-Infrastructure-Low-Res.pdf (accessed on 13 July 2023). [43]

Fernández Corugedo, E., A. Gonzalez and A. Guerson (2023), *The Macroeconomic Returns of Investment in Resilience to Natural Disasters under Climate Change: A DSGE Approach*, https://www.imf.org/en/Publications/WP/Issues/2023/06/30/The-Macroeconomic-Returns-of-Investment-in-Resilience-to-Natural-Disasters-under-Climate-534579. [48]

Gazol, C. (2019), *Strengthening Early Warning Systems in the Caribbean South-South Cooperation Strategy*, https://www.undp.org/latin-america/publications/strengthening-early-warning-systems-caribbean-ssc-strategy. [36]

GIATOC (2016), *Organized Crime and Illegal Mined Gold in Latin America*, https://globalinitiative.net/wp-content/uploads/2016/03/Organized-Crime-and-Illegally-Mined-Gold-in-Latin-America.pdf. [101]

Global Center on Adaptation (2021), *A Green and Resilient Recovery for Latin America*, https://gca.org/wp-content/uploads/2021/01/Green-and-Resilient-Recovery-for-LAC-Jan-2021-.pdf?_gl=1*m6llrh*_ga*NzE1MzQ0NjQwLjE2ODc5NTYyMzQ.*_up*MQ.. [53]

Guynup, S. (2023), *The Growing Latin America-to-Asia Wildlife Crisis. Can targeted action stop illegal trade in time to prevent widespread losses?*, https://revista.drclas.harvard.edu/the-growing-latin-america-to-asia-wildlife-crisis-can-targeted-action-stop-illegal-trade-in-time-to-prevent-widespread-losses/. [95]

IFAW (n.d.), *A sad truth: Where you find wildlife, you will probably find wildlife crime*, https://www.ifaw.org/international/projects/wildlife-crime-prevention-latin-america-and-caribbean. [99]

INTERPOL (2022), *Illegal Mining and Associated Crimes*, https://www.interpol.int/en/content/download/17495/file/ILM - Illegal mining - Report.pdf. [97]

IPBES and IPCCC (2021), *Co-Sponsored Workshop Report on Biodiversity and Climate Change*, https://www.ipbes.net/sites/default/files/2021-06/20210609_workshop_report_embargo_3pm_CEST_10_june_0.pdf. [69]

IPCC (2022), *Climate Change 2022: Impacts, Adaptation and Vulnerability*, https://www.ipcc.ch/report/ar6/wg2/. [4]

Jabiel, S. (2002), *Illegal wildlife trade hotpot Peru steps up fight against traffickers*, https://dialogochino.net/en/trade-investment/361401-illegal-wildlife-trade-hotspot-peru-fight-trafficking/. [88]

Le Coq, J., E. Sabourin and E. Fouilleux (2020), *Workshop: Stepping Up to the Challenge of Agroecological Transition Through Agricultural Research for Development*, https://hal.science/hal-02776233/document. [80]

López-Cubillos, S. et al. (2021), "The landmark Escazú Agreement: An opportunity to integrate democracy, human rights, and transboundary conservation", *Conservation Letters*, Vol. 15/1, https://doi.org/10.1111/conl.12838. [23]

MADES and PNUD (2022), *Plan Nacional de Adaptación al Cambio Climático 2022-2030*, http://dncc.mades.gov.py/wp-content/uploads/2022/06/Plan-Nacional-de-Adaptaci%C3%B3n-al-Cambio-Clim%C3%A1tico-2022_2030.pdf. [32]

Maes, M. et al. (2022), "Monitoring exposure to climate-related hazards: Indicator methodology and key results", *OECD Environment Working Papers*, No. 201, OECD Publishing, Paris, https://doi.org/10.1787/da074cb6-en. [7]

MECON (2023), *Estrategia Nacional de Financiamiento Climático Internacional para la República Argentina*, https://www.argentina.gob.ar/sites/default/files/estrategia_nacional_de_financiamiento_internacional_para_la_republica_argentina.pdf. [31]

Morris, M., R. Sebastian and V. Perego (2020), *Future Foodscapes: Re-imagining Agriculture in Latin America and the Caribbean*, https://documents1.worldbank.org/curated/en/942381591906970569/pdf/Future-Foodscapes-Re-imagining-Agriculture-in-Latin-America-and-the-Caribbean.pdf. [81]

Müller, G., M. Lovino and L. Sgroi (2021), "Observed and Projected Changes in Temperature and Precipitation in the Core Crop Region of the Humid Pampa, Argentina", *Climate*, Vol. 9/3, p. 40, https://doi.org/10.3390/cli9030040. [11]

Mycoo, M. (2022), *Building Urban Resilience in the Caribbean: Policies, Practices and Prospects*, https://sdg.iisd.org/commentary/guest-articles/building-urban-resilience-in-the-caribbean-policies-practices-and-prospects/ (accessed on 13 July 2023). [45]

NDC Partnership (n.d.), *NDC Content*, https://ndcpartnership.org/node/21071 (accessed on 13 July 2023). [29]

OECD (2023), *3rd LAC Regional Policy Dialogue on Environmental Sustainability: Addressing Climate Change Adaptation in Latin America & the Caribbean*, https://www.oecd.org/greengrowth/3rd-lac-policy-dialogue.htm. [13]

OECD (2023), *Environment at a Glance in Latin America and the Caribbean: Spotlight on Climate Change*, OECD Publishing, Paris, https://doi.org/10.1787/2431bd6c-en. [1]

OECD (2023), *Framework for assessing the enabling conditions to finance water security*, OECD, https://www.oecd.org/water/background-note-enabling-environment-9th-RT-on-financing-water.pdf. [67]

OECD (2023), *OECD Environmental Performance Reviews: Costa Rica 2023*, OECD Environmental Performance Reviews, OECD Publishing, Paris, https://doi.org/10.1787/ec94fd4e-en. [38]

OECD (2022), *Aggregate Trends of Climate Finance Provided and Mobilised by Developed Countries in 2013-2020*, Climate Finance and the USD 100 Billion Goal, OECD Publishing, Paris, https://doi.org/10.1787/d28f963c-en. [52]

OECD (2022), *Climate Tipping Points: Insights for Effective Policy Action*, OECD Publishing, Paris, https://doi.org/10.1787/abc5a69e-en. [14]

OECD (2022), *Fostering Water Resilience in Brazil: Turning Strategy into Action*, OECD Studies on Water, OECD Publishing, Paris, https://doi.org/10.1787/85a99a7c-en. [61]

OECD (2022), *Reform of Water Supply and Wastewater Treatment in Lithuania: Practical Options to Foster Consolidation of Utilities*, OECD Studies on Water, OECD Publishing, Paris, https://doi.org/10.1787/f966a980-en. [66]

OECD (2022), *Responsible Business Conduct in the Extractive and Minerals Sector in Latin America and the Caribbean*, OECD Publishing. [96]

OECD (2022), *Towards Sustainable Water Services in Estonia: Analyses and Action Plan*, OECD Studies on Water, OECD Publishing, Paris, https://doi.org/10.1787/b82d71c6-en. [65]

OECD (2021), *OECD work in support of biodiversity*, https://www.oecd.org/environment/resources/OECD-work-in-support-of-biodiversity-2021.pdf. [70]

OECD (2021), *Scaling up Nature-based Solutions to Tackle Water-related Climate Risks: Insights from Mexico and the United Kingdom*, OECD Publishing, Paris, https://doi.org/10.1787/736638c8-en. [84]

OECD (2021), *Toolkit for Water Policies and Governance: Converging Towards the OECD Council Recommendation on Water*, OECD Publishing, Paris, https://doi.org/10.1787/ed1a7936-en. [62]

OECD (2021), *Tracking Economic Instruments and Finance for Biodiversity*, https://www.oecd.org/environment/resources/biodiversity/tracking-economic-instruments-and-finance-for-biodiversity-2021.pdf. [75]

OECD (2020), *Common Ground Between the Paris Agreement and the Sendai Framework : Climate Change Adaptation and Disaster Risk Reduction*, OECD Publishing, Paris, https://doi.org/10.1787/3edc8d09-en. [25]

OECD (2020), "Nature-based solutions for adapting to water-related climate risks", *OECD Environment Policy Papers*, No. 21, OECD Publishing, Paris, https://doi.org/10.1787/2257873d-en. [82]

OECD (2020), *Towards Sustainable Land Use: Aligning Biodiversity, Climate and Food Policies*, OECD Publishing, Paris, https://doi.org/10.1787/3809b6a1-en. [79]

OECD (2018), *Biodiversity Conservation and Sustainable Use in Latin America: Evidence from Environmental Performance Reviews*, OECD Environmental Performance Reviews, OECD Publishing, Paris, https://doi.org/10.1787/9789264309630-en. [91]

OECD (2018), "Climate-resilient infrastructure", *OECD Environment Policy Papers*, No. 14, OECD Publishing, Paris, https://doi.org/10.1787/4fdf9eaf-en. [47]

OECD (2018), *Mainstreaming Biodiversity for Sustainable Development*, OECD Publishing, Paris, https://doi.org/10.1787/9789264303201-en. [72]

OECD (2018), "Plan infrastructure for a low-emission and resilient future", in *Financing Climate Futures: Rethinking Infrastructure*, OECD Publishing, Paris, https://doi.org/10.1787/9789264308114-5-en. [55]

OECD (2017), *Investing in Climate, Investing in Growth*, OECD Publishing, Paris, https://doi.org/10.1787/9789264273528-en. [49]

OECD (2017), *Water Charges in Brazil: The Ways Forward*, OECD Studies on Water, OECD Publishing, Paris, https://doi.org/10.1787/9789264285712-en. [63]

OECD (2015), *Aligning Policies for a Low-carbon Economy*, OECD Publishing, Paris, https://doi.org/10.1787/9789264233294-en. [30]

OECD (2012), *Illegal Trade in Environmentally Sensitive Goods*, OECD Trade Policy Studies, OECD Publishing, Paris, https://doi.org/10.1787/9789264174238-en. [86]

OECD et al. (2022), *Latin American Economic Outlook 2022: Towards a Green and Just Transition*, OECD Publishing, Paris, https://doi.org/10.1787/3d5554fc-en. [3]

Ozment, S. et al. (2021), *Nature-Based Solutions in Latin America and The Caribbean: Regional Status and Priorities for Growth*. [83]

Phelps, J., S. Board and J. Mailley (2022), *Illegal wildlife trade and climate change - joining the dots*, https://www.unodc.org/documents/data-and-analysis/wildlife/Ilegal_wildlife_trade_and_climate_change_2022.pdf. [85]

Rockström, J. et al. (2023), "Why we need a new economics of water as a common good", *Nature*, Vol. 615/7954, pp. 794-797, https://doi.org/10.1038/d41586-023-00800-z. [57]

S. Díaz et al. (eds.) (2019), *The Global Assessment Report on Biodiversity and Ecosystem Services. Summary for Policymakers of the IPBES Global Assessment Report on Biodiversity and Ecosystem Services*, IPBES Secretariat, Bonn, https://ipbes.net/sites/default/files/inline/files/ipbes_global_assessment_report_summary_for_policymakers.pdf. [68]

Straffelini, E. et al. (2023), "Viticulture in Argentina under extreme weather scenarios: Actual challenges, future perspectives", *Geography and Sustainability*, Vol. 4/2, pp. 161-169, https://doi.org/10.1016/j.geosus.2023.03.003. [10]

Szlafsztein, C. (2020), "Extreme Natural Events Mitigation: An Analysis of the National Disaster Funds in Latin America", *Frontiers in Climate*, Vol. 2, https://doi.org/10.3389/fclim.2020.603176. [37]

The Nature Conservancy (2021), *Together we Find a Way - 2021 Latin America Impact Report*, https://www.nature.org/content/dam/tnc/nature/en/documents/latin-america/2021larannualreport_spreads_low.pdf. [73]

UN (2018), *Regional Agreement on Access to Information, Public Participation and Justice in Environmental Matters in Latin America and the Caribbean*, http://www.cepal.org/es/suscripciones. [22]

UN (2015), *Paris Agreement*, https://unfccc.int/files/essential_background/convention/application/pdf/english_paris_agreement.pdf. [15]

UN ECLAC (2023), *Member Countries of the Escazú Agreement End COP2 in Argentina with a Call for Deepening its Implementation at the National Level*, https://www.cepal.org/en/pressreleases/member-countries-escazu-agreement-end-cop-2-argentina-call-deepening-its (accessed on 26 May 2023). [24]

UNCCD (2019), *The Global Land Outlook, Latin America and the Caribbean Thmatic Report*, https://catalogue.unccd.int/1221_GLO_LAC_E.pdf (accessed on 5 May 2023). [76]

UNDESA (2014), *World Urbanization Prospects*, https://www.un.org/en/development/desa/publications/2014-revision-world-urbanization-prospects.html. [6]

UNDRR (2022), *Midterm Review of the Implementation of the Sendai Framework for Disaster Risk Reduction 2015-2030 for Latin America and the Caribbean*, https://sendaiframework-mtr.undrr.org/media/85823/download?startDownload=true (accessed on 26 May 2023). [26]

UNEP (2021), *Saint Lucia's National Infrastructure Assessment - Case Study*, https://www.unep.org/resources/case-study/saint-lucias-national-infrastructure-assessment-case-study (accessed on 21 September 2023). [56]

UNEP (2021), *What does COP26 mean for adaptation?*, http://www.unep.org/news-and-stories/story/what-does-cop26-mean-adaptation (accessed on 26 May 2023). [19]

UNEP-WCMC (2016), *The State of Biodiversity in Latin America and the Caribbean: A mid-term review of progress towards the Aichi Biodiversity Targets*, https://www.cbd.int/gbo/gbo4/outlook-grulac-en.pdf. [90]

UNFCCC (n.d.), *Decision -/CMA.3 Glasgow-Sharm el-Sheikh work programme on the global goal on adaptation*, https://unfccc.int/sites/default/files/resource/cma3_auv_4ac_Global_Goal.pdf. [17]

UNFCCC (n.d.), *Decision -/CP.27 Sharm el-Sheikh Implementation Plan*, https://unfccc.int/sites/default/files/resource/cop27_auv_2_cover%20decision.pdf (accessed on 26 May 2023). [20]

UNFCCC et al. (2022), *Promoting synergies between climate change adaptation and biodiversity through the National Adaptation Plan (NAP) and National Biodiversity Strategies and Action Plan (NBSPA) processes*, https://unfccc.int/sites/default/files/resource/UNFCCC-NWP_synergies_NAP-NBSAP_technical-brief.pdf. [71]

UNICEF (2021), *9 out of 10 childer in Latin America and the Caribbean are exposed to at least two climate and environmental shocks*, https://www.unicef.org/lac/en/press-releases/children-latin-america-and-caribbean-are-exposed-climate-climate-environmental-shocks (accessed on 6 June 2023). [9]

UNODC (2020), *World Wildlife Crime Report 2020: Trafficking in Protected Species*, https://www.unodc.org/documents/data-and-analysis/wildlife/2020/World_Wildlife_Report_2020_9July.pdf. [87]

UNSD (n.d.), *SDG 11 - Make cities and human setlements inclusive, safe, resilinet and sustainable*, https://unstats.un.org/sdgs/report/2021/goal-11/ (accessed on 13 July 2023). [44]

Value for Women (2020), *Study of the Impacts of Climat Change on the Women and Men of the Caribbean. Pilot Programme for Climate Resilience Countries*, https://www.cif.org/sites/cif_enc/files/knowledge-documents/study-of-the-impacts-of-climate-change-on-the-women-and-men-in-the-caribbean-pilot-programme-for-climate-resilience-countries.pdf. [40]

van Uhm, D., N. South and T. Wyatt (2021), "Connections between trades and trafficking in wildlife and drugs", *Trends in Organized Crime*, Vol. 24/4, pp. 425-446, https://doi.org/10.1007/s12117-021-09416-z. [94]

Villarreal Villamar, M. and E. Echart Munoz (2018), *PACHA: DEFENDING THE LAND Extractivism, conflicts, and alternatives in Latin America and the Caribbean*. [100]

WMO (2023), *State of the Global Climate 2022*, https://library.wmo.int/doc_num.php?explnum_id=11593. [5]

WMO (2022), *Early Warning for All: Exectuive Action Plan 2023-2027 (The UN Global Early Warning Initiative for the Implementation of Climate Adaptation)*, https://library.wmo.int/doc_num.php?explnum_id=11426. [34]

WMO (2021), *WMO Atlas for Mortality and Economic Losses from Weather, Climate and Water Extremes (1970-2019)*, https://public.wmo.int/en/resources/atlas-of-mortality. [8]

WMO (2020), *2020 State of Climate Services - Risk Information and Early Warning Systems*, https://library.wmo.int/doc_num.php?explnum_id=10385. [35]

World Bank (2022), *A Roadmap for Climate Action in Latin America and the Caribbean 2021-2025*, https://openknowledge.worldbank.org/server/api/core/bitstreams/d3e9d5ba-bdea-543b-8e51-e53f39308a73/content. [28]

World Bank (2022), *Argentina Country Climate and Development Report*, http://hdl.handle.net/10986/38252. [78]

World Bank (2022), *Water Matters*, World Bank, https://doi.org/10.1596/37214. [60]

World Bank (2014), *Climate Change Adaptation Planning in Latin American and Caribbean Cities*, https://www.worldbank.org/en/results/2014/01/31/climate-change-adaptation-planning-in-latin-american-and-caribbean-cities (accessed on 13 July 2023). [46]

World Bank (2013), *World Water Day: Latin America leads in water management but inequalities in access remain*, https://www.worldbank.org/en/news/feature/2013/03/22/world-water-day-latin-america-achievements-challenges (accessed on 13 July 2023). [58]

World Bank (n.d.), *Employment in agriculture (% of total employment) Latin America & Caribbean*, https://data.worldbank.org/indicator/SL.AGR.EMPL.ZS?end=2021&locations=ZJ&start=1991&view=chart (accessed on 23 May 2023). [77]

World Water Atlas (n.d.), *Water as Leverage Programme*, https://www.worldwateratlas.org/curated/water-as-leverage/ (accessed on 10 September 2023). [64]

Zelikow, D. and F. Savas (2022), *Mind the gap: Time to rethink infrastructure finance*, https://blogs.worldbank.org/ppps/mind-gap-time-rethink-infrastructure-finance (accessed on 13 July 2023). [50]

Nota

[1] Estos desafíos fueron identificados durante uno de los Taller de Expertos de la OCDE sobre Prioridades de Neutralidad y Resiliencia Climática en ALC, celebrado el 31 de agosto de 2022.

3 Lograr la neutralidad climática en la región de América Latina y el Caribe

En las últimas dos décadas, la región de América Latina y el Caribe (ALC) ha experimentado un aumento significativo de las emisiones, a pesar de contribuir con menos del 10% de las emisiones globales de Gases de Efecto Invernadero (GEI). Los compromisos nacionales, aunque cruciales, no son suficientes al momento de abordar este problema de forma integral. Para combatir eficazmente esta tendencia, los gobiernos de ALC deben adoptar un enfoque integrado, dando prioridad a la eficiencia energética, la adopción de energías renovables, la reducción de emisiones en el transporte y la agricultura, y la preservación de los bosques. La diversidad de la región se traduce en distintos impactos y desafíos climáticos. Basándose en los debates mantenidos en una serie de Diálogos y Talleres sobre Políticas Regionales sobre estas cuestiones entre expertos de ALC y de la OCDE en el contexto del Programa Regional ALC de la OCDE (LACRP, por sus siglas en inglés), este capítulo describe los retos regionales, identifica las prioridades de mitigación y presenta opciones políticas para estrategias de mitigación climática adaptadas a sectores específicos.

Introducción

Este capítulo se elaboró a partir de los debates mantenidos durante el Diálogo Político Regional 2021 sobre Sostenibilidad Ambiental, en el que participaron expertos de ALC y de la OCDE como parte del LACRP. Ofrece una revisión comprensiva de los retos de mitigación del cambio climático a los que se enfrentan los países de ALC y presenta un conjunto de medidas políticas encaminadas a lograr la neutralidad climática. El análisis sobre la contaminación atmosférica y las emisiones de GEI dibuja un panorama solemne, que constituye la necesaria mejora de los marcos normativos a escala nacional y local. Un enfoque sectorial -con especial atención a la energía, el transporte, la minería sostenible, las ciudades, la agricultura y el turismo- pone de relieve las oportunidades disponibles para alcanzar la neutralidad climática en la región.

Según el Reporte sobre la brecha de emisiones 2022 del Programa de las Naciones Unidas para el Medio Ambiente (PNUMA), basado en las Contribuciones Determinadas a Nivel Nacional (NDCs) presentadas antes de la vigésimo sexta Conferencia de las Partes de las Naciones Unidas sobre el Cambio Climático (COP26) y en las actualizaciones realizadas desde entonces, las medidas mundiales adoptadas para hacer frente a la crisis climática han sido insuficientes para detener y reducir las emisiones de GEI. Si los países continúan con sus políticas actuales, se prevé que el calentamiento global alcance los 2,8 °C a finales de siglo. Sin embargo, la aplicación de los escenarios de los NDCs incondicionales y condicionales reduciría esta cifra a 2,6°C y 2,4°C, respectivamente, lo que sigue siendo insuficiente. A pesar de los llamados a "revisar y reforzar" sus objetivos para 2030 en la COP26, apenas se ha avanzado en la reducción de la importante brecha de emisiones para 2030 que representa la disparidad entre las reducciones de emisiones prometidas y las reducciones necesarias para alcanzar el objetivo de temperatura del Acuerdo de París (UNEP, 2022[1]). La Agencia Internacional de la Energía (AIE) estima que la aplicación efectiva de los compromisos anunciados en la vigésimo séptima Conferencia de las Partes de las Naciones Unidas sobre el Cambio Climático (COP27) podría limitar el calentamiento global a un aumento de 1,7 °C, proporcionando así una vía hacia el objetivo más ambicioso de limitar el calentamiento a 1,5°C (IEA, 2022[2]).

Está claro que el momento para acciones climáticas decisivas es ahora. No se puede exagerar la urgencia de la crisis, ya que de ello depende el futuro de nuestro planeta y el bienestar de las generaciones futuras. los compromisos, aunque importantes, son insuficientes por sí solos. En una región tan diversa, el cambio climático afecta a los países de forma diferente y presenta una serie de retos tan variados como los propios países. Sin embargo, también representa una oportunidad para idear mecanismos de implementación que permitan la afluencia de recursos financieros verdes a ALC. Este enfoque puede catalizar el desarrollo, fomentar una transición verde y generar empleos verdes. Su éxito depende de su transformación en acciones tangibles.

A pesar de que ALC contribuye con menos del 10% de las emisiones totales de GEI, sus emisiones han aumentado significativamente en los últimos 20 años, impulsadas principalmente por el transporte, la electricidad y la producción de calor. Además, la región desempeña un papel crucial en los esfuerzos mundiales de mitigación debido a su potencial natural de captura de carbono en lugares como la cuenca del río Amazonas (OECD, 2023[3]). Los gobiernos de ALC deberán adoptar un enfoque integrado para alcanzar los objetivos de mitigación del cambio climático y los compromisos internacionales, centrándose en aumentar la eficiencia energética y el uso de energías renovables, reducir las emisiones en el transporte y la agricultura, y restaurar y proteger los bosques, manglares y humedales. Es importante que los países adopten las combinaciones de políticas que mejor se adapten a sus circunstancias específicas, idealmente articuladas como estrategias nacionales. Al mismo tiempo, la contaminación atmosférica representa un riesgo real para la población urbana debido al alto nivel de urbanización de ALC. Los esfuerzos de mitigación del cambio climático también podrían aportar importantes beneficios colaterales ambientales y de salud, como la reducción de la mortalidad y la morbilidad por contaminación atmosférica.

El COVID-19 y la guerra de agresión de Rusia contra Ucrania han manifestado y exacerbado la vulnerabilidad de la región a los impactos económicos externos, históricamente arraigados en sus problemas estructurales. Las disrupciones globales en el suministro de energía y alimentos han incrementado los precios, lo que ha obligado a los países a implementar políticas orientadas a controlar las presiones inflacionarias y proteger el bienestar de sus ciudadanos, en particular de la población más vulnerable. En ALC, durante los primeros cinco meses de 2022, la región fue testigo de un aumento promedio de precios de 3,6% superior al de los hogares representativos a nivel nacional, y con estimaciones que sugieren que para fines de 2022, aproximadamente 33,7% de la población se encuentra en situación de pobreza. y el 14,9% en la pobreza extrema. En este sentido, es crucial que los gobiernos complementen las medidas monetarias con políticas fiscales que incluyan intervenciones específicas en las redes de seguridad, así como avanzar hacia sistemas de protección social universales, integrales, resilientes y sostenibles (OECD et al., 2022[4]).

Algunos países han establecido políticas, como los subsidios energéticos regresivos a los combustibles fósiles (Cárdenas and Hernández, 2022[5]), **que tienen consecuencias medioambientales negativas**, lo que a veces provoca retrasos o cancelaciones en la aplicación de las NDCs presentadas a la CMNUCC. Por lo tanto, los países deben planificar una consolidación fiscal inteligente post-pandémica, eliminando gradualmente las medidas introducidas para apoyar el consumo, teniendo en cuenta al mismo tiempo la inflación provocada por el aumento de los precios de los alimentos y la energía (Cárdenas and Hernández, 2022[5]); (OECD, 2022[6]).

Contribuciones de mitigación de LAC en Glasgow y Sharm el- Sheikh

Muchos países de ALC han asumido compromisos internacionales para reducir sus emisiones de GEI y tomar medidas para mitigar los impactos del cambio climático. En la COP26, casi 200 países firmaron el Pacto Climático de Glasgow, que reconoce la urgente necesidad de una reducción rápida, profunda y sostenida de las emisiones de GEI, y de limitar el calentamiento global a 1,5 °C. El pacto promueve redoblar los esfuerzos para reducir colectivamente las emisiones de GEI mediante una acción acelerada y la aplicación de medidas nacionales de mitigación. Se insta a las Partes a que comuniquen las NDCs y las estrategias a largo plazo (LTS) nuevas o actualizadas y a que revisen y refuercen sus objetivos para 2030. Además, el *Pacto por el Clima de Glasgow* insta a las naciones a reducir progresivamente la energía del carbón y los subsidios ineficientes a los combustibles fósiles (UNFCCC, 2021[7]). Además, los países finalizaron el *Libro de Reglas del Acuerdo de París*, que incluye acuerdos sobre un marco mejorado de transparencia para la notificación de emisiones, calendarios comunes para los objetivos de reducción de emisiones y mecanismos y normas para los mercados internacionales de carbono.

En la COP26 se hicieron promesas adicionales en sectores estratégicos clave. Algunos de ellos son:

- el *Compromiso Mundial sobre el Metano*, por el que los países se comprometieron a tomar medidas voluntarias para reducir las emisiones globales de metano en al menos un 30% respecto a los niveles de 2020 para 2030, lo que representa el 70% de la economía mundial y casi la mitad de las emisiones antropogénicas de metano, donde 25 de los 105 países firmantes son de ALC[1],
- la *Declaración de los Líderes de Glasgow sobre los Bosques y el Uso de la Tierra*, en la que, hasta la fecha, 145 países, 24 de ellos de ALC[2], se comprometieron a detener e invertir la pérdida de bosques y la degradación de la tierra de aquí a 2030, al tiempo que se logra el desarrollo sostenible y se promueve una transformación rural integradora, y

- la Declaración *de Transición Global del Carbón a la Energía Limpia*, en la que los países se comprometieron a aumentar el despliegue de la generación de energía limpia, a ampliar las tecnologías y las políticas para lograr una transición que permita abandonar la generación de energía a partir de carbón no consumido y a poner fin a la expedición de nuevos permisos para nuevos proyectos de generación de energía a partir de carbón no consumido, a la construcción de nuevos proyectos de generación de energía a partir de carbón no consumido y a poner fin a las nuevas ayudas gubernamentales directas a la generación internacional de energía a partir de carbón no consumido.

En la COP27, los países aprobaron el *Plan de Implementación de Sharm el-Sheikh*, haciendo hincapié en la necesidad de una reducción inmediata, profunda, rápida y sostenida de las emisiones mundiales de GEI en todos los sectores aplicables. Los países reconocieron que limitar el calentamiento global a 1,5 °C requiere una reducción del 43% de las emisiones mundiales de GEI para 2030 en comparación con los niveles de 2019. El Plan llama a los países a acelerar el desarrollo, despliegue y difusión de tecnologías de bajas emisiones y la adopción de políticas que promuevan la transición hacia sistemas energéticos de bajas emisiones. Esto incluye la generación de energía limpia, medidas de eficiencia energética, la reducción progresiva de la energía de carbón y la eliminación de las subsidios ineficientes a los combustibles fósiles. El plan también hace hincapié en la importancia de prestar un apoyo específico a los más pobres y vulnerables, garantizando al mismo tiempo una transición justa (UNFCCC, 2022[8]).

Los esfuerzos globales para reducir las emisiones de metano han cobrado impulso, y el número de países que han suscrito el Compromiso Mundial sobre el Metano ha pasado de 105 en la COP26 a 150 al término de la COP27. Como resultado, aproximadamente el 95% de los países están incluyendo compromisos de reducción de metano o tienen previsto incluirlos en su próxima revisión de los objetivos climáticos. Además, 50 países tienen planes de acción sobre el metano o están trabajando para desarrollar uno. Más de 70 países firmantes ya han incorporado medidas específicas para la reducción del metano en sus NDC (USA and EU, 2022[9]).

La región de ALC ha realizado avances importantes hacia la reducción de las emisiones de metano. En marzo de 2022, Brasil lanzó su Programa Nacional Metano Cero, con el objetivo de promover la reducción de las emisiones de metano en consonancia con los Objetivos de Desarrollo Sostenible (ODS) (IEA, 2023[10]). El programa también pretende fomentar el uso de biometano y biogás. Chile anunció su intención de acelerar los esfuerzos de reducción de metano para 2025, mientras que Colombia indicó su intención de preparar un plan de acción nacional sobre el metano para la COP28 (USA and EU, 2022[9]). Además, México se encuentra en la fase de planificación para aplicar medidas de reducción del metano en el marco del Compromiso Mundial sobre el Metano (USA and EU, 2022[9]).

Además, en la COP27 se puso en marcha un Programa de Trabajo de Mitigación con el objetivo de aumentar urgentemente la ambición de mitigación y su aplicación. El programa comenzó inmediatamente después de la COP27 y continuará hasta 2026. Se pidió a los gobiernos que revisaran y aumentaran los objetivos para 2030 en sus planes climáticos nacionales antes de finales de 2023, así como que aceleraran los esfuerzos para reducir progresivamente la energía del carbón sin disminuir y eliminar gradualmente los subsidios ineficientes a los combustibles fósiles.

Panorama de las Contribuciones Determinadas a Nivel Nacional en ALC

Debido a la pandemia de COVID-19, muchos países presentaron NDCs nuevas o actualizadas en la COP26 en 2021 en lugar de en 2020, a pesar de que el Acuerdo de París exige a las partes que presenten NDCs cada vez más ambiciosas cada cinco años. Aunque estas NDCs nuevas y actualizadas mostraron algunos avances, siguieron siendo insuficientes para cerrar la brecha de emisiones para 2030. Como resultado, el Pacto Climático de Glasgow, adoptado en la COP26, instó a las partes a "revisar y reforzar" sus objetivos para 2030 antes de finales de 2022 (UNFCCC, 2021[7]). En ALC, nueve países enviaron sus NDCs actualizadas para 2022[3]. En la región, algunos países han establecido objetivos ambiciosos de reducción de emisiones en sus NDC, mientras que otros se han centrado en medidas de adaptación o en el desarrollo de capacidades para apoyar la transición hacia un futuro con bajas emisiones de carbono (Anexo B).

De los 33 países de ALC que han presentado compromisos de reducción de emisiones de GEI a la CMNUCC en virtud del Acuerdo de París, solo 22 han presentado NDCs lo suficientemente claras como para inferir objetivos para 2030 y más allá. Además, sólo 16 países se han comprometido a alcanzar cero emisiones netas para 2050 o antes, y sólo siete países incluyen todos los GEI en sus compromisos (OECD, 2023[3]). La región se enfrenta a retos a la hora de medir y supervisar eficazmente los planes de descarbonización, y sólo la República Dominicana, Panamá y Perú han propuesto o desarrollado sistemas nacionales de seguimiento de los compromisos (OECD et al., 2022[4]). Por ejemplo, los inventarios de emisiones de GEI de Costa Rica se publican con un importante desfase temporal, y el último inventario, publicado en 2021, contiene datos hasta 2017 (Ministry of Environment Costa Rica, 2021[11]) (Anexo B).

Retos para la aplicación de las Contribuciones Determinadas a Nivel Nacional en ALC

Existen diferentes maneras en que los países de ALC pueden abordar el cambio climático y reducir las emisiones de GEI y los Contaminantes Climáticos de Vida Corta (CCVC), como el dióxido de carbono (CO_2), el metano, el óxido nitroso (N_2O) y los gases fluorados (gases f), con el fin de alcanzar objetivos sectoriales netos cero y metas de neutralidad climática para 2050. Los gobiernos de ALC deben desarrollar e implementar estrategias y planes de acción de mitigación de manera sistemática e integrada, alineándolos con sus respectivas NDCs y el Acuerdo de París. Estas políticas y acciones variarán en función de los retos específicos de cada país e involucrarán diferentes niveles de gobierno y partes interesadas pertinentes, incluidos el sector privado y la sociedad civil. Algunas de estas incluyen el desarrollo de políticas de mitigación del cambio climático para reducir la contaminación atmosférica, la promoción de combustibles limpios en el transporte y la mejora de la calidad, fiabilidad y durabilidad de las estufas para cocinar. Además, los países de la región pueden aumentar la proporción de fuentes de energía renovables en su combinación de suministro energético, adoptar procesos de producción eficientes desde el punto de vista energético, mejorar la eficiencia energética de los bienes y servicios de consumo y conservar y ampliar los sumideros de carbono, como los bosques y los humedales (OECD, 2023[3]). Comprometerse a alcanzar objetivos de reducción de emisiones más ambiciosos en sus NDCs, realizar la transición a sistemas energéticos bajos en carbono y abordar las emisiones de sectores como el transporte, la agricultura y el uso del suelo, el cambio de uso del suelo y la silvicultura (LULUCF) son pasos esenciales para alcanzar los objetivos de neutralidad climática en 2050.

La adopción de medidas de mitigación ambiciosas en diversos sectores de ALC, desde las energías renovables hasta el transporte sostenible y el desarrollo urbano, es vital para combatir el cambio climático y, al mismo tiempo, alinearse con las estrategias nacionales de adaptación al clima. Las acciones de mitigación en ALC son necesarias en diferentes sectores, como la energía (por ejemplo, la transición de los combustibles fósiles a las fuentes de energía renovables y las mejoras de la eficiencia energética en los edificios), el transporte (por ejemplo, las inversiones en la producción y el uso de transporte público con bajas emisiones de carbono y vehículos eléctricos), el desarrollo urbano/ciudades, el desarrollo de la industria/infraestructura, la innovación, la agricultura, la silvicultura, el uso de la tierra y el turismo. Las NDCs y los PNAs son procesos complementarios (véase el capítulo 2).

Facilitando el camino hacia un futuro sostenible en la región de ALC exige planificación estratégica, apoyo financiero y compromiso público. Factores esenciales como crecimiento económico, voluntad política, estabilidad e instituciones fuertes desempeñan un papel crucial a la hora de buscar las inversiones necesarias para el desarrollo de cero emisiones netas y la reducción de emisiones, así como para fomentar esfuerzos de mitigación eficaces. Sin embargo, los países de ALC a menudo se enfrentan a dificultades para financiar sus NDCs y sus planes de descarbonización debido a la falta de un presupuesto asignado, lo que los hace vulnerables a la falta de financiamiento durante crisis o los choques externos. Los gobiernos de ALC han reconocido que esperan desviar recursos financieros del presupuesto climático debido al COVID-19, incluyendo la cofinanciación de proyectos ya acordados con fondos climáticos multilaterales. Teniendo en cuenta la creciente carga financiera del cambio climático, los países de ALC han solicitado sistemáticamente apoyo para movilizar financiamiento climático, en particular mediante la participación de inversores del sector privado. Aumentar el apoyo técnico para la preparación de proyectos y mejorar el acceso al financiamiento climático internacional es esencial para implementar de forma efectiva sus NDCs (NDC Partnership, 2020[12]).

Las estrategias de mitigación deben diseñarse para promover resultados equitativos, abordando las desigualdades existentes en la región de ALC al tiempo que se crean empleos verdes. Además, fomentar la concientización social y el desarrollo de habilidades para la transición a una economía verde son componentes vitales para lograr economías de emisiones netas cero en la región. Empoderar a los ciudadanos con el conocimiento y la comprensión del cambio climático puede conducir a demandas colectivas de prácticas más sostenibles en todos los sectores. Fomentar comportamientos que reduzcan la huella de carbono, como el consumo responsable y la gestión de residuos, es clave para alcanzar los objetivos de reducción de emisiones (OECD, 2023[13]). Además, compromisos públicos para abordar cuestiones ambientales críticas y abogar por políticas climáticas más fuertes proporcionará una mayor tracción y acelerará la aplicación de medidas de mitigación eficaces.

Contaminación atmosférica: Una gran preocupación en ALC

La contaminación del aire es el principal riesgo ambiental para la salud en ALC, siendo las poblaciones más vulnerables los niños, los ancianos y las mujeres embarazadas (PAHO, 2016[14]). La combustión de combustibles fósiles es la principal fuente de contaminación del aire por partículas en la región, incluidas las $PM_{2,5}$ (Gouveia et al., 2021[15]). Las concentraciones de partículas finas están asociadas a infecciones respiratorias, cardiopatías isquémicas, accidentes cerebrovasculares, cáncer y enfermedades respiratorias crónicas. En 2019, las enfermedades respiratorias crónicas, en particular las enfermedades pulmonares obstructivas crónicas, fueron responsables de más de 180 000 muertes en ALC, con Brasil representando el 43% de los casos de la región, seguido de México, Colombia, Venezuela, Perú, Cuba, Ecuador y Bolivia. El coste promedio de bienestar asociado en la región fue inferior al 3% del PIB, pero si se consideran factores como las pérdidas de productividad laboral, el tratamiento médico y la productividad agrícola, este coste aumentaría aún más. En el Caribe, las pérdidas de bienestar debidas a la contaminación atmosférica alcanzaron aproximadamente el 7% del PIB en Barbados (OECD, 2023[3]). Además, Dominica alcanzó el 5%, Granada el 5%, la República Dominicana el 3,8%, Jamaica el 3,6%, y Antigua y Barbuda superó el 3,2% (OECD, 2023[16]).

El porcentaje de personas que viven en zonas urbanas en ALC se ha duplicado desde 1950, y aproximadamente el 81% de la población de la región vivirá en zonas urbanas en 2021 (World Bank, 2022[17]). El Caribe también ha experimentado un aumento significativo de la urbanización, con una tasa de urbanización que ha pasado del 36,3% en 1950 al 72,2% en 2020. La República Dominicana y Haití han experimentado el aumento más rápido de las tasas de urbanización, del 23,7% al 82,5% y del 12,2% al 57,1%, respectivamente, en ese mismo periodo (OECD et al., 2022[4]).

Las elevadas tasas de urbanización de ALC han dado lugar a un aumento de la demanda de transporte, en particular de vehículos privados, lo que se traduce en mayores emisiones de GEI, contaminación atmosférica y congestión del tráfico. Entre 2005 y 2015, la región fue testigo de un crecimiento del 58% en la propiedad de automóviles, más del doble del promedio mundial, que se situó en el 27%. El transporte motorizado privado fue responsable del 75% de las emisiones de CO_2 y del 82% de los contaminantes PM10 (OECD et al., 2022[4]); (SLOCAT, 2021[18]).

Algunos países de ALC han introducido diversas políticas públicas para hacer frente a la contaminación atmosférica, como la planificación urbana ecológica, un uso más eficaz de los instrumentos económicos y la regulación de las emisiones procedentes de fuentes industriales y de transporte, la promoción de combustibles y vehículos más limpios y el desarrollo de programas de transporte sostenible. Por ejemplo, el Plan Nacional de Transporte Sustentable 2022 de Argentina pretende establecer una hoja de ruta hacia 2030 regulando los diferentes modos de transporte y promoviendo la adopción del gas natural y la movilidad eléctrica (Government of Argentina, 2022[19]). México ha puesto en marcha la Estrategia Nacional de Calidad del Aire, que orienta y coordina acciones entre diferentes organismos gubernamentales para controlar y mitigar las emisiones contaminantes hasta 2030 (Government of Mexico, 2017[20]).

En 2020, al menos 12 países de ALC habían adoptado normas nacionales de emisión para las industrias a través de leyes y reglamentos. Estas medidas incluyen el uso de evaluaciones de impacto ambiental (EIAs) para regular las industrias, el establecimiento de normas sobre emisiones industriales y políticas sobre el uso eficiente de los recursos para combustible y electricidad. Además, un total de 17 países regulan la quema de residuos, aunque sólo 5 de ellos lo hacen de forma estricta, ya que la quema al aire libre sigue siendo una práctica común en la región incluso cuando existen regulaciones al respecto. Por otra parte, al menos ocho países de ALC cuentan con una estrategia, marco o plan de acción nacional de gestión de la calidad del aire, que generalmente se aplica a través de un plan nacional de acción ambiental. Un total de 21 países de la región contaban con instrumentos jurídicos que contemplaban normas de calidad del aire ambiente (UNEP, 2021[21]).

La implementación de políticas de mitigación climática en la región de ALC destinadas a reducir la contaminación del aire puede proporcionar múltiples cobeneficios y sinergias, incluyendo la eficiencia de los recursos, la seguridad económica, la sostenibilidad de los ecosistemas, la biodiversidad y un mayor dinamismo económico (UNECE, 2016[22]). La contaminación atmosférica y el cambio climático están estrechamente relacionados. El CO_2 es la principal causa del cambio climático, debido a la extracción y quema de combustibles fósiles, así como una fuente importante de contaminantes atmosféricos. Muchos contaminantes atmosféricos contribuyen al cambio climático al reflejar o absorber la luz solar, con lo que algunos contaminantes calientan y otros enfrían la Tierra. Estos CCVC incluyen el metano y el carbono negro, que se encuentran entre los principales contribuyentes al calentamiento global después del CO_2. El reporte especial de 2018 del IPCC sobre los impactos del calentamiento global subraya que las reducciones profundas de los forzadores climáticos distintos del CO_2, en particular del metano y el carbono negro, serán vitales para alcanzar el objetivo del Acuerdo de París de limitar el calentamiento a 1.5 °C o incluso 2 °C (RIFS Potsdam, 2022[23]).

Las emisiones de azufre, nitrógeno y ozono troposférico afectan a los ecosistemas debido a la contaminación atmosférica. Las emisiones tanto de dióxido de azufre como de óxidos de nitrógeno se depositan en el agua, en la vegetación y en los suelos en forma de "lluvia ácida", con efectos adversos cada vez mayores sobre la flora y la fauna. La acidificación afecta a la capacidad de los ecosistemas para prestar "servicios ecosistémicos", como el ciclo de nutrientes y el ciclo del carbono, pero también la provisión de agua, de la cual depende el planeta y la vida humana (UNECE, 2022[24]). Además, la contaminación atmosférica afecta negativamente los ecosistemas terrestres y acuáticos, degrada el medio ambiente y reduce la biodiversidad al afectar a las formas de vida inferiores en cuanto al número de especies y la sensibilidad de cada una de ellas, como los líquenes, las briofitas, los hongos y los invertebrados acuáticos de cuerpo blando. En tierra, las plantas se ven más afectadas que los animales, pero no en agua dulce. Aunque la mayoría de las especies afectadas disminuyen como consecuencia de la contaminación atmosférica, es importante señalar que hay algunas especies, por ejemplo los pulgones, que parecen verse estimuladas por los contaminantes atmosféricos, mientras que otras son resistentes y tienden a expandirse (Air Pollution and Climate Secretariat (AirClim), 1997[25]).

Reconocer la conexión entre las emisiones de GEI y la contaminación atmosférica local sugiere desarrollar estrategias integradas que reduzcan las emisiones de GEI y los contaminantes atmosféricos, aplicando así soluciones "beneficiosas para todos" tanto para los objetivos de la política climática como para los de la política sanitaria. Las medidas eficaces de prevención y control de la contaminación son especialmente importantes. Deben adaptarse a las circunstancias locales, ya que tanto las fuentes de contaminación atmosférica como la gravedad de la exposición varían de un país a otro y dentro de un mismo país (OECD, 2023[3]).

La contaminación atmosférica supone un importante riesgo para la salud en ALC

Los gobiernos deben alinear políticas ambientales y sanitarias para proteger el medio ambiente y la salud pública, al tiempo que consideran las sinergias entre la reducción de las emisiones y los objetivos de bienestar más amplios, como la reducción de la contaminación del aire y la mejora de la salud. Alrededor del 25% de las muertes y enfermedades mundiales pueden atribuirse a riesgos ambientales evitables, lo que resulta en aproximadamente 13 millones de muertes anuales (WHO, 2019[26]). En ALC, alrededor del 13% de las muertes prematuras en los países de ingresos altos[4] y el 19% en los países de ingresos bajos y medianos[5] de las Américas son atribuibles a riesgos ambientales evitables y conocidos, lo que representa aproximadamente 1 016 000 muertes cada año (Korc and Hauchman, 2021[27]). Solo la contaminación atmosférica provoca 7 millones de muertes evitables al año en todo el mundo, ya que más del 90% de la población respira aire contaminado (WHO, 2019[26]). Además, casi 3 000 millones de personas en todo el mundo y 80 millones de personas en ALC todavía dependen de combustibles contaminantes como los combustibles sólidos o el queroseno para iluminarse, cocinar y calentarse. En ALC, la contaminación del aire ambiental y doméstico se relacionó con unas 250 000 muertes prematuras en 2016 (WHO, 2019[26]); (Korc and Hauchman, 2021[27]).

Los países de la región deben integrar las acciones preventivas de salud ambiental como un componente básico de la cobertura sanitaria universal a través de estrategias y programas dirigidos a enfermedades y riesgos específicos. Deben promover la consideración sistemática de la salud en el desarrollo de políticas y sectores relevantes para la salud, como la energía, el transporte, la vivienda, el trabajo, la industria, los sistemas alimentarios y la agricultura, el agua y el saneamiento, y la planificación urbana. Es importante reforzar los mecanismos de gobernanza para facilitar la colaboración intersectorial y el análisis exhaustivo de costes y beneficios. Los países de ALC podrían fomentar la integración del monitoreo ambiental (especialmente en la contaminación del aire) y la vigilancia de la salud para evaluar los impactos en la salud de los riesgos y servicios ambientales, así como para monitorear los cambios e implementar estrategias relevantes a nivel regional y nacional (WHO, 2019[26]).

Muchos países de ALC podrían mejorar el desempeño de los programas e instituciones de salud pública ambiental para reducir la carga de morbilidad asociada a los riesgos ambientales. Esto puede lograrse haciendo hincapié en la calidad del aire y considerando al mismo tiempo la seguridad química, los impactos relacionados con el cambio climático, la gestión de residuos sólidos y los factores relacionados con el agua y el saneamiento que influyen en la salud humana y sus comportamientos conexos (Korc and Hauchman, 2021[27]). Además, es importante que los países tengan en cuenta los riesgos para la salud de las poblaciones vulnerables, como los muy jóvenes, los ancianos y las mujeres embarazadas (PAHO, 2016[14]).

Carbono negro en el transporte y el sector residencial en ALC

El carbono negro (BC) es uno de los mayores contribuyentes al calentamiento global, después del CO_2 (Bond et al., 2013[28]). A pesar de que el BC es un SLCP con una vida útil de solo días o unas pocas semanas, acelera significativamente el deshielo de la nieve y el hielo, aumentando el cambio climático al reducir el efecto albedo[6]. Additionally, Además, el BC afecta a los patrones de precipitación en la cuenca del Amazonas (OECD, 2023[3]), donde la quema de biomasa contribuye a la contaminación atmosférica y al humo. La CB también provoca un menor rendimiento agrícola y problemas de seguridad alimentaria. Estos los impactos afectan directamente a los medios de vida de los habitantes andinos, a la agricultura y a la generación hidroeléctrica, representando esta última el 8% del suministro total de energía en ALC, y el 54% de la producción de electricidad en la región en 2020 (OECD, 2023[3]).

La reducción de las emisiones de BC puede aportar beneficios colaterales inmediatos para el medio ambiente, la calidad del aire y la salud pública. El BC y sus co-contaminantes son componentes significativos de la contaminación atmosférica por partículas finas PM2.5, que es una de las principales causas ambientales de mala salud y muertes prematuras (UNEP and CCAC, 2018[29]). La región de ALC contribuye con menos del 10% del total de emisiones de BC. El sector transporte y la combustión de combustibles sólidos en el sector residencial-comercial son responsables de alrededor de tres cuartas partes de las emisiones de BC en la región, siendo Brasil y México responsables de más del 60% de las mismas (UNEP and CCAC, 2018[29]). Dentro del sector transporte, los vehículos diésel de altas emisiones son las principales fuentes de emisiones de BC (Natural Resources Defense Council, 2014[30]).

Teniendo en cuenta la corta vida atmosférica del BC, las políticas focalizadas han demostrado ser eficaces para lograr beneficios climáticos y sanitarios relativamente rápidos (ICCT, 2009[31]). En el sector del transporte, es crucial que ALC promueva los combustibles limpios y adopte normas comunes sobre combustibles que reduzcan los niveles de azufre a niveles ultrabajos, idealmente por debajo de 15 ppm. Además, la región debería reforzar sus normas de emisiones para vehículos nuevos obligando a la instalación de filtros de partículas diésel o fomentando el uso de combustibles alternativos emergentes de eficacia comparable y tecnologías avanzadas para vehículos (por ejemplo, vehículos propulsados por gas natural, híbridos eléctricos o eléctricos). También deberían desarrollarse programas complementarios para reducir las emisiones en uso de los vehículos diésel más antiguos, centrándose en las flotas urbanas, ya que en otros casos se han aplicado estrategias con éxito (Natural Resources Defense Council, 2014[30]).

En el sector residencial, el uso de leña para cocinar plantea los riesgos más significativos para la salud relacionados con las emisiones para los ciudadanos, afectando especialmente a los hogares de bajos ingresos en las zonas rurales. Aproximadamente 90 millones de personas en ALC dependían de combustibles sólidos para cocinar en 2017, lo que representa alrededor del 15% de la población de la región. Para abordar este problema, la región podría desarrollar y mejorar sus marcos regulatorios, incluyendo medidas para mejorar la calidad, fiabilidad y durabilidad de las estufas para cocinar. Será esencial implantar la certificación y las pruebas sobre el terreno para garantizar que las cocinas cumplan con las normas de calidad, junto con políticas que aborden la asequibilidad, la accesibilidad y la concientización sobre las repercusiones sanitarias. Apoyar las prácticas forestales sostenibles y el empoderamiento económico de las mujeres también puede contribuir a abordar los problemas sociales y ambientales subyacentes que hacen necesarias las cocinas mejoradas (Levy et al., 2020[32]).

Emisiones de gases de efecto invernadero en ALC

De 1990 a 2019, la región de ALC aumentó sus emisiones de GEI en un 61%, a pesar de representar sólo el 6.7% de las emisiones mundiales de GEI, excluyendo la silvicultura y otros usos de la tierra (LULUCF) (OECD, 2023[3]) y el 8.1% incluyéndolos. Esto se debió principalmente al aumento de las emisiones procedentes del transporte y de la producción de electricidad y calor, siendo proporcional a su participación del 8,4% en la población mundial total, y ligeramente superior a su participación del 6,4% en el PIB mundial. Las emisiones totales en el Caribe aumentaron un 23,5% entre 1990 y 2019, a pesar de representar sólo el 5% de las emisiones totales de la región en todo ese periodo (OECD et al., 2022[4]). Aunque la contribución de la región al cambio climático no es significativa, ALC, en particular la cuenca del río Amazonas, desempeña un papel crucial en los esfuerzos mundiales de mitigación debido a su potencial natural de captura de carbono (OECD, 2023[3]).

Hay sectores con altas emisiones que están aumentando rápidamente sus emisiones debido a la ausencia de incentivos económicos para mejorar, desarrollar e introducir tecnología e infraestructura adecuadas (UNEP and CCAC, 2017[33]). En términos de desglose sectorial, tres sectores representaron el 88,3% de las emisiones totales en ALC en 2019, energía (43,5% incluyendo transporte), agricultura (25,3%) y LUCF (19,5%). El sector energético sigue siendo el más intensivo en emisiones para las tres subregiones de ALC, aunque cada una tiene sus particularidades. Los sectores que más emiten en América del Sur son la agricultura, 28,5%, LUCF, 23,8%, y el transporte, 13,4%. El Caribe difiere ligeramente, con la electricidad y el calor con un 24,8%, seguido de la agricultura con un 15,6% y LUCF con un 13,4%, muy similar al transporte con un 11,1%. En América Central, la electricidad y el calor representan el 23,8% de las emisiones, mientras que el transporte supone el 21,4%, seguido de la agricultura con el 16% (OECD et al., 2022[4]).

Tanto Brasil como México han disminuido sus objetivos de emisiones en comparación con objetivos anteriores debido a un cambio en la metodología de referencia utilizada para calcular los objetivos de sus NDC. Al mismo tiempo, México es el único país del G20 sin un objetivo neto cero para 2050. Las emisiones per cápita varían mucho entre los miembros del G20, y no se espera que México alcance su punto máximo de emisiones hasta 2030 con las políticas actuales y los escenarios de las NDCs, mientras que Argentina y Brasil ya han alcanzado su punto máximo (UNEP, 2022[1]).

La contribución de ALC a las emisiones globales netas de GEI está impulsada en gran medida por Brasil, México y Argentina, que son los tres mayores emisores de la región y representan el 5,4% de las emisiones globales totales. En 2020, estos tres países representaban el 38%, el 16% y el 10% de las emisiones regionales de GEI, respectivamente, lo que supone el 63,8% de las emisiones totales de GEI de la región. Los exportadores de combustibles fósiles altamente dependientes, como Bolivia, Colombia, Ecuador, Guyana, Surinam, Trinidad y Tobago y Venezuela, representan sólo el 1,7% de las emisiones globales netas de GEI (Anna Ivanova et al., 2021[34]). A pesar de las importantes inversiones en proyectos de energías renovables realizadas en la última década, el Caribe sigue dependiendo en gran medida de la energía importada de combustibles fósiles, y la mayoría de los países son importadores netos de energía, excepto Trinidad y Tobago, Surinam y Guyana (UN ECLAC, 2021[35]).

Desde 2014, las emisiones en ALC crecieron a un ritmo más lento que el crecimiento económico, lo que sugiere un desacoplamiento relativo. Para mitigar y estabilizar las emisiones de GEI en la atmósfera, es crucial implementar estrategias nacionales e internacionales bajas en carbono y desacoplar aún más las emisiones del crecimiento económico (OECD, 2023[3]). Esto puede lograrse mediante la adopción de múltiples estrategias bajas en carbono, como el aumento de la proporción de fuentes de energía renovables en la combinación de suministro energético, la adopción de procesos de producción energéticamente eficientes, la mejora de la eficiencia energética de los bienes y servicios de consumo, y la preservación y ampliación de los sumideros de carbono, como los bosques y los humedales (OECD, 2023[3]). Los países de ALC podrían comprometerse a objetivos de reducción de emisiones más profundos en sus NDCs y a la transición hacia sistemas energéticos bajos en carbono, así como a reducir las emisiones de sectores específicos como la agricultura y el LULUCF, ya que estos sectores representan un tercio y un cuarto de las emisiones netas de América del Sur. En América Central y el Caribe, la producción de energía y el transporte son los principales emisores (OECD, 2023[3]).

Recomendación

- Mejorar los marcos regulatorios para las emisiones de GEI y contaminantes climáticos de vida corta, con especial atención al metano y los gases fluorados, estableciendo objetivos sectoriales, nacionales y locales.
- Apuntar a obtener beneficios colaterales de la reducción de la contaminación del aire con la regulación de la mitigación climática mediante la alineación de las políticas ambientales y de salud y las enfermedades asociadas con los riesgos ambientales.

Las emisiones de metano en ALC proceden de la agricultura, la producción y distribución de carbón y gas, y la gestión de residuos.

Las emisiones de metano son un importante contribuyente al calentamiento global, siendo la mayor fuente de emisiones antropogénicas de metano la agricultura, responsable de alrededor de una cuarta parte de las emisiones totales, seguida de cerca por el sector energético, que incluye las emisiones de carbón, petróleo, gas natural y biocombustibles (IEA, 2020[36]). ALC genera aproximadamente el 15% de las emisiones mundiales de metano, siendo la principal fuente de emisiones la agricultura, con aproximadamente el 50%; la producción y distribución de carbón, petróleo y gas, con el 40%; y la gestión de residuos, con el 10%. Brasil y Venezuela representan más de la mitad de esta cifra (UNEP and CCAC, 2018[29]). La reducción de los CCVC, como el metano y el carbono negro, que tienen una vida útil relativamente corta en la atmósfera, pero potentes impactos en el cambio climático, puede aportar inmediatas cobeneficios para el medio ambiente, la calidad del aire y la salud pública (UNEP and CCAC, 2018[29]). El Sexto Reporte de Evaluación (IE6) del IPCC ha hecho hincapié en que los controles de la contaminación atmosférica, basados en las tecnologías existentes, conducen a mejoras más rápidas de la calidad del aire que la mitigación del cambio climático, que requiere cambios sistémicos. Sin embargo, las reducciones de metano y carbono negro mejorarían significativamente la calidad del aire y reducirían los efectos adversos sobre la salud humana (Calvin et al., 2023[37]).

Entre las medidas más rentables y de mayor impacto que los gobiernos pueden adoptar para alcanzar los objetivos climáticos se encuentra la reducción de las emisiones de metano procedentes de las operaciones de petróleo y gas. El control de las fugas, en particular de las emisiones de metano procedentes de las operaciones de petróleo y gas, es un aspecto crucial para reducir las emisiones de GEI y de CCVC. Las fugas en la cadena de suministro de gas natural pueden provocar importantes emisiones de metano. Es esencial que los países de la región apliquen normativas que exijan un control regular de las posibles fugas en el sistema de distribución de gas natural. Esto podría implicar la realización de inspecciones periódicas de las tuberías, equipos e instalaciones de almacenamiento, así como la reparación obligatoria de cualquier fuga detectada. Pueden aplicarse programas de detección y reparación de fugas (LDAR, por sus siglas en inglés), diseñados para identificar y abordar las fugas fugitivas. Las políticas considerar estándares de equipos, frecuencia de inspección, umbrales de fugas que activan los requisitos de reparación y plazos de reparación. En 2018, México aprobó los Lineamientos para la prevención y control integral de emisiones de metano del sector hidrocarburos. Bajo la regulación, las instalaciones deben desarrollar un Programa de Prevención y Control Integral de Emisiones de Metano (PPCIEM) (IEA, 2021[38]), aunque el país ha estado regulando esto desde 2002 (Government of Mexico, 2022[39]). Colombia ha implementado regulaciones enfocadas al monitoreo y reparación de fugas en el sistema de gas natural, particularmente en la exploración y explotación de hidrocarburos (CCAC, 2022[40]). Otro enfoque consiste en incentivar el uso de tecnologías y prácticas que puedan ayudar a reducir las fugas, como los sistemas avanzados de detección de fugas, las tecnologías de monitorización remota y la gestión de la integridad de las tuberías. Los satélites, drones y otros métodos de medición aérea pueden ayudar a localizar fuentes emisoras significativas (IEA, 2022[41]).

Deben diseñarse instrumentos regulatorios para controlar y promover la adopción de tecnologías de control del metano. Los biodigestores son sistemas naturales que utilizan residuos orgánicos procedentes de actividades agrícolas, principalmente estiércol animal, para producir biogás y fertilizantes orgánicos mediante digestión anaeróbica (Dafermos et al., 2014[42]). Pueden utilizarse para tratar residuos de vertederos, explotaciones ganaderas y otras fuentes de materia orgánica, reduciendo la cantidad de metano que se libera a la atmósfera. El metano puede utilizarse como combustible para generar electricidad; capturar y utilizar el metano, en lugar de permitir que se libere a la atmósfera para generar electricidad, puede ayudar a reducir las emisiones de GEI. Estas soluciones no son mutuamente excluyentes y pueden utilizarse conjuntamente para hacer frente a las emisiones de metano. Los biodigestores, la generación de electricidad y las tecnologías de monitorización pueden combinarse como una solución integrada para controlar las emisiones de metano. Por ejemplo, el metano producido por los biodigestores puede utilizarse para generar electricidad, y las tecnologías de monitorización pueden emplearse para garantizar que el sistema funciona de forma eficiente.

En ALC, varios países, entre ellos Brasil, Chile, Colombia, Cuba, México y Paraguay, han establecido normativas relativas al biogás. En el caso de Cuba, el país aún necesita desarrollar políticas para la producción de biogás, a pesar de contar con regulaciones que facilitan la expansión de plantas. Argentina, por su parte, carece de una normativa nacional específica para el biogás. Los países deberían tener en cuenta las distintas escalas de biodigestores adecuadas para sus territorios a la hora de desarrollar marcos normativos para la biodigestión. Por ejemplo, en Chile, el Decreto vigente no menciona regulaciones específicas para los biodigestores domésticos, que operan a una escala de hasta 180 kW de potencia nominal. Esto impone requisitos excesivos a los sistemas diseñados para uso doméstico, lo que obstaculiza los proyectos de empresas familiares y las iniciativas de demostración y educación. Por último, hay que señalar que estas normativas no suelen cumplirse en la región. En muchos casos, los residuos de biogás se entierran, se queman o se envían a vertederos, en lugar de aprovecharse todo su potencial energético y material, como los biofertilizantes (IICA & RedBioLAC, 2013[43]).

Gases fluorados de efecto invernadero (F-gas): tres principales emisores en ALC

Los gases fluorados tienen un impacto significativo en el clima debido a su elevado potencial de calentamiento global, incluso en pequeñas concentraciones. Se utilizan habitualmente como refrigerantes o propulsores en aparatos de aire acondicionado, frigoríficos, sistemas de protección contra incendios y extintores, disolventes y aerosoles, espumas y materiales aislantes (International Climate Initiative (IKI), 2020[44]). Argentina, Brasil y México son responsables de casi el 80% de las emisiones regionales totales de HFC[7], siendo las aplicaciones residenciales responsables del 60% de estas contribuciones, seguidas del 25% del transporte y usos industriales específicos (UNEP and CCAC, 2018[29]).

Es necesaria una mayor cooperación internacional para eliminar progresivamente los gases fluorados. La Enmienda de Kigali de 2016 al Protocolo de Montreal tiene como objetivo reducir gradualmente la producción y el consumo de HFC y lograr una reducción del 80% del consumo de HFC para 2047. Si bien esta enmienda es un paso importante en la dirección correcta, aún se requieren acciones adicionales. Actualmente, 23 países de ALC han aceptado la Enmienda. México ha ratificado la Enmienda de Kigali y ha desarrollado una estrategia nacional para eliminar gradualmente los HFC en sectores como la refrigeración y el aire acondicionado (Ministry of Environment Mexico, 2019[45]). Argentina también ha modificado su normativa e incorporado la exigencia de licencias de importación y exportación de sustancias HFC (Ministry of Environment and Sustainable Development Argentina, 2020[46]).

Los gobiernos de ALC podrían desarrollar y aplicar políticas de transición para acelerar la eliminación progresiva de los gases fluorados en sectores clave como el turismo, el transporte, la construcción y el suministro de alimentos. Estas políticas pueden incluir el establecimiento de objetivos de eliminación gradual con plazos de cumplimiento, la implementación y aplicación de normativas que limiten el uso de gases fluorados (por ejemplo, códigos de construcción que prohíban su uso en nuevas construcciones) (EIA, 2011[47]), y la provisión de incentivos financieros para que empresas y particulares inviertan en alternativas a los gases fluorados, como sistemas de refrigeración que utilicen refrigerantes naturales como el dióxido de carbono o el gas amoníaco, así como materiales aislantes con bajo potencial de calentamiento global (International Climate Initiative (IKI), 2020[44]). El fomento de las mejores prácticas para el almacenamiento y el transporte de alimentos, como los contenedores aislados o mini contenedores, puede contribuir a la reducción de emisiones en el sector del suministro de alimentos. El uso de energías renovables también puede ayudar a reducir la dependencia de los HFC en este sector (Syam et al., 2022[48]). La descarbonización en sectores difíciles de abatir requerirá inversiones en tecnologías como el hidrógeno verde y otros combustibles alternativos bajos en carbono, incluidos los biocombustibles sostenibles (OECD et al., 2022[4]). Los países también podrían considerar la eliminación progresiva de los HFC y de los productos que los contienen, la intensificación de las medidas contra su comercio ilegal y la introducción de buenas prácticas en la gestión de refrigerantes y del final de su vida útil (Yamaguchi, 2023[49]); (UNEP and CCAC, 2018[29]).

Políticas sectoriales

Sector energético: La región de ALC sigue dependiendo en gran medida de los combustibles fósiles.

Dependencia de los combustibles fósiles en ALC

Los combustibles fósiles siguen dominando el suministro energético con un 69% en 2020 en ALC, a pesar de las importantes fuentes de energía hidroeléctrica y de biocombustibles y de su suministro de energía primaria más limpio en comparación con la media mundial. Países como Chile, Colombia, la República Dominicana y Guatemala siguen dependiendo en gran medida de los combustibles fósiles (OECD, 2023[3]). La mayoría de los países caribeños dependen de las importaciones de combustibles fósiles, siendo Trinidad y Tobago, Surinam y Guyana los únicos países caribeños con importantes recursos energéticos nacionales (OECD et al., 2022[4]).

Muchos países de ALC han avanzado significativamente en el desarrollo de mercados de energías renovables y en la diversificación de su matriz energética para reducir la dependencia de los combustibles fósiles y mejorar la resiliencia climática, especialmente en sus sistemas hidroeléctricos. En 2020, las energías renovables representaron el 69% de la generación regional de electricidad (OECD, 2023[3]). El 78% procedía de la energía hidroeléctrica y el 22% de fuentes solares, eólicas, de biomasa y geotérmicas (OECD, 2023[3]). En las dos últimas décadas, América Central ha aumentado su matriz de suministro eléctrico de fuentes de energía renovables del 65% al 77%, seguida del Caribe con un incremento de 3 puntos porcentuales, debido a un aumento de la diversificación de las fuentes de energía renovables; pasando de la energía hidroeléctrica principalmente a cuotas crecientes de energía térmica, eólica y solar. Sin embargo, existen notables diferencias en la región, con países como Paraguay y Brasil generando el 100% y el 84% de su electricidad a partir de energía hidroeléctrica, respectivamente, mientras que Jamaica depende en gran medida de los combustibles fósiles, con un 87% de su energía eléctrica procedente de derivados del petróleo importados (OECD et al., 2022[4]).

Hay algunos avances y esfuerzos positivos en ALC para alejarse de la dependencia de los combustibles fósiles. Por ejemplo, Belice prohibió todas las operaciones petroleras en su zona marítima en 2017 mediante la adopción de la Ley de Moratoria de las Operaciones Petroleras (Zona Marítima) (Government of Belize, 2017[50]). En la COP26, los gobiernos de Costa Rica y Dinamarca lideraron la creación de la Beyond Oil & Gas Alliance (BOGA), una alianza internacional con el objetivo de lograr el manejo de la eliminación gradual de la producción de petróleo y gas, aunque Costa Rica ha reducido su papel de liderazgo en este ámbito (BOGA, 2021[51]); (Rodriguez, 2022[52]). En 2020, Chile publicó su Plan de Eliminación y/o Reconversión de Unidades de Carbón, con el objetivo de eliminar todas las centrales eléctricas de carbón antes de 2040, con una fase inicial establecida para 2024 (IEA, 2021[53]). En junio de 2023, durante el Foro Económico Mundial, Colombia anunció que no aprobaría ningún nuevo proyecto de exploración de petróleo y gas (The Guardian, 2022[54]).

Los países de ALC podrían desarrollar e implementar planes energéticos que prioricen el despliegue y la utilización de fuentes de energía renovables. Transformar la combinación energética de la región es crucial para promover el bienestar y construir sociedades más resilientes. Para lograr una transición exitosa hacia emisiones netas cero, es necesaria una descarbonización sistémica a través de la electrificación en todos los sectores. Estos planes deben considerar varios enfoques para acelerar la transición hacia sistemas energéticos de emisiones netas cero. Invirtiendo en tecnologías renovables, algunos países de ALC pueden reducir su dependencia de los combustibles fósiles importados, proporcionar energía a menor costo y disminuir las emisiones de GEI (OECD et al., 2022[4]).

Al mismo tiempo, algunos países de ALC podrían desarrollar políticas destinadas a ampliar el acceso a la electricidad en la región. Este objetivo mejorará los medios de vida, fomentará el crecimiento económico local inclusivo, aumentará el bienestar y contribuirá a una transición sostenible, inclusiva y justa que aborde las desigualdades sociales históricas. En 2019, el acceso a la electricidad alcanzó el 95,5%, lo que representa un aumento del 15,7% en las últimas dos décadas (OECD et al., 2022[4]).

Podrían establecerse planes de eliminación progresiva de la infraestructura de exploración y producción de combustibles fósiles. El último Reporte sobre la brecha en la producción del PNUMA destaca que la extracción de carbón, petróleo y gas no se ajusta a los límites climáticos acordados ni a los objetivos nacionales de emisiones netas cero en todo el mundo. En la actualidad, los gobiernos tienen previsto producir en 2030 más del doble de combustibles fósiles de lo que sería coherente con la limitación del calentamiento global a 1,5 °C, y un 45% más de lo que sería coherente con la limitación del calentamiento a 2 °C. Además, no hay planes para reducir la producción de combustibles fósiles (UNEP, 2021[55]). Los planes dirigidos a la eliminación progresiva de los combustibles fósiles deberían incluir un calendario para dejar de conceder nuevos permisos para la exploración, producción e infraestructura de combustibles fósiles, así como una eliminación progresiva de todas las subvenciones a los combustibles fósiles (Equitable Climate Action, 2021[56]), y la reorientación de la financiación pública hacia el desarrollo de alternativas bajas en carbono junto con mejoras en la seguridad energética y la eficiencia energética (OECD, 2022[57]). La transición energética debe ser justa e inclusiva, y es importante establecer políticas eficaces que garanticen que las economías en desarrollo, como las de ALC, reciban ayuda financiera y conocimientos tecnológicos para abandonar gradualmente los combustibles fósiles. Los gobiernos deben considerar la implementación de políticas de apoyo a los trabajadores de la industria de los combustibles fósiles y a las comunidades, promoviendo la capacitación y facilitando nuevas oportunidades de empleo (IEA, 2021[58]).

Es necesaria una mayor cooperación internacional en la gestión de la producción de combustibles fósiles para alcanzar los objetivos del Acuerdo de París. En 2017, los gobiernos de Canadá y el Reino Unido lanzaron la Alianza Power Past Coal (PPCA) para avanzar en la transición de la energía del carbón en todo el mundo. De ALC, Costa Rica, El Salvador y Uruguay forman parte de la PPCA y están libres de carbón, mientras que Perú se ha comprometido a eliminar gradualmente el carbón antes de 2025 y Chile y México después de 2025 (PPCA, 2017[59]). En 2022, los Gobiernos de Vanuatu y Tuvalu lanzaron la propuesta de un Tratado de No Proliferación de Combustibles Fósiles (FFNPT, por sus siglas en inglés), que se estructura en torno a tres pilares: i) permitir una transición justa a nivel mundial; ii) evitar la proliferación de carbón, petróleo y gas poniendo fin a toda nueva exploración y producción; y iii) eliminar gradualmente la producción existente de combustibles fósiles en consonancia con el objetivo de 1,5 °C de una manera justa y equitativa. El FFNPT tiene como objetivo complementar el lado de la demanda del

Acuerdo de París, abordando el lado de la oferta de combustibles fósiles y promoviendo la cooperación internacional en apoyo activo (The Fossil Fuel Non-Proliferation Treaty, 2022[60]). Actualmente, esta propuesta ha sido respaldada por ciudades de ALC de Belice, Brasil, Costa Rica, Haití y Perú (The Fossil Fuel Non-Proliferation Treaty, 2022[61]).

Recomendación

- Desarrollar e implementar planes energéticos que prioricen el despliegue y utilización de fuentes de energía renovables, considerando al mismo tiempo ampliar el acceso asequible y confiable a la electricidad.

Establecer e implementar planes de eliminación gradual de la infraestructura de exploracióny producción de combustibles fósiles, incluidas políticas destinadas a redirigir la financiación pública hacia el desarrollo de alternativas bajas en carbono..

Energías renovables en ALC

Los países de ALC deben acelerar sus esfuerzos para alcanzar los objetivos de emisiones netas cero para 2050 mediante el fomento de las energías renovables. En 2020, las energías renovables representarán el 33% del suministro total de energía en la región, frente a la media mundial del 13%. Las principales fuentes de energías renovables en ALC son la energía hidroeléctrica (9%), los biocombustibles como la leña y el bagazo (18,8%), la energía solar y eólica (5,1%) y la geotérmica (0,9%). El gas natural es la segunda fuente de energía, con un 31%, superando ligeramente al petróleo, con un 30%, posiblemente debido a los efectos de la pandemia COVID-19. El carbón representa el 5% y la energía nuclear el 5%. El carbón representa el 5% y la energía nuclear el 1% (OECD et al., 2022[4]).

Garantizar el acceso a la energía en ALC es crucial para una transición ecológica y justa. En ALC, 17 millones de personas aún carecen de acceso a la electricidad, y las zonas rurales se enfrentan a importantes retos. La pandemia de COVID-19 ha exacerbado los retos sociales, provocando un aumento de los niveles de pobreza y desigualdad, afectando especialmente a los precios de los alimentos (OECD et al., 2022[4]). Se espera que la demanda de electricidad en ALC recupere los niveles anteriores a la pandemia entre 2022 y 2024, con un crecimiento medio anual del 3,9% durante el resto de la década (López et al., 2022[62]). De igual forma, se prevé que la capacidad de energía renovable de América Latina aumente un 45% entre 2022 y 2070, y que Brasil represente más del 55% de este crecimiento (IEA, 2022[41]).

Para garantizar el acceso a la electricidad en zonas aisladas y subdesarrolladas, es clave el uso de la generación distribuida eólica y solar fotovoltaica. Varios países de ALC han puesto en marcha programas para promover el acceso a energías limpias en estas zonas, como el Programa Nacional de Electrificación Fotovoltaica de Hogares de Perú, el Programa Nacional de Electrificación Sostenible y Energías Renovables de Nicaragua, el proyecto de Energías Renovables del Interior de Guyana, el proyecto de Electrificación de Comunidades Aisladas de México y el programa Luz para Todos de Brasil (Grottera, 2022[63]). Además, el de Ecuador ha logrado mejoras significativas en los esfuerzos de electrificación fuera de la red a través de la energía solar fotovoltaica en las comunidades locales, proporcionando una solución de electromovilidad para mejorar el transporte a lo largo del río Tupungayo. El proyecto permitió sustituir los motores fueraborda de gasolina por otros eléctricos, lo que mejoró la regularidad de los servicios de las embarcaciones, redujo las emisiones y mitigó los riesgos de contaminación acústica y del agua. Esto supuso un cambio de paradigma en la prestación de servicios básicos (energía, agua y movilidad) para las comunidades locales (OECD et al., 2022[4]).

Varios países de la región de ALC se han comprometido a aumentar el uso de energías renovables no hidráulicas, mejorar la eficiencia energética y proteger los bosques o los ecosistemas costeros mediante NbS, que pueden ayudar a absorber el dióxido de carbono de la atmósfera. Por ejemplo, los países de Sistema de Integración Centroamericana (SICA), conformado por Belice, Costa Rica, El Salvador, Guatemala, Honduras, Nicaragua, Panamá y República Dominicana, estableció en su Estrategia Energética 2030 la meta de diversificar la matriz energética mediante la promoción de inversiones en infraestructura energética y tecnologías limpias, así como el objetivo de incrementar el uso de otras fuentes de energía, en particular la geotérmica, solar, eólica y biomasa moderna. La estrategia también enfatiza el uso racional y eficiente de la energía y apunta a acelerar las mejoras en la eficiencia energética (UN ECLAC and SICA, 2022[64]). Adicionalmente, el SICA ha realizado Diálogos de Alto Nivel para mejorar las asignaciones financieras y priorizar las NbS para responder a procesos adversos y fomentar la resiliencia en un área con más de 60 millones de habitantes (El Pais Costa Rica, 2021[65]).

En ALC debe promoverse el uso de energías renovables en los sectores productivo, de servicios y residencial. Los planes de energía verde deben priorizar el despliegue y uso masivo de energías renovables en estos sectores. Es importante establecer objetivos y proyectos alcanzables que apunten a la transición hacia fuentes de energía renovable y explorar tecnologías sostenibles de bajo costo para la energía limpia en la producción de electricidad, calentamiento de agua, cadenas de frío, aire acondicionado y calefacción. La región debe impulsar la demanda y la oferta de energías renovables, sobre todo teniendo en cuenta, como se ha mencionado anteriormente, que ALC tendrá un crecimiento promedio anual de la demanda de electricidad del 3,9% a lo largo de la década. Se debe mejorar la planificación a largo plazo y la integración regional para maximizar el uso de energías renovables, garantizando al mismo tiempo la seguridad energética (Martínez, 2022[66]). Es importante mencionar que las fuentes de energía renovable tienden a requerir una mayor inversión inicial que los planes alimentados con combustibles fósiles, que se equilibra con menores costes de operación y mantenimiento (O&M), lo que lleva a una disminución del coste total durante la vida útil (Grottera, 2022[63]).

La digitalización ha transformado la forma en que se produce, transmite y consume la electricidad debido al cambio en el comportamiento de los consumidores y a la transformación de la generación de electricidad mediante la descentralización. Es crucial que los reguladores de la región preparen instituciones y marcos para una rápida transformación, con la posibilidad de rediseñar los servicios de red y establecer tarifas que garanticen la recuperación de costes y la asequibilidad en circunstancias cambiantes. Los marcos reguladores podrían integrar los beneficios de la digitalización en otros servicios, como la movilidad eléctrica, y promover el acceso a la financiación y reducir la exposición al riesgo (Grottera, 2022[63]).

Los gobiernos deben fomentar la inversión pública y privada en proyectos de energías renovables aplicando mecanismos que incluyan subsidios, recortes fiscales y políticas públicas destinadas a eliminar progresivamente los subsidios a los combustibles fósiles. Los instrumentos económicos para promover las energías renovables pueden clasificarse en cuatro grupos: i) regulación de precios, una intervención directa del gobierno para fijar el precio de la energía; ii) instrumentos basados en la cantidad, que son regulaciones del mercado que hacen obligatorio un resultado específico, como la cantidad de energía renovable generada; iii) instrumentos fiscales, entendidos como transferencias presupuestarias directas y diversas formas de impuestos como el impuesto sobre el valor añadido o el impuesto sobre el carbono; y iv) instrumentos financieros que incluyen bonos verdes y políticas que proporcionan apoyo financiero a los proyectos de energías renovables, reduciendo el riesgo directo de las inversiones. Los incentivos deben extenderse a empresas productivas, instituciones y hogares, junto con la difusión de información y formación sobre eficiencia energética y renovables (Frédéric Gagnon-Lebrun et al., 2018[67]).

Aunque muchos países de ALC han aplicado exenciones fiscales a los productos y servicios de energías renovables, la adopción de impuestos sobre el carbono sigue siendo limitada. La mayoría de los países de la región han establecido fondos o líneas de crédito especiales para financiar las energías renovables, pero sigue siendo necesario incorporar políticas que aborden aspectos técnicos como el acceso a la red y la integración de las energías renovables en otros sectores, como la vivienda social. Es importante que los países establezcan obligaciones jurídicamente vinculantes o mecanismos de aplicación, similares a los instituidos en Chile, el único país de América Latina que tiene objetivos jurídicamente vinculantes con sanciones claras en caso de incumplimiento y un mecanismo de supervisión y aplicación (Grottera, 2022[63]).

Los procesos de subasta han demostrado su eficacia para introducir las energías renovables en ALC. En 2017, al menos 10 países de ALC habían aplicado políticas de subastas de renovables. Estas subastas suelen implicar contratos a largo plazo (de 15 a 30 años), concursos de tecnologías específicas y un enfoque significativo en la energía solar y eólica. Las políticas de medición neta también han tenido éxito a la hora de animar a los pequeños consumidores a adoptar sistemas de energía renovable. Estas políticas permiten a los consumidores compensar su consumo de electricidad aportando a la red el excedente de electricidad autogenerada, generando créditos que pueden utilizarse posteriormente. Hasta 2018, 17 países de ALC habían implementado políticas de medición neta de electricidad para promover su adopción, por parte de pequeños consumidores como hogares y pequeñas empresas[8] (Hallack and Tolmasquim, 2020[68]).

Es necesario mejorar la cooperación regional e internacional para acelerar el despliegue de las energías renovables. En 2019, 16 países de ALC lanzaron la iniciativa Renovables en América Latina y el Caribe (RELAC) con el objetivo de alcanzar al menos una cuota renovable del 70% en la matriz eléctrica de la región para 2030. Además, los países buscan desarrollar una plataforma de acción climática específica para monitorear las metas climáticas para el sector energético (RELAC, 2019[69]). En el marco de la RELAC, cada país miembro contribuye al objetivo regional, basándose en sus propias NDC y condiciones nacionales. El Banco Interamericano de Desarrollo (BID) y la Agencia Internacional de Energías Renovables (IRENA) brindan apoyo a los países miembros en el desarrollo de sus estrategias de transición energética, la identificación de brechas y la priorización de inversiones para superar las barreras institucionales, legales, de planificación, financieras, técnicas y regulatorias. Además, la RELAC contribuye a la expansión e integración del sector energético regional estableciendo el objetivo común de acelerar la neutralidad de carbono de los sistemas eléctricos en ALC, desarrollando marcos normativos e institucionales comunes y mejorando la coordinación entre agencias mediante la identificación de necesidades de asistencia técnica, la difusión de mejores prácticas y la canalización de recursos de financiación climática (IRENA, 2022[70]); (RELAC, 2019[69]).

Recomendación

- Adoptar tecnologías sostenibles de bajo costo para la energía limpia utilizada en la producción de electricidad, calentamiento de agua, cadenas de frío, aire acondicionado y calefacción.

Expansión de la eficiencia energética en ALC.

La eficiencia energética es la forma más rentable y escalable de abordar los objetivos de seguridad energética y cambio climático, incluida la reducción de las emisiones de GEI. En ALC, el crecimiento económico está estrechamente vinculado al consumo energético, ya que un mejor acceso a la energía mejora la calidad de vida de muchas personas. Sin embargo, la eficiencia energética no ha sido una prioridad en la región debido a la abundancia de recursos renovables (como la hidroeléctrica y la geotérmica en América Central, así como la eólica y la solar) y de hidrocarburos en algunos países (IEA and UN ECLAC, 2015[71]); (Enerdata, 2023[72]). El porcentaje del presupuesto familiar dedicado a la energía oscila entre el 7% y el 9% de los ingresos, y en el caso de los hogares más pobres puede superar el 24%, a menudo centrado en los gastos de electricidad y gas. Aunque garantizar el suministro energético es importante, no lo es menos analizar el papel de una demanda más eficiente y flexible para garantizar una energía asequible y fiable. Una energía asequible es esencial para garantizar el acceso a los servicios energéticos básicos, como la iluminación, la cocina limpia, la refrigeración de espacios, la calefacción y el transporte. Al mismo tiempo, la reducción de la factura energética contribuye a mantener el acceso a estos servicios. La eficiencia energética y otras medidas de gestión de la demanda, como el desplazamiento de la carga y la conservación, pueden aportar beneficios a corto y largo plazo al sistema energético y a los consumidores al reducir la demanda, los costes y las emisiones, y evitar la necesidad de soluciones más costosas por el lado de la oferta (IEA, 2023[73]).

América Latina ha intensificado la aplicación de medidas e inversiones en eficiencia energética. La Base de Información sobre Eficiencia Energética, desarrollada en 2011 por la Comisión Económica para América Latina y el Caribe de las Naciones Unidas (CEPAL) y la Agencia Francesa para la Transición Ecológica (ADEME), realiza un seguimiento de las tendencias de la eficiencia energética en los países latinoamericanos y ha observado un aumento del 70 % de las medidas de eficiencia energética desde 2010 y del 30 % desde 2019. Además, el 30% de las medidas son horizontales, es decir, no son sectoriales. Entre las medidas sectoriales, los hogares representan el 33%, seguidos del transporte con un 25%, los servicios con un 23% y la industria con un 19% (Enerdata, 2023[72]). Energía La eficiencia energética se traduce en ahorros presupuestarios, ya que la mayoría de los países de ALC subsidian los precios de la energía. Los gobiernos de ALC deberían desarrollar programas de ahorro energético, como planes de sustitución de electrodomésticos, para sacar a las familias de la pobreza energética y, al mismo tiempo, generar ahorros presupuestarios públicos (IEA, 2023[73]).

Uno de los principales retos a los que se enfrentará la región es la adaptación a las interrupciones del suministro hidroeléctrico provocadas por el cambio climático. La energía hidroeléctrica representa el 45% del suministro eléctrico de la región. Es probable que Argentina, Chile, Costa Rica, Guatemala, México y Panamá experimenten una disminución constante de sus factores de capacidad hidroeléctrica debido a los cambios en los regímenes de precipitaciones. Brasil, Paraguay, Uruguay y Venezuela también experimentarán un ligero descenso de sus factores de capacidad hidroeléctrica. Por otro lado, se espera que Colombia, Ecuador y Perú tengan un ligero aumento de los factores de capacidad hidroeléctrica debido al aumento de las precipitaciones y del volumen de escorrentía en promedio (IEA, 2021[74]). Para hacer frente a este problema, los países de la región deben mejorar la resiliencia de sus centrales hidroeléctricas y adaptarse a las cambiantes condiciones climáticas. Aunque no existe una solución única para todos los casos, una combinación adaptada de medidas de resiliencia basada en una evaluación exhaustiva del riesgo y el impacto climáticos ayudará a aumentar su resiliencia. Estas medidas pueden incluir disposiciones estratégicas, operativas y físicas categorizadas como "blandas", que consisten en estrategias, políticas y acciones relacionadas con la planificación, la gestión operativa y la recuperación del sistema hidroeléctrico, y "duras", que están asociadas a la mejora física de los activos, como las mejoras técnicas y estructurales de las centrales hidroeléctricas (IEA, 2021[74]).

Es importante que los países de ALC desarrollen políticas, programas y marcos institucionales específicos para conseguir ahorros energéticos, superar las barreras a la eficiencia energética e impulsar el mercado de productos y servicios energéticamente eficientes. Los países con las mayores mejoras históricas de eficiencia energética, como México, Brasil y Chile, han desarrollado marcos institucionales específicos para desarrollar, seguir y mejorar las políticas y programas de eficiencia energética. Los gobiernos de ALC necesitan establecer una recogida regular de datos y desarrollar indicadores, así como campañas de concienciación y programas educativos sobre eficiencia energética. Los países de la región también pueden aplicar normas y programas de etiquetado para conseguir ahorros energéticos en productos como el aire acondicionado y los motores eléctricos. Argentina, Colombia, México, Panamá, Uruguay y los países del SICA han introducido normas y marcos de etiquetado para electrodomésticos y motores eléctricos (IEA, 2023[73]).

La eficiencia energética puede ser una importante fuente de empleo local. El último reporte sobre el empleo en el sector energético mundial señaló que la eficiencia energética en todo el mundo representó 10,9 millones de puestos de trabajo equivalentes a tiempo completo en 2019. En América Latina, los empleos directos en eficiencia energética representaron alrededor del 8% de los empleos del sector energético. En América Central y del Sur, el 33% de los empleos relacionados con la eficiencia energética se encuentran en el sector de la construcción, y alrededor del 25% en el sector manufacturero (IEA, 2022[75]). Al mismo tiempo, la OIT ha destacado que la descarbonización tiene el potencial de crear 15 millones de nuevos empleos en ALC para 2030 (Saget, Vogt-Schilb and Luu, 2020[76]).

Recommendation

- Intensificar políticas, programas y marcos institucionales específicos para mejorar la eficiencia energética. Aplicar estándares y programas de etiquetado para ofrecer productos energéticamente eficientes, como aire acondicionado y motores eléctricos.

Los biocombustibles son una oportunidad en ALC

Los biocombustibles desempeñan un papel crucial en la descarbonización del transporte al ofrecer una solución baja en carbono para las tecnologías existentes, en particular los vehículos ligeros a corto plazo y los camiones pesados, barcos y aviones con opciones alternativas limitadas a largo plazo. En 2021, los biocombustibles representaban el 3,5% de la demanda mundial de energía para el transporte, principalmente en el transporte por carretera (IEA, 2022[77]). En 2011, los principales productores de bioetanol y biodiésel en ALC fueron Brasil, Argentina y Colombia. En 2021, Brasil era el segundo productor mundial de biocombustibles, mientras que Argentina ocupaba el octavo lugar (UN ECLAC, 2011[78]); (Statista, 2022[79]). Según el análisis y las previsiones de la AIE sobre energías renovables hasta 2027, se esperaba que la demanda mundial de biocombustibles fuera un 6% mayor en 2022 que en 2021, y la demanda de etanol aumentó en un 4% en Brasil durante 2021-2022, donde el aumento de los precios de la gasolina y el gasóleo acelera la demanda de biocombustibles. Además, Brasil, junto con EE.UU., Canadá, Indonesia e India, representan el 80% de la expansión mundial del uso de biocombustibles (IEA, 2022[41]).

Se espera que los biocombustibles producidos a partir de desechos y residuos cubran el 45% de la demanda mundial total de biocombustibles en 2030. América Central y del Sur producen aproximadamente el 28% de los biocombustibles líquidos mundiales. Argentina, Brasil, Colombia y Guatemala producen el 24% del biodiésel y el 29% del etanol a nivel mundial (IEA Bioenergy, 2023[80]). La producción de biocombustibles se basa principalmente en materias primas convencionales como la caña de azúcar, el maíz y la soja. Para mitigar el impacto sobre el uso de la tierra, los precios de los alimentos y los piensos, es importante transformar la producción de biocombustibles mediante el avance de las materias primas. Las nuevas tecnologías, como el etanol celulósico y el Fischer-Tropsch basado en la biomasa (bio-FT), pueden utilizar materias primas no alimentarias para producir biocombustibles bajos en carbono para el sector del transporte. Será necesario ampliar las tecnologías que convierten las materias primas leñosas en biocombustibles (IEA, 2022[77]).

Los biocombustibles tienen el potencial de reducir significativamente el consumo mundial de petróleo en el transporte por carretera. En conjunto, los biocombustibles evitan el 4% del uso mundial de petróleo en el transporte por carretera (2 millones de barriles de petróleo), y casi el 60% de la demanda de biocombustibles procede de las economías avanzadas (IEA, 2022[77]). En Brasil, los biocombustibles representan el 25% de sus combustibles para el transporte, siendo el bioetanol el más importante, con un 49% de la energía combinada del uso de gasolina y etanol. El uso de biodiésel también está aumentando, con el objetivo de sustituir al diésel en los vehículos pesados. En 2019, el biodiésel en Brasil representaba el 9,6% de la energía utilizada en el diésel. Brasil tiene una gran flota de vehículos flex-fuel que pueden funcionar con gasohol (una mezcla de gasolina y etanol anhidro) o etanol hidratado (IEA Bioenergy, 2021[81]); (OECD/FAO, 2019[82]).

Argentina, Bolivia, Brasil, Colombia, Ecuador, Paraguay, Perú y Uruguay son considerados por la AIE como países que cuentan con programas de biocombustibles sólidos y plenamente implementados, con un mandato de mezcla en vigor, un mercado regular de biocombustibles establecido y terminales de combustibles líquidos que operan con normalidad. Costa Rica, Guatemala y México han aprobado leyes y reglamentos para promover el uso de biocombustibles, algunos con calendarios y programas para adoptar mandatos de mezcla. Sin embargo, persisten los debates entre consumidores, distribuidores de combustible y productores de biocombustibles sobre la conveniencia, los riesgos y las ventajas de los biocombustibles. Mientras que Argentina, Brasil y Colombia han implantado plenamente programas de biocombustibles, Guatemala aún no ha adoptado un programa nacional de biocombustibles y tiene previsto introducir una mezcla del 10% de etanol en la gasolina para 2024 (IEA Bioenergy, 2023[80]).

Deben desarrollarse e implementarse marcos de sostenibilidad en ALC para garantizar que los biocombustibles cumplan rigurosos requisitos de sostenibilidad verificados a través de la certificación por terceros de las cadenas de suministro de biocombustibles, incluido el análisis del ciclo de vida de las reducciones de emisiones de GEI. Brasil, a través de su Programa de Política Nacional de Biocombustibles (RenovaBio) de 2017, establece objetivos anuales de descarbonización, determinados por el gobierno federal, y los asigna entre los distribuidores de combustible en función de su cuota de mercado. Los productores de etanol, biodiésel y biogás tienen certificada la reducción de sus emisiones de CO_2 por empresas independientes que utilizan el análisis del ciclo de vida (ACV) del modelo RenovaCalc para evaluar la eficiencia medioambiental. Reciben calificaciones que determinan la emisión de créditos de mitigación (CIBIOs) correspondientes a su producción, que pueden negociarse en bolsa. Los distribuidores de combustible necesitan estos créditos para cumplir los objetivos de descarbonización, o pueden enfrentarse a acciones legales. Desde el lanzamiento del programa en 2020, se han emitido 75 millones de CIBIO (IEA Bioenergy, 2023[80]).

Los gobiernos de ALC deben garantizar una sólida gobernanza de la sostenibilidad vinculada al apoyo a las políticas de biocombustibles, establecer mandatos, objetivos de reducción de la intensidad de las emisiones de GEI y aplicar precios del carbono e incentivos financieros alineados con una trayectoria neta cero. Debe darse prioridad a la expansión de los combustibles basados en residuos y desechos, a los combustibles con menores emisiones de GEI y a tecnologías como la captura y el almacenamiento de carbono. Otras medidas pueden incluir garantías de préstamos y cuotas específicas de biocombustibles para combustibles emergentes (IEA, 2022[77]).

La cooperación internacional puede facilitar el desarrollo de mejores prácticas, coordinar la investigación, la aplicación de políticas y el despliegue, así como promover normas comunes de sostenibilidad para acelerar la adopción de biocombustibles. Entre las iniciativas clave a este respecto se encuentra la Iniciativa de la Plataforma Biofuture, lanzada en 2020, cuyo objetivo es promover una bioeconomía avanzada con bajas emisiones de carbono que sea sostenible, innovadora y escalable. Esta iniciativa fomenta el consenso sobre la sostenibilidad de la biomasa, promueve las mejores prácticas, permite la financiación y fomenta la cooperación internacional. Argentina, Brasil, Chile, Costa Rica, México, Panamá, Paraguay y Uruguay forman parte de esta iniciativa (Biofuture Platform, 2020[83]). El Programa de Bioenergía de la AIE también desempeña un papel importante en la mejora de la cooperación y el intercambio de información entre los países con programas nacionales de investigación, desarrollo e implantación de la bioenergía. Brasil es actualmente el único país de ALC que participa en esta iniciativa (IEA Bioenergy Programme, n.d.[84]). Además, la Asociación Mundial de la Bioenergía, lanzada en 2006, reúne a actores públicos, privados y de la sociedad civil en un compromiso conjunto para promover la bioenergía para el desarrollo sostenible. Argentina, Brasil, Colombia, México y Paraguay son socios de esta iniciativa, mientras que Chile, El Salvador, Panamá, Perú y Uruguay actúan como observadores (Global Bioenergy Partnership, 2006[85]).

Hidrógeno verde y bajo en carbono (GLCH) en ALC

Es necesario promover la viabilidad comercial del Hidrógeno verde y bajo en carbono (GLHC, por sus siglas inglés)[9]. en Aunque el hidrógeno ya se utiliza y es económicamente viable para diversas aplicaciones, su producción actual depende de los combustibles fósiles. La región de ALC tiene un importante potencial a largo plazo para producir grandes volúmenes de hidrógeno competitivo bajo en carbono y exportarlo a otros mercados globales, lo que la convierte en una región crucial para un futuro global de emisiones netas cero. Es importante señalar que, a pesar de que el hidrógeno no emite CO_2 en la fase de uso final, los procesos de producción actuales son responsables de grandes volúmenes de emisiones en la región. En particular, los sectores industrial y de refino de petróleo de la región contribuyen en un 5% a la demanda mundial de hidrógeno, empleado predominantemente en la producción de amoníaco, metanol, acero y productos petrolíferos refinados. El proceso de producción de hidrógeno en la región para 2019 consumió más gas natural que todo el suministro en Chile, lo que resultó en la liberación de más CO_2 a la atmósfera que las emisiones acumuladas de los vehículos de carretera de Colombia. Además, cerca del 90% de la demanda de hidrógeno en la región de ALC en 2019 se concentró en Argentina, Brasil, Chile, Colombia, México y Trinidad y Tobago, que representaron más del 40% de la demanda total de hidrógeno (IEA, 2021[86]).

La región necesita generar una demanda a gran escala de GLCH, como materia prima y combustible alternativo, creando un círculo virtuoso entre los esfuerzos de descarbonización y el desarrollo industrial sostenible. La región de ALC tiene un inmenso potencial para la producción de hidrógeno verde, tanto para el consumo interno como para la exportación, gracias a sus abundantes recursos eólicos, solares, geotérmicos e hídricos. Además, la posición geográfica estratégica de ALC permite acceder a los mercados de Europa, Asia y Norteamérica. La utilización del GLCH tiene la capacidad de ayudar a los países a descarbonizar sectores difíciles de eliminar, como la industria y el transporte, que contribuyen a casi el 50% de las emisiones mundiales de GEI. Estas iniciativas ofrecen importantes oportunidades para una transición energética equitativa que sitúe a las comunidades en el centro, amplíe el acceso a la energía, genere nuevos empleos verdes, promueva la participación de los grupos marginados, avance en la igualdad de género, refuerce la seguridad energética y amortigüe a los consumidores frente a la volatilidad de los precios de los combustibles fósiles (Christiaan Gischle et al., 2023[87]).

El despliegue del hidrógeno verde puede reducir la dependencia económica de los países de ALC de las exportaciones de petróleo y gas, reducir la volatilidad de los precios de la energía y proporcionar estabilidad a la red permitiendo el almacenamiento de energía y añadiendo energía renovable a la red, especialmente en países que sufren problemas de intermitencia asociados a las fuentes de energía renovables. Países como Argentina, Bolivia, Brasil, Chile, Colombia, Costa Rica, México y Perú tienen un gran potencial para desarrollar una industria del hidrógeno verde competitiva. Estos países tienen ventajas en el mercado del hidrógeno debido a su abundancia de energías renovables de bajo coste y a una combinación de electricidad relativamente limpia. Apoyar el compromiso del sector privado y promover una agenda regional podría fomentar sinergias para aumentar la competitividad y apoyar el desarrollo de la industria en la región (OECD et al., 2022[4]).

Aumentar la producción, el consumo y la exportación de GLCH puede acelerar la transición energética en ALC. El hidrógeno tiene el potencial de servir como materia prima y combustible de baja o nula emisión de carbono, facilitando el abandono de los combustibles fósiles, especialmente en vehículos pesados y maquinaria. Asimismo, como materia prima, el hidrógeno puede desempeñar un papel en la producción de combustibles sintéticos, potenciando o mejorando los procesos de combustión de los biocombustibles, por ejemplo. El hidrógeno también puede desempeñar un papel crucial en la transición energética de ALC, proporcionando una solución energética más sostenible, permitiendo la producción de alimentos y acelerando la descarbonización de la economía. Además, el hidrógeno y el amoníaco pueden actuar como sustitutos de los combustibles fósiles en el sector de la generación de energía, así como en el transporte pesado, aéreo y marítimo y en la fabricación de fertilizantes Si bien en 2019 solo había tres proyectos piloto de hidrógeno en América Latina, ubicados en Argentina, Chile y Costa Rica, la región ha desarrollado actualmente una cartera de más de 60 proyectos hasta octubre de 2021, con el objetivo de exportar hidrógeno a Europa y Asia, aunque la mayoría de ellos se encuentran todavía en una fase inicial (Oxford Business Group (OGB), 2022[88]); (IEA, 2022[89]). En junio de 2022, la provincia argentina de Tierra del Fuego esbozó planes para desarrollar una industria de hidrógeno y amonio. La provincia intenta utilizar los vastos recursos eólicos de la región para atraer inversiones por valor de 6.000 millones de dólares en tecnologías para producir el combustible, incluida la inversión en parques eólicos para generar electricidad con la que producir hidrógeno. Una vez establecido, parte del hidrógeno del proyecto se utilizará para producir amoníaco, que además de servir para crear fertilizantes, también puede servir como combustible portador para transportar hidrógeno a través de ramales hasta los mercados (Oxford Business Group (OGB), 2022[88]).

En 2021, sólo el 33% de los 11 países de ALC habían publicado o estaban elaborando estrategias y hojas de ruta nacionales sobre el hidrógeno. Estos marcos estratégicos desempeñan un papel fundamental a la hora de dirigir el desarrollo del hidrógeno hacia sectores y aplicaciones acordes con el contexto específico de cada país. Ayudan a identificar oportunidades a corto, medio y largo plazo, al tiempo que esbozan los requisitos previos en materia de reglamentación, infraestructuras y competencias. Los países de ALC también podrían establecer políticas de apoyo que faciliten el despliegue inicial de tecnologías críticas, ofrezcan mecanismos financieros para proyectos en fase inicial y apliquen estrategias de gestión de riesgos adaptadas a las distintas fases de los proyectos. Estos esfuerzos deberían extenderse más allá de la reducción de emisiones, con un fuerte enfoque en Investigación y Desarrollo (I+D) (IEA, 2021[86]). Chile lanzó una Estrategia Verde del Hidrógeno en 2020 con el objetivo de establecer 5 GW de capacidad de electrolizadores para 2025 y 25 GW para 2030. Su objetivo es producir el hidrógeno más barato del mundo en 2030 y convertirse en uno de los tres principales exportadores de hidrógeno del mundo en 2040. La Estrategia Nacional y la Hoja de Ruta del Hidrógeno de Colombia pretenden facilitar el desarrollo de una industria del hidrógeno verde, que proporcione hidrógeno verde competitivo en costes para 2030. La estrategia también contempla la producción de hidrógeno azul mediante la captura, utilización y almacenamiento de carbono (CCUS, por sus siglas en inglés) para capturar las emisiones. Además, Argentina, Bolivia, Brasil, Costa Rica, El Salvador, Panamá, Paraguay, Trinidad y Tobago y Uruguay están preparando planes nacionales de hidrógeno (OECD et al., 2022[4]).

Los países de ALC pueden integrar el hidrógeno en los marcos políticos, institucionales y jurídicos. Es fundamental que los países comprendan la cadena de valor y el potencial individual dentro de cada país para desarrollar el hidrógeno verde. Es esencial analizar a fondo los casos de negocio, los factores económicos, los beneficios y los riesgos, prestando especial atención a los factores de coste. Este escrutinio permite la creación de modelos de negocio sólidos y la validación de aplicaciones adecuadas a nivel nacional. Por último, para impulsar el desarrollo del hidrógeno verde es esencial identificar las políticas adecuadas para colmar las lagunas de viabilidad y cultivar unas condiciones de mercado y unos mecanismos de financiación favorables (Cordonnier and Saygin, 2022[90]).

Los gobiernos de ALC podrían desarrollar políticas destinadas a transformar los centros industriales y petroquímicos existentes en los que actualmente se consume hidrógeno gris para iniciar el despliegue y la producción de hidrógeno verde. Los centros petroquímicos podrían utilizar el GLCH para producir amoníaco, que puede utilizarse como materia prima para fertilizantes o como combustible para nuevas aplicaciones, como el transporte marítimo. También puede utilizarse para producir metanol, combustibles sintéticos o incluso como agente reductor para sustituir al carbón en la producción de hierro (IRENA, 2022[91]). Además, las refinerías utilizan el hidrógeno para reducir el contenido de azufre del gasóleo, así como en la desulfuración del petróleo crudo para fabricar gasolina, gasóleo y otros productos químicos (ITM Power, 2020[92]).

La región de ALC tiene potencial para convertirse en un centro industrial de hidrógeno verde, teniendo en cuenta la creciente demanda mundial de hidrógeno en consonancia con el aumento

de la población mundial, la industrialización y la urbanización. Las infraestructuras de petróleo y gas existentes pueden reutilizarse para dar cabida a proyectos de CCU y almacenamiento. Los países de ALC con industrias de gas natural consolidadas pueden estar bien situados para producir y exportar hidrógeno azul, mientras que aquellos con importantes recursos solares y eólicos pueden hacer la conversión a hidrógeno verde. Los países de ALC que son productores de combustibles fósiles pueden tener la oportunidad de compensar los importantes gastos de capital necesarios para desarrollar una industria del hidrógeno reutilizando las infraestructuras de petróleo y gas existentes (OECD et al., 2022[4]).

El GLCH puede utilizarse para descarbonizar sectores difíciles de eliminar, como el químico, el siderúrgico, el transporte de mercancías por carretera, la aviación y el transporte marítimo, en los que actualmente no existen alternativas viables a los combustibles fósiles. El hidrógeno podría apoyar la descarbonización del transporte pesado, sustituyendo a los camiones mineros diésel en países como Chile, Colombia y Perú (OECD et al., 2022[4]). El hidrógeno verde y sus productos derivados pueden permitir la alineación de estos sectores con el objetivo de emisiones netas cero. En los escenarios de emisiones netas cero, el uso del hidrógeno suele priorizarse para sectores industriales difíciles de eliminar con elevadas necesidades de calor de proceso que no pueden satisfacerse con otras alternativas bajas en carbono (Cordonnier and Saygin, 2022[90]).

En el sector marítimo, la adopción del hidrógeno, los combustibles basados en el hidrógeno, como el amoníaco, y las tecnologías conexas ofrece una ruta tangible para lograr la descarbonización y reducir la contaminación atmosférica de las flotas mundiales. Para facilitar esta transición, es esencial una sólida cooperación entre todas las partes interesadas, incluidos los armadores, los constructores navales, los productores de combustible y las autoridades portuarias. Será crucial desarrollar un marco político coherente y duradero, junto con una legislación que imponga el uso de combustible y obligaciones de infraestructura a partir de cierto umbral. El éxito de la descarbonización del transporte marítimo depende en gran medida de la creación oportuna de capacidades de almacenamiento de hidrógeno ecológico en los puertos, con el apoyo de objetivos específicos para el hidrógeno y los combustibles a base de hidrógeno en la demanda total de combustible del sector. Además, la integración del sector marítimo en los Sistemas de Comercio de Emisiones (ETS) podría resultar decisiva para frenar las emisiones de CO_2, limitar las fugas de carbono y acelerar el cambio hacia fuentes de combustible más limpias (Hydrogen Europe, 2021[93]). Algunos países en fases avanzadas de despliegue de energías renovables variables (ERV) también están considerando su uso para mejorar la flexibilidad del sistema eléctrico, ya que el hidrógeno verde proporciona un medio para el almacenamiento estacional a largo plazo, por ejemplo mediante la producción de combustibles sintéticos (Cordonnier and Saygin, 2022[90]).

El desarrollo de una industria del hidrógeno en ALC requerirá proyectos de demostración o proyectos pioneros patrocinados por los gobiernos, así como la colaboración con la industria a nivel nacional y regional para crear demanda en el mercado, un factor clave para conseguir financiamiento para los proyectos de hidrógeno. Al mismo tiempo, es vital que los países evalúen las posibles repercusiones ambientales, los riesgos, los impactos y las medidas de mitigación de las actividades relacionadas con la producción, el almacenamiento y el transporte de hidrógeno ecológico. La cooperación regional en el desarrollo de infraestructuras de hidrógeno, la regulación transfronteriza y los acuerdos de libre comercio son esenciales para apoyar la creación de demanda con el fin de aumentar la viabilidad comercial de las industrias regionales del hidrógeno (IEA, 2021[86]); (OECD et al., 2022[4]). El diálogo regional, que implica a un amplio espectro de partes interesadas, pero especialmente a los reguladores energéticos, es clave para que América Latina pueda explotar las sinergias en los futuros patrones de producción y demanda de hidrógeno (Mariano Berkenwald & Jose M Bermudez, 2020[94]).

Existen varios riesgos relacionados con el uso del hidrógeno tanto para los seres humanos como para el medio ambiente. La producción de hidrógeno verde requiere una cantidad significativa de agua y podría agravar la escasez de agua existente, en algunas zonas donde el agua escasea. Aunque el uso de agua desionizada producida por plantas desalinizadoras puede reducir la demanda de agua dulce, genera la necesidad de verter una corriente de salmuera en las fuentes de agua y los suelos. La producción de amoníaco y metanol genera residuos y a menudo implica el uso de catalizadores y otros productos químicos que pueden ser tóxicos o nocivos para el medio ambiente, contaminando potencialmente las fuentes de agua y los suelos durante la producción y el transporte. Además, la producción de energía renovable, necesaria para alimentar la electrólisis, suele requerir grandes cantidades de tierra, lo que podría conducir a la conversión de hábitats naturales o tierras agrícolas y plantear impactos negativos sobre la biodiversidad y la seguridad alimentaria. Los cambios en el uso del suelo impulsados por los proyectos de hidrógeno verde a gran escala y las explotaciones de energías renovables a gran escala conexas pueden provocar la pérdida de espacios naturales, lo que se traduce en un aumento de la vulnerabilidad, la seguridad de la comunidad y los riesgos e impactos relacionados con la salud (Signoria and Barlettani, 2023[95]). Por último, el hidrógeno es un gas altamente inflamable, y también puede presentar un riesgo significativo para la seguridad de los trabajadores durante su producción, transporte y almacenamiento.

Recomendación

- Implementar políticas para crear y aumentar la demanda necesaria de hidrógeno verde y bajo en carbono como materia prima y combustible alternativo, creando un círculo virtuoso entre los esfuerzos de descarbonización y el desarrollo industrial sostenible.

Minería sostenible para una transición justa y ecológica

Alcanzar las emisiones netas cero para 2050 significa cuadruplicar el suministro de minerales para energías limpias específicamente para 2040 (IEA, 2022[96]). ALC tiene potencial para convertirse en un actor importante en el suministro de minerales clave para la transición energética. Los minerales plantean una preocupación creciente porque no son renovables y sus yacimientos suelen estar agrupados geográficamente, lo que convierte la seguridad del suministro en un riesgo potencial. La dependencia de los mercados emergentes políticamente estables para el abastecimiento de minerales se ha intensificado con el declive de los yacimientos económicamente competitivos en las naciones desarrolladas, y esta creciente demanda de los mercados emergentes, unida a la necesidad de minerales raros en las tecnologías emergentes, junto con las limitadas opciones de sustitución en diversas aplicaciones y las bajas tasas de reciclaje, ha acentuado la vulnerabilidad de las economías ante posibles interrupciones del suministro (Coulomb et al., 2015[97]).

En 2017, la región poseía el 61% de las reservas mundiales de litio, el 39% de las reservas mundiales de cobre y el 32% de las reservas mundiales de níquel y plata. Argentina, Chile y Bolivia poseen las mayores reservas mundiales de litio, y hay zonas en la región donde se puede producir hidrógeno a muy bajo coste. Chile y Perú también cuentan con importantes reservas de cobre necesarias para la fabricación de vehículos eléctricos (VE) (OECD et al., 2022[4]). Históricamente, la minería ha representado entre el 13% y el 19% de la inversión extranjera directa recibida por América Latina. En la actualidad, ALC aporta el 35% del suministro mundial de litio, con Chile representando el 26% y Argentina el 6%. Las principales reservas de litio en ALC se concentran en Argentina (21%) y Chile (11%), mientras que los recursos de litio sin explotar en Bolivia siguen estando económicamente restringidos debido a las limitaciones de las infraestructuras. La región también es prometedora para la producción de grafito, níquel, manganeso y elementos de tierras raras. A pesar de que Brasil cuenta con aproximadamente una quinta parte de las reservas mundiales de cada uno de estos recursos, sus niveles de producción actuales constituyen sólo una pequeña fracción: el 0,2% para los elementos de tierras raras y el 7% para el grafito de la producción total de minerales (Bernal, Husar and Bracht, 2023[98]).

Las operaciones mineras en ALC se han relacionado con la contaminación del agua, el aire y el suelo, la deforestación y la pérdida de biodiversidad, así como con conflictos por el uso del agua

y la tierra o la falta de participación de las comunidades (Morales Munoz et al., 2023[99]). El cambio en el uso del suelo, el uso del agua y la generación de residuos son los tres principales retos presentes en toda la cadena de valor de la minería. No obstante, las actividades mineras también conllevan otros impactos ambientales, como la contaminación atmosférica y acústica debida a las voladuras y las actividades de transporte (IEA, 2022[96]). Es importante integrar estratégicamente las consideraciones ambientales en las primeras fases de la planificación de los proyectos para garantizar la adopción de prácticas sostenibles y la aceptación de estas prácticas por parte de las comunidades locales. Los proyectos mineros en la región a menudo se enfrentan a una fuerte oposición por parte de las comunidades locales, y aproximadamente el 45% de los conflictos mineros se producen en ALC, donde las operaciones se sitúan con frecuencia en las proximidades de ecosistemas ecológicamente sensibles y biodiversos que también pueden albergar comunidades vulnerables. El uso de maquinaria pesada necesaria para las actividades mineras puede aumentar el potencial de conflictos y desafíos. Además, teniendo en cuenta las disparidades de riqueza dentro de la región de ALC, los beneficios locales percibidos de los proyectos mineros, o la falta de ellos, pueden contribuir al malestar social, dando lugar a protestas que detengan las operaciones mineras en curso o retrasen nuevos desarrollos (Bernal, Husar and Bracht, 2023[98]).

Para alcanzar todo su potencial, los gobiernos de ALC podrían reforzar el cumplimiento de las actividades mineras con elevados estándares ambientales, sociales y de gobernanza (ASG) y promover formas de generar beneficios tangibles para las comunidades locales (Bernal, Husar and Bracht, 2023[98]). La región de ALC tiene la oportunidad de ampliar su producción de materiales críticos como los elementos de tierras raras, esenciales para los motores de los vehículos eléctricos y las turbinas eólicas, y el níquel, un componente clave de las baterías. La creación de marcos que atraigan mayores inversiones en actividades de minería y procesamiento será fundamental para el éxito. Esto requiere el desarrollo de normativas e incentivos claros, al tiempo que se garantiza el estricto cumplimiento de las normas ESG. De este modo, la región podrá prevenir y mitigar eficazmente los impactos adversos tanto sobre el medio ambiente como sobre las comunidades locales. Además, la mejora de los estudios geológicos nacionales para incluir los minerales críticos relacionados con la energía podría apoyar en gran medida las futuras campañas de exploración. Por ejemplo, Chile ofrece datos geológicos completos de código abierto a través de su servicio SERNAGEOMIN, con puntos focales regionales y específicos de minerales. En Brasil, el Departamento de Geología (DIPEME) ha creado una división dedicada a los minerales críticos, que emite reglamentos destinados a agilizar los procesos administrativos de los proyectos mineros estratégicos, centrados especialmente en el litio, los elementos de tierras raras, el grafito, el cobre y el cobalto. Colombia, por su parte, ha desarrollado recientemente una hoja de ruta estratégica, la Ruta del Cobre, diseñada para ampliar la industria nacional del cobre (Bernal, Husar and Bracht, 2023[98]).

El sector minero necesita emprender una transformación para salvaguardar el medio ambiente y, al mismo tiempo, impulsar las tasas de reciclaje de minerales y su sustituibilidad. Los gobiernos desempeñan un papel crucial a la hora de fomentar la adopción de tecnologías y prácticas innovadoras en la industria minera. A escala mundial, la minería representa aproximadamente el 11% del consumo total de energía. Para hacer frente a este problema, las empresas pueden incorporar fuentes de energía renovables en las operaciones de procesamiento, refinado y transporte de minerales. También pueden adoptar medidas innovadoras para minimizar el consumo de agua, mejorar la gestión de residuos y reducir su impacto ambiental. Además, la industria debería centrarse en innovaciones que reduzcan la demanda de minerales fomentando el reciclaje y aplicando nuevas tecnologías y procesos industriales que consuman menos recursos (Marchan, 2019[100]). Los gobiernos pueden promover la mejora de la eficiencia de los recursos estimulando la transición hacia una economía circular en el uso de materiales. Además, pueden prestar un apoyo significativo a la industria metalúrgica eliminando las ayudas a la extracción y el procesamiento primarios para estimular los metales reciclados y reutilizados (el sector de los metales secundarios) (McCarthy and Börkey, 2018[101]).

Recomendación

- Asegurar que la creciente demanda de minerales críticos, utilizados para desarrollar tecnologías energéticas bajas en carbono, junto con la posición estratégica de la región, permita un modelo integral de minería sustentable, con bajo impacto ambiental, bienestar para las comunidades locales y vinculación en cadenas de valor regionales que permitan su transformación y la producción de bienes finales de alto valor agregado.

El transporte en ALC: varios desafíos comunes

Los países de ALC se enfrentan a varios retos comunes en relación con el sector del transporte. En la actualidad, el transporte es responsable del 14,4% de las emisiones totales en América del Sur, del 21,4% en América Central y del 11,1% en el Caribe, y representa el 26% del consumo final de energía de la región (OECD et al., 2022[4]). Además, las redes de transporte en ALC son inadecuadas y no siguen el ritmo de las tasas de urbanización. El uso del transporte público está disminuyendo en ALC, mientras que las tasas de motorización privada aumentan continuamente. En general, los hogares de bajos ingresos y las mujeres, que dependen más de los servicios de transporte público, son los más afectados (Rivas, Suárez-Alemán and Serebrisky, 2019[102]).

La electrificación del sector del transporte público y la aplicación de políticas que promuevan la transición a fuentes de energía renovables son cruciales para una descarbonización rentable en ALC y para cumplir los compromisos en materia de cambio climático. En 2015, la tasa media mundial de propiedad de automóviles era de 172.8 por cada 1 000 personas, frente a 196 en América Latina y 201 en el Caribe. El crecimiento de los automóviles y motocicletas privados está impulsado por una mayor asequibilidad, el aumento de los ingresos y la disponibilidad y calidad del transporte público (SLOCAT, 2021[18]). De hecho, la tasa de crecimiento de la motorización en esta región se encuentra entre las más altas del mundo. Los países de ALC contribuyeron con un 7% a las ventas mundiales de vehículos nuevos en 2020 (ICCT, 2022[103]). Los camiones representan actualmente alrededor del 70% del transporte de carga en la región, y se espera que esta cifra se duplique entre 2015 y 2050. Además, se prevé que los coches y autobuses eléctricos se conviertan en las alternativas más asequibles para 2025 (Vergana, Fenhann and Santos da Silva, 2020[104]).

Para promover el transporte público limpio en ALC, es crucial eliminar primero los subsidios al diésel y otros incentivos contaminantes. Posteriormente, es esencial aplicar un impuesto a los combustibles fósiles y ofrecer incentivos financieros a los operadores de transporte público para que realicen la transición a tecnologías más limpias. Los gobiernos pueden promover esta transición estableciendo sistemas de tarificación del carbono y una tasa por kilómetro que varíe en función del tipo de vehículo. Las investigaciones han demostrado que la combinación de estos regímenes fiscales con un mayor esfuerzo de electrificación de los autobuses podría dar lugar a una reducción del 45% de las emisiones de CO_2 y del 30-50% de los contaminantes atmosféricos nocivos, como el CO_2, los gases de compuestos orgánicos volátiles (COV), los óxidos de nitrógeno (NOX) y las PM2,5, de aquí a 2050 (Tikoudis, Udsholt and Oueslati, 2022[105]). El consumo de combustibles fósiles conlleva importantes costos ambientales, y la mayoría de las subvenciones son implícitas. A menudo, los costos ambientales no se tienen en cuenta en los precios de los combustibles fósiles, sobre todo en el caso del carbón y el gasóleo. En los países en desarrollo, se prevé que estos subsidios a los combustibles fósiles aumenten a medida que los niveles de consumo se acerquen a los de las economías avanzadas. Se calcula que la eliminación de los subsidios explícitos e implícitos a los combustibles fósiles evitaría 1,6 millones de muertes prematuras al año, generaría 4,4 billones de dólares en ingresos públicos adicionales y alinearía las emisiones con los objetivos de calentamiento global. La eliminación progresiva de estos subsidios también permitiría redistribuir la renta, ya que los subsidios a los combustibles benefician desproporcionadamente a los hogares más ricos frente a los de menores ingresos. Para impulsar eficazmente estas reformas, los gobiernos deben diseñarlas, comunicarlas y aplicarlas como parte de un paquete político integral que destaque sus beneficios y considere que una parte de los mayores ingresos se destine a compensar a los hogares vulnerables por las posibles subidas de los precios de la energía (Black, Parry and Vernon, 2023[106]).

Las políticas deben centrarse en mejorar las infraestructuras de transporte público. A pesar del actual descenso en el uso del transporte público, el 68% de todos los viajes en ALC se siguen realizando en transporte público, lo que la convierte en la región con el mayor uso per cápita de autobuses del mundo. Los países de ALC deben aplicar políticas destinadas a ampliar los carriles exclusivos para autobuses, promover modos de transporte alternativos y fomentar el uso de vehículos de bajas emisiones, tecnologías y combustibles alternativos para el transporte público. Estos pueden incluir diésel limpio (equivalente a Euro VI), gas natural comprimido (GNC), eléctricos a batería (BEB), híbridos diésel-eléctricos (híbridos o HBD), biocombustibles y autobuses propulsados por hidrógeno (World Bank, 2019[107]). Además, los países podrían establecer tarifas reducidas para los pasajeros que utilicen transporte público limpio para fomentar su adopción o aplicar políticas de adquisición de vehículos limpios, que exijan la compra de vehículos de transporte público que cumplan normas específicas o utilicen combustibles alternativos.

Teniendo en cuenta el elevado porcentaje de viajes realizados en transporte público, la región de ALC puede considerar la posibilidad de ampliar el sistema de autobuses de tránsito rápido (BRT). En la actualidad, más de 45 ciudades de América Latina han invertido en BRT, lo que en conjunto representa el 63,6% del número de usuarios de BRT en todo el mundo (Rodriguez and Vergel Tovar, 2023[108]). Dado que se espera que la demanda de pasajeros aumente un 67% en ALC para 2050, es crucial que los países se preparen para este crecimiento de forma sostenible. Esto incluye iniciativas como la creación y ampliación de corredores de BRT, la introducción de trenes ligeros y la electrificación de las flotas de transporte público. Para lograrlo, los países deben aumentar las opciones de movilidad activa mediante el desarrollo de mejores infraestructuras para ciclistas y peatones y la reasignación del espacio urbano en consecuencia. Además, la planificación integrada del uso del suelo y el desarrollo orientado al tránsito son fundamentales para satisfacer el aumento de la demanda y, al mismo tiempo, mejorar el acceso a la movilidad urbana y la sostenibilidad (ITF, 2023[109]). Garantizar la regularidad del servicio es crucial para fomentar la adopción de estos modos de movilidad. Ofrecer servicios rápidos solo en rutas troncales es insuficiente, y esto supone un reto único para los sistemas troncales y alimentadores y las rutas que operan en tráfico mixto. Un servicio fiable se erige como uno de los factores más críticos para aumentar el número de usuarios, lo que requiere enfoques innovadores y holísticos (Institute for Transportation & Development Policy, 2018[110]). Además, es vital que los países integren sus redes de transporte público, conectándolas con redes para peatones y ciclistas y desarrollando espacios dedicados al transporte público (Sustainable Mobility for all, 2022[111]).

Lograr la transformación y la descarbonización del sector del transporte requiere un enfoque sistémico que aborde los aspectos insostenibles de la dependencia del automóvil y la expansión urbana. Las políticas deben diseñarse para lograr múltiples resultados deseables, como la reducción de la congestión del tráfico, la contaminación atmosférica y las emisiones, promoviendo al mismo tiempo la equidad social y el bienestar. Los gobiernos pueden fomentar el uso de modos de transporte activos y compartidos reasignando el espacio público y regulando los precios del aparcamiento. Las zonas sin coches, las infraestructuras de transporte no motorizado y los eventos que restringen el acceso en coche pueden fomentar los desplazamientos a pie y en bicicleta. Para reducir la dependencia del automóvil y contener la expansión urbana, es necesario mejorar la planificación del uso del suelo. Las políticas que apoyan la movilidad compartida, el teletrabajo y los horarios de trabajo flexibles pueden reducir aún más las emisiones y aliviar las horas punta de tráfico (OECD, 2021[112]); (OECD et al., 2022[4]). Es vital fomentar la distribución inteligente multimodal a la demanda de mercancías y pasajeros en los sistemas de transporte terrestre, fluvial y marítimo; y ampliar las infraestructuras de transporte no motorizado, como carriles bici o vías peatonales.

Es esencial dar prioridad al desarrollo de infraestructuras de movilidad de emisiones cero. Esto incluye la construcción de infraestructuras de combustible renovable neto cero en las redes de carreteras y las zonas urbanas, como estaciones de biogás y VE, así como la mejora de la eficiencia de la cadena de biocombustibles. La falta de estaciones de recarga rentables y eficientes supone un obstáculo para impulsar la electrificación en el sector del transporte. Por lo tanto, los gobiernos deberían invertir o promover la inversión en la instalación de infraestructuras públicas de recarga en zonas urbanas densas, autopistas y estaciones de recarga de alto rendimiento para vehículos pesados (Vergana, Fenhann and Santos da Silva, 2020[104]). A medida que las flotas de vehículos se electrifican, es crucial aumentar la interoperabilidad, garantizando la compatibilidad entre los componentes clave del sistema, como los vehículos, las estaciones de carga, las redes de carga y la red, así como los sistemas de software que los soportan, permitiendo un funcionamiento fluido y eficaz (Electric Power Research Institute, 2019[113]). Los gobiernos pueden plantearse exigir la compra de VE para las flotas gubernamentales, aplicar normas de CO_2 más rigurosas para los vehículos pesados, ofrecer incentivos financieros como reducciones de impuestos o tasas basadas en las emisiones, e introducir incentivos no monetarios como aparcamiento gratuito, carriles prioritarios y exenciones de peaje (Vergana, Fenhann and Santos da Silva, 2020[104]). En los últimos años, se ha producido una expansión significativa de la infraestructura de recarga, impulsada principalmente por actores privados como BMW y Enel X (BMW Group, 2020[114]); (Enel X, 2020[115]). México cuenta actualmente con el mayor número de estaciones de recarga públicas de la región, mientras que Barbados tiene la mayor cobertura de infraestructura de recarga en función de la densidad de población y el número de VE registrados (Vergana, Fenhann and Santos da Silva, 2020[104]).

Para lograr la plena adopción de los VE en ALC, es esencial reforzar la aplicación de instrumentos políticos para adquirir la capacidad industrial necesaria para promover modos de transporte de emisiones netas cero para 2050, incluyendo soluciones como los biocombustibles y los VE. El objetivo debería ser desarrollar la capacidad industrial necesaria para sustituir todos los vehículos de combustión interna por alternativas de cero emisiones en 2050. La adopción de turismos eléctricos en la región se encuentra todavía en una fase muy temprana, con solo un 0,6% de las ventas en Costa Rica y Colombia, y un 0,5% en Chile (ICCT, 2022[103]). En 2018, Costa Rica implementó una ley de incentivos fiscales para la promoción de VE (Government of Costa Rica, 2018[116]). Además, en 2019, la Ley Orgánica de Eficiencia Energética de Ecuador ordenó que todos los vehículos incorporados al sistema de transporte público a partir de 2025 debían ser eléctricos. La ley también introdujo tarifas diferenciadas o preferenciales para vehículos públicos y privados y ordenó a los gobiernos locales incentivar el uso y circulación de VE (Government of Ecuador, 2019[117]).

La introducción de normas y objetivos estrictos en materia de emisiones para los vehículos de transporte público puede reducir las emisiones de gases de efecto invernadero y la contaminación atmosférica en la región de ALC. Hasta ahora, sólo Colombia y Costa Rica han han establecido objetivos para eliminar gradualmente el transporte público emisor de GEI en documentos políticos oficiales. Costa Rica se comprometió a que el 30% de su transporte público fuera de cero emisiones para 2035 y aspira a alcanzar el 85% de flota de cero emisiones para 2050 (Government of Costa Rica, 2018[118]). Colombia, por su parte, se ha comprometido a tener un transporte público totalmente electrificado para 2035 (Government of Colombia, 2019[119]); (ICCT, 2020[120]). En 2020, la región de ALC tenía el segundo mayor número de Planes de Movilidad Urbana Sostenible implementados en todo el mundo, y los Planes Nacionales de Movilidad Urbana se utilizan cada vez más (SLOCAT, 2021[18]). Es importante mencionar que la mejora de la eficiencia de los motores es una medida de transición, teniendo en cuenta el tiempo necesario para desarrollar la infraestructura eléctrica, así como el cambio completo hacia los VE en ALC.

Es necesario acelerar la aplicación de soluciones integrales de balance cero en ALC para reducir las emisiones de GEI en el transporte aéreo, marítimo y ferroviario. Para lograr este objetivo, es esencial fomentar un mayor uso de combustibles sostenibles y de combustibles sintéticos bajos en carbono. Los gobiernos de ALC también pueden imponer plazos exigentes para eliminar de la circulación los aviones, barcos y trenes con emisiones distintas de cero, empezando por los procedentes de los sectores más rentables, como los cruceros en el transporte marítimo.

La aviación contribuye aproximadamente entre el 2% y el 3% de las emisiones mundiales de CO_2 y representa el 12% de las emisiones del sector del transporte. Los combustibles de aviación sostenibles (SAF, por sus siglas en inglés), derivados de materias primas biológicas o no fósiles (comúnmente denominados biojet), ofrecen una solución prometedora para sustituir o complementar los combustibles de aviación convencionales, reduciendo significativamente las emisiones de GEI a lo largo del ciclo de vida del producto. Varios países ya han tomado medidas para fomentar la adopción de SAF y combustibles de aviación bajos en carbono. Brasil, por ejemplo, ha puesto en marcha un Programa Nacional de Bioqueroseno, que obliga a los organismos e instituciones federales a apoyar los proyectos relacionados con los SAF a través de medidas como incentivos fiscales. En 2021, Colombia aprobó la Ley 2169, que insta a los Ministerios de Energía y Transporte a promover el desarrollo y la utilización de SAF. El Ministerio de Energía también está trabajando activamente en el establecimiento de una norma nacional para la promoción y el uso de SAF. Si bien la región de ALC ha iniciado varios esfuerzos relacionados con los biocombustibles alternativos para la aviación, actualmente carece de políticas públicas específicas o marcos estratégicos sobre este tema. Los países de ALC deberían mejorar la colaboración institucional mediante el establecimiento de tratados y acuerdos interinstitucionales e intersectoriales, y el fomento de la investigación tanto pública como privada. Estos esfuerzos ayudarán a estructurar una cadena productiva de biocombustibles aéreos que involucre a diversos actores (Torroba et al., 2023[121]).

Las emisiones del transporte marítimo internacional representan anualmente entre el 2% y el 3% de las emisiones mundiales. Se prevé que este porcentaje aumente globalmente y en relación con otros sectores de la economía, que podrán electrificarse y reducir las emisiones más rápidamente. Para cumplir los objetivos del Acuerdo de París, es necesaria una transición a gran escala hacia tecnologías de emisiones cero en las próximas décadas. ALC se enfrenta a varias oportunidades sin explotar relacionadas con la transición del ecosistema marítimo mundial a combustibles escalables de emisiones cero. Para que el transporte marítimo internacional se descarbonice por completo será necesario acelerar el cambio a combustibles escalables de emisiones cero, en particular el hidrógeno verde en forma de combustibles como el amoníaco verde y el metanol verde. Como ya se ha mencionado, la región puede contribuir en gran medida a la producción de hidrógeno verde, creando potencialmente oportunidades para generar y transportar hidrógeno a centros de demanda con baja capacidad de producción como Europa y partes del noreste de Asia. Para acelerar la transición, los países podrían apoyar la producción de combustibles verdes, el desarrollo de puertos verdes o proyectos de I+D centrados en las flotas nacionales (Global Maritime Forum, 2023[122]).

Box 3.1. Sistema de compensación y reducción de las emisiones de carbono de la aviación internacional (CORSIA, por sus siglas en inglés)

En 2016, la Organización de Aviación Civil Internacional (OACI) aprobó el Sistema de Compensación y Reducción de Emisiones de Carbono para la Aviación Internacional, con el objetivo de reducir el impacto climático neto de la aviación, e impuso requisitos de compensación de CO_2 en sus distintas fases. Estos requisitos implican principalmente que las compañías aéreas adquieran derechos de emisión, con la opción de utilizar biocombustibles. La aplicación del CORSIA constituye un hito importante para la comunidad internacional, ya que representa el primer mecanismo mundial que aborda directamente las emisiones de CO_2 en un sector específico, logrado mediante el consenso entre gobiernos, partes interesadas de la industria y organizaciones internacionales. Aunque el CORSIA sirve como mecanismo para fomentar la producción a largo plazo, puede resultar insuficiente para acreditar plenamente los beneficios del ciclo de vida completo de los SAF. Por lo tanto, resulta crucial considerar políticas específicas en materia de SAF que no sólo fomenten la producción, sino también el consumo. La correcta formulación de políticas públicas permite el desarrollo de la industria fomentando el uso constante, creciente y generalizado de las SAF.

Fuente: (Torroba et al., 2023[121])

Recomendación

- Fortalecer la aplicación de instrumentos de política para adquirir la capacidad industrial necesaria para producir modos de transporte con emisiones netas cero para 2050, incluida la producción y el uso local de biocombustibles y combustibles sintéticos con bajas emisiones de carbono y vehículos eléctricos.
- Implementar políticas públicas destinadas a descarbonizar el transporte de pasajeros. Ampliar la de carga e infraestructura de transporte no motorizado como carriles para bicicletas y senderos para peatones.
- Introducir estrictas normas y objetivos de emisiones para los vehículos de transporte público. Promover combustibles limpios y estándares comunes para combustibles que reduzcan los niveles de azufre a niveles de ultra-bajo azufre. Establecer programas complementarios para reducir las emisiones de los vehículos diésel más antiguos, centrándose en las flotas urbanas.

Ciudades y desarrollo urbano en ALC

Se prevé que la proporción de población urbana en ALC será del 89% en 2050 y la tasa de urbanización en el Caribe ha aumentado del 36,3% en 1950 al 72,2% en 2020. Para hacer frente al cambio climático y trabajar para lograr la neutralidad de carbono en 2050, es crucial desarrollar e implementar políticas y medidas ambiciosas en las zonas urbanas para la transición hacia una emisión sostenible y neta cero (OECD et al., 2022[4]); (UN ECLAC, 2018[123]). Las ciudades representan aproximadamente el 75% del consumo mundial de energía y el 70% de las emisiones mundiales de CO_2. Al mismo tiempo, también presentan una oportunidad vital para impulsar el progreso hacia los objetivos climáticos, ya que contribuyen al 80% del PIB mundial. La adopción de medidas sostenibles en las ciudades podría reducir potencialmente las emisiones urbanas procedentes de los edificios, el transporte, los materiales y los residuos en torno a un 90% para 2050 (IEA, 2021[124]).

La descarbonización de edificios e infraestructuras es crucial para lograr emisiones netas cero, eficiencia y resiliencia en el sector de los edificios y la construcción. A nivel mundial, el sector de los edificios y la construcción representó el 36% del uso final de energía y el 37% de las emisiones de CO_2 relacionadas con la energía y los procesos (UNEP, 2021[125]). En América Latina, el sector de los edificios representó el 24% del uso final de energía y el 21% de las emisiones de CO_2 relacionadas con procesos, excluidas las emisiones procedentes de la fabricación de materiales de construcción. como el acero, el cemento y el vidrio. El Global Buildings Climate Tracker, que supervisa los avances hacia los objetivos del Acuerdo de París, indicó que el sector de los edificios y la construcción está en vías de lograr la descarbonización completa para 2050. Sin embargo, se espera que los cambios en el uso de los edificios durante la pandemia tengan un impacto negativo en el progreso, a menos que los esfuerzos para descarbonizar el sector aumenten significativamente (UNEP, 2021[125]); (IEA, 2020[126]).

Ha habido algunos avances hacia la movilidad urbana sostenible y el transporte público en ALC. Como ya se ha mencionado, ALC ocupa el segundo lugar en número de Planes de Movilidad Urbana Sostenible, y el uso de Planes Nacionales de Movilidad Urbana está aumentando en la región. Brasil ha desempeñado un papel de liderazgo al hacer obligatorio que las ciudades con más de 200 000 habitantes desarrollen y apliquen estos planes. Se están llevando a cabo esfuerzos similares en países como Argentina, Bolivia, Chile, Colombia, Costa Rica, Cuba, República Dominicana, Ecuador, Guatemala, México, Paraguay, Perú y Uruguay (MobiliseYourCity, 2022[127]). Además, otros países de ALC han emprendido acciones específicas para promover el transporte público sostenible. Por ejemplo, Chile ha adquirido autobuses eléctricos de bajas emisiones para su sistema de transporte público (UNEP, 2019[128]). Paraguay pretende alimentar el 33,4% de su transporte público con hidrógeno verde para 2030 (Government of Paraguay, 2021[129]). Perú ha puesto en marcha proyectos para potenciar el transporte eléctrico (LATAM Mobility, 2021[130]), y Uruguay ha introducido incentivos legales para cambiar a autobuses eléctricos y promover las inversiones en electromovilidad (Transport Decarbonisation Alliance, 2023[131]).

La contratación pública verde puede ser una herramienta esencial para promover el desarrollo de la construcción circular, fomentar el uso de modelos de negocio circulares, incorporar materiales secundarios y fomentar las acciones de reparación y reutilización a través de las compras públicas (OECD et al., 2022[4]). Los países también pueden establecer normas y políticas creíbles que promuevan los edificios ecológicos y las prácticas de construcción sostenible. Estas prácticas deben incluir la reutilización y el reciclaje de los materiales de construcción, la reducción del consumo de energía y la minimización de las emisiones de GEI asociadas a la construcción, el uso y el mantenimiento de los edificios. Cumplir con los objetivos del Acuerdo de París requiere una reducción del 30% en el consumo de energía en edificios para 2030 en comparación con 2018 (GlobalABC, IEA and UNEP, 2020[132]). En ALC, el municipio de Mendoza (Argentina) utiliza su sistema de contratación pública para posibilitar una economía de triple impacto (económico, social y medioambiental) al permitir que los organismos de contratación den prioridad a los bienes y servicios de empresas certificadas como Empresas B (es decir, que cumplen criterios medioambientales, sociales y de gobernanza) (OECD et al., 2022[4]).

En ALC, debe darse prioridad a la aplicación de políticas de transporte público urbano destinadas a reducir los tiempos de desplazamiento al trabajo y a lograr una transición hacia un transporte urbano más sostenible. La población de ALC a menudo se enfrenta a tiempos de espera y desplazamientos más largos en comparación con los países desarrollados, incluso para distancias más cortas. De media, los habitantes de ALC pasan 77 minutos semanales en el transporte público, superando la media de 64 minutos de las economías avanzadas. Además, el tiempo de espera en paradas o estaciones en la región es mayor, de 21 minutos, en comparación con 14 minutos en las economías avanzadas (Rivas, Suárez-Alemán and Serebrisky, 2019[102]). La reducción de las emisiones de los desplazamientos al trabajo contribuyó significativamente a la disminución de las emisiones de GEI en

2020, lo que pone de relieve la importancia de minimizar las emisiones de los desplazamientos al trabajo para lograr un futuro sostenible y cumplir los objetivos internacionales de reducción. Con este fin, los países podrían considerar la promoción del trabajo a distancia para fomentar la innovación e inducir cambios de comportamiento en la población, haciendo hincapié en los beneficios de la conciliación de la vida laboral y familiar a través del trabajo a distancia, concienciando sobre el impacto medioambiental de los desplazamientos al trabajo y fomentando la adopción de un transporte sin emisiones de carbono (Sutton-Parker, 2021[133]).

Las ciudades pueden aplicar normas de eficiencia energética más estrictas en los edificios públicos. Las ciudades de ALC pueden aprovechar los edificios públicos y la contratación pública para promover la eficiencia energética y la sostenibilidad y atraer inversiones privadas. La aplicación de normas de eficiencia energética más estrictas para los edificios públicos y el uso de proyectos públicos como catalizadores para una mayor inversión en eficiencia energética pueden ser estrategias eficaces. Además, las ciudades pueden impulsar la innovación poniendo en marcha proyectos piloto y utilizando la financiación verde para incentivar las inversiones en eficiencia energética de los edificios. Los gobiernos podrían fomentar el desarrollo de empresas innovadoras modelos que hagan más accesibles y asequibles las medidas de eficiencia energética, fomentando aún más la eficiencia energética en la región (OECD, 2022[134]).

Muchos países de ALC deben reforzar la aplicación de los marcos normativos para la descarbonización de los edificios. La región debería reforzar la aplicación de códigos energéticos obligatorios para los edificios, proporcionar una hoja de ruta para normativas y estrategias más estrictas, probar normativas funcionales para los edificios existentes y establecer marcos normativos que faciliten la acción integrada. Muchas construcciones nuevas carecen de códigos sólidos y de un rendimiento energético mínimo obligatorio. Es necesario reforzar los códigos existentes para dar prioridad a las estrategias de construcción pasiva y asequible, aplicar códigos energéticos obligatorios en los edificios, adoptar diseños pasivos y reducir las necesidades de refrigeración. En lo que respecta a los edificios existentes, los países de ALC deben acelerar las medidas de rehabilitación y calidad de los edificios mediante el desarrollo y la aplicación de estrategias asequibles de descarbonización de bajo consumo energético, el aumento de las tasas de renovación para los desarrollos existentes de alta densidad y las viviendas de bajos ingresos (GlobalABC, IEA and UNEP, 2020[132]).

La aplicación de políticas eficientes de gestión de residuos, como la separación de residuos, infraestructuras adecuadas de recogida y tratamiento y prácticas de reciclaje, puede reducir sustancialmente las emisiones de metano y mejorar al mismo tiempo la calidad de vida en las ciudades. Es esencial mejorar los marcos reguladores de las emisiones de GEI y CCVC en la gestión de residuos, prestando especial atención a las emisiones de metano. Los vertederos a cielo abierto siguen siendo la forma más común de eliminación final de residuos sólidos en muchas ciudades de ALC, generando cantidades sustanciales de emisiones de metano. Según la Organización Panamericana de la Salud (OPS), la región produce más de 436 000 toneladas de residuos sólidos al año, y el 50% de estos residuos se eliminan en vertederos abiertos (PAHO, 2011[135]). La adopción de un enfoque de economía circular contribuirá a la descarbonización del entorno construido mediante la minimización del uso de materiales y la maximización de la reutilización (OECD, 2022[134]).

La digitalización presenta una oportunidad significativa para lograr cero emisiones en las ciudades de ALC. Para 2024, se estima que 83 mil millones de dispositivos y sensores conectados en todo el mundo generarán grandes cantidades de datos sobre la calidad del aire, el consumo de energía, datos geoespaciales y patrones de tráfico, que pueden proporcionar información valiosa para la planificación y las políticas urbanas eficaces y sostenibles. Para acelerar la transición hacia las emisiones netas cero y maximizar el potencial de las ciudades, los gobiernos deben diseñar políticas y programas inclusivos que integren la equidad y la inclusión en las transiciones digitales y energéticas urbanas. Para ello es necesario invertir en recursos humanos, programas de formación, asociaciones, investigación y desarrollo, e innovación para mejorar la digitalización y las capacidades energéticas. El acceso a datos oportunos, sólidos y transparentes, incluidos el uso de la energía y los patrones de transporte, es fundamental para las soluciones y los modelos empresariales basados en la digitalización. Los gobiernos también deben facilitar la financiación y promover la innovación financiera para superar las barreras, crear nuevas oportunidades y establecer las condiciones para esquemas de financiación innovadores. La adopción de normas y puntos de referencia internacionales es necesaria para garantizar la interoperabilidad y supervisar los avances hacia las emisiones netas cero. Por último, las redes de intercambio de conocimientos y la integración de los entornos urbanos en los programas de transición energética a gran escala fomentarán el éxito de la transición (IEA, 2021[124]).

Construcción sostenible

Brasil y México se encuentran entre los 20 principales productores de cemento a nivel mundial en lo que respecta al sector de la construcción, y se espera que la demanda regional aumente debido a la necesidad de desarrollo y reconstrucción de infraestructuras ante los impactos del cambio climático. ALC tiene aproximadamente 272 plantas de cemento operativas y experimenta un alto consumo de cemento en sacos debido a la autoconstrucción y a la construcción informal de viviendas. Es crucial que los enfoques políticos en esta industria tengan en cuenta las desigualdades de la región, ya que ALC se enfrenta a un importante déficit de vivienda, y cualquier aumento en los precios de la construcción podría afectar negativamente a los hogares pobres que dependen de esquemas de autoconstrucción (Villagrán-Zaccardi et al., 2022[136]).

Los países de ALC deben adoptar marcos políticos integrales centrados en la reducción de las emisiones de la industria, que incluyan precios específicos del carbono y normas de bajas emisiones. Es esencial que los países aumentar la inversión y la financiación en I+D de tecnologías con bajas emisiones de carbono, como la captura y el almacenamiento de carbono (CAC) y materias primas alternativas para la producción de clínker (IEA, n.d.[137]). Para lograr la durabilidad y resiliencia de las infraestructuras, la región debería fijarse como objetivo una larga vida útil de las construcciones, lo que puede proporcionar una reducción significativa de las emisiones a largo plazo. Además, una de las estrategias más sencillas para reducir las emisiones es reducir el factor clínker aumentando los materiales cementantes suplementarios emergentes. Para alcanzar los objetivos climáticos en 2050, se necesitará tecnología; algunos ejemplos son la aplicación de la CAC, el oxicombustible, el hidrógeno verde, las plantas inteligentes para reducir las incertidumbres relacionadas con el rendimiento del producto, y la utilización de la captura de carbono (CCU) para convertir el CO_2 en materiales con valor añadido, por ejemplo, mediante la carbonatación mineral de residuos industriales o minerales naturales (Villagrán-Zaccardi et al., 2022[136]).

Es importante promover las certificaciones de edificios ecológicos. Estas certificaciones pueden ir más allá de las normativas obligatorias y evaluar factores como la eficiencia energética, los materiales sostenibles, la gestión del agua, la calidad del aire interior y la gestión de residuos, entre otros aspectos medioambientales y sociales (OECD, 2022[134]). Existen varias certificaciones ecológicas reconocidas internacionalmente, como Leadership in Energy and Environmental Design (LEED), el método de evaluación medioambiental del Building Research Establishment (BREEAM), el estándar de construcción WELL, el Green Star y el Living Building Challenge. Sin embargo, en ALC faltan certificaciones verdes desarrolladas a escala regional. En la actualidad, las empresas multinacionales que dominan el sector de la construcción en la región suelen depender de certificaciones internacionales, y las normativas existentes no son lo suficientemente estrictas como para fomentar la adopción generalizada de certificaciones verdes. Por lo tanto, el número de proyectos certificados en la región sigue siendo bajo en comparación con otros países. En 2022, por ejemplo, se registraron más de 520 nuevos proyectos para la certificación LEED, de los cuales 317 obtuvieron con éxito la certificación, con lo que el total regional ascendió a más de 2 778 proyectos certificados que abarcaban más de 48,3 millones de metros cuadrados de espacio. Los principales países de certificación LEED en la región son Brasil, México, Chile y Colombia, que representan el 78% de los proyectos certificados anuales. Aunque el número de proyectos certificados ha ido en aumento en los últimos años, todavía está significativamente por detrás de Estados Unidos, que contaba con 69 066 edificios acreditados con la certificación LEED en 2019 (GBCI, 2022[138]).

Recomendación

- Establece r marcos, estándares y políticas creíbles que promuevan edificios y prácticas de construcción sustentables en las ciudades, reciclando así materiales y reduciendo las emisiones de GEI asociadas con la construcción.

Industria y comercio de bienes industriales

La huella de carbono de los productos se convertirá en un factor para los mercados mundiales en el futuro. La huella de carbono de los productos es cada vez más importante en los mercados mundiales y se espera que siga configurando el futuro debido a la creciente demanda de productos sostenibles, el aumento de las normativas y políticas destinadas a la reducción de emisiones, las prácticas de gestión de la cadena de suministro y la presión de los inversores sobre el sector privado para que sea responsable con el medio ambiente. ALC, al ser la mayor región exportadora neta del mundo, ocupa una posición vulnerable en términos de riesgos de transición y potenciales descensos de competitividad, a pesar de no haber desarrollado plenamente su potencial de producción agrícola (Zeigler and Ginya, 2014[139]). Algunos países de la región desempeñan un papel vital como exportadores de productos agrícolas. Por ejemplo, Brasil, Argentina y Paraguay se encuentran entre los cinco principales exportadores mundiales de soja, mientras que Brasil y Colombia entran en la misma categoría en el caso del café (Observatory of Economic Complexity, 2021[140]). Brasil y Argentina también tienen importantes cuotas de exportación mundial de carne de vacuno (Cook, 2023[141]).

Los países de ALC necesitan desarrollar y aplicar políticas que salvaguarden las exportaciones de productos nacionales clave. El reconocimiento mutuo de normas equivalentes y los acuerdos sobre el comercio de productos ecológicos pueden ser beneficioso para la región. Chile, por ejemplo, ha sido reconocido como tercer país equivalente para los productos ecológicos desde 2018, y Argentina y Costa Rica han iniciado negociaciones al respecto (OECD et al., 2022[4]).

Para abordar la huella de carbono de los principales productos nacionales, los países de ALC deben considerar la aplicación de políticas como el establecimiento de sistemas de fijación de precios del carbono y normas de emisión para los productos con una elevada huella de carbono. Las políticas comerciales que tienen en cuenta la huella de los productos de países y bloques comerciales, como la Unión Europea (UE), pueden tener un impacto significativo en las exportaciones de ALC. ALC es un proveedor crucial de productos agroindustriales y materias primas para la UE. En 2021, la UE-27 recibió el 8,9% del total de las exportaciones de ALC, y Brasil representó el 34,4% de las exportaciones de ALC, seguido de México (15,5%), Argentina (9,3%), Chile (7,3%) y Perú (6,3%). Las normativas ecológicas internacionales, como el Green Deal, impondrán exigencias de trazabilidad, transparencia, cumplimiento y diligencia debida en la cadena alimentaria, así como una producción baja en carbono, ecológica y sostenible, y el refuerzo de la economía circular. Estos reglamentos también introducen controles adicionales sobre el uso de antibióticos, hormonas, sustancias biológicamente activas, aditivos para piensos y residuos químicos. En consecuencia, políticas de la UE como la propuesta de reglamento sobre productos libres de deforestación, el paquete Fit for 55, el nuevo plan de acción de economía circular, la estrategia "de la granja al tenedor" y la estrategia de biodiversidad para 2030 pueden tener implicaciones para ALC (OECD et al., 2022[4]). Los gobiernos se verán obligados a adoptar medidas costosas para alinearse con las nuevas normas y requisitos y, al mismo tiempo, adoptar prácticas de producción sostenibles, que pueden requerir inversiones en desarrollo de capacidades, infraestructura o tecnología.

Agricultura, silvicultura y sectores relacionados con la tierra

Es necesario establecer prácticas agrícolas sostenibles debido al aumento de las emisiones agrícolas y a los crecientes desafíos del hambre y la inseguridad alimentaria. Entre 1990 y 2019, las emisiones de la agricultura en ALC aumentaron aproximadamente un 32%, mientras que la agricultura, la pesca y la minería representaron el 6% del consumo final de energía (OECD et al., 2022[4]). En los últimos años, ALC ha sido testigo de un aumento en los niveles de hambre e inseguridad alimentaria, alcanzando su punto más alto en 15 años debido a la pandemia de COVID-19. Esto provocó que 59,7 millones de personas se vieran afectadas por la gripe aviar. Como consecuencia, 59,7 millones de personas sufrirán desnutrición y 237 millones se enfrentarán a una inseguridad alimentaria moderada o grave en 2020. Haití, Venezuela, Nicaragua, Guatemala, Honduras, Bolivia y Ecuador figuran entre los países con mayor prevalencia de subnutrición. La región también lucha contra la obesidad adulta y el sobrepeso infantil, que han aumentado en las dos últimas décadas, lo que ha tenido importantes repercusiones económicas, sociales y sanitarias. Estos problemas contribuyen a la disminución de la productividad, el aumento de la discapacidad, la mortalidad prematura y el incremento de los costos de tratamiento (FAO, 2021[142]).

ALC es la región más productora de servicios ecosistémicos y la que registra las mayores exportaciones netas de alimentos del mundo, con un 16% del total de las exportaciones mundiales de bienes y productos agrícolas. La Organización de las Naciones Unidas para la Agricultura y la Alimentación (FAO) calcula que en 2024 las exportaciones netas de alimentos de los países de ALC alcanzarán los 60 000 millones de dólares, el triple de su valor en 2000. La cuota de la región de ALC en las exportaciones mundiales de productos básicos como el plátano, el azúcar y la soja supera el 50%, seguida de cuotas menores para el café, la carne de vacuno, las aves de corral y el maíz, que representan más del 25% de las exportaciones mundiales de cada producto básico. Además, a nivel regional, la agricultura y la ganadería son responsables del 70% de la conversión de hábitats, y las tasas de deforestación son tres veces superiores al promedio mundial (FAO, 2016[143]). Más allá de la pérdida de bosques y hábitats, la agricultura es responsable de más del 70% de las extracciones de recursos de agua dulce en la región (FAO, 2016[143]); (Dávila, 2011[144]) y se encuentra entre las principales causas de degradación de tierras y suelos y de pérdida de biodiversidad (FAO, 2020[145]). ALC también alberga el 57% de los bosques primarios que quedan en el mundo y un tercio de todas las especies vegetales. Casi la mitad de la superficie de la región está cubierta por bosques que almacenan una gran cantidad de carbono estimada en 104 gigatoneladas (WMO, 2021[146]).

La pérdida de bosques es una tendencia predominante en la región de ALC, debido principalmente a la aparición de nuevos usos de la tierra para la agricultura, la silvicultura y la ganadería, así como a la expansión urbana y la construcción de carreteras, construcción en menor medida. En las dos últimas décadas, Brasil ha experimentado la mayor pérdida total de superficie forestal, alcanzando los 544 690 km^2, con una tasa de deforestación anual de aproximadamente el 10%, y 11 088 km^2 de deforestación en 2020. Nicaragua y Paraguay también se han enfrentado a importantes tasas de pérdida de bosques, aunque a menor escala en el mismo periodo. Por el contrario, Chile y Costa Rica destacan como los únicos países de ALC que han conseguido aumentar su cubierta forestal en un 15% y un 6%, respectivamente, de 2000 a 2020, gracias a la sólida aplicación gubernamental de las leyes, la seguridad de la tenencia de la tierra que protege los derechos de propiedad y los esfuerzos por combatir la deforestación ilegal y las prácticas agrícolas y ganaderas insostenibles (OECD et al., 2022[4]).

Brasil, por ejemplo, ha puesto en marcha distintos tipos de innovaciones para promover sectores agrícolas y ganaderos más sostenibles. El Plan Sectorial para la Adaptación al Cambio Climático y las Bajas Emisiones de Carbono en la Agricultura de 2010, conocido como plan ABC, pretendía fortalecer la innovación en los suelos tropicales. De 2010 a 2020, el plan se concentró en el desarrollo de tecnologías de producción agrícola sostenible,10 lo que supuso la mitigación de 170 millones de toneladas de CO_2e en dos décadas. Basándose en su éxito, el plan se actualizó para 2020-2030 (ABC +) con el fin de incluir nuevas tecnologías como los bioinsumos, los sistemas de riego sostenibles y la ganadería intensiva. Estas innovaciones pretenden extenderse a otros 72 millones de hectáreas, con el potencial de reducir más de 1.000 millones de toneladas de CO_2e. En particular, la estrategia ABC+ incorpora un Enfoque Integrado del Paisaje que considera de forma holística diversos componentes de los paisajes rurales, armonizando elementos naturales como el carbono, el agua, el suelo y la biodiversidad con la producción agrícola de forma sostenible (OECD et al., 2022[4]).

Los planes alimentarios y energéticos deben integrarse en mayor medida. La creciente demanda de alimentos, piensos, combustibles y fibras ofrece oportunidades sustanciales para el sector agrícola, aunque las políticas gubernamentales eficaces deben abordar retos como el impulso del crecimiento de la productividad, la mejora de la sostenibilidad medioambiental, incluida la reducción de las emisiones de GEI, y la mejora de la adaptación y la resiliencia frente al cambio climático y las crisis imprevistas. Es importante que los países promuevan iniciativas centradas en evitar y/o reducir la deforestación y la degradación de los recursos vegetales, contribuyendo a la mitigación y adaptación al cambio climático (OECD, 2022[147]).

Las interconexiones entre el agua, los alimentos y la energía constituyen el núcleo del desarrollo sostenible. Las medidas políticas deben hacer hincapié en la expansión de las fuentes de energía renovables y en el establecimiento de sistemas integrados de tierra, suelo y agua que promuevan la eficiencia a lo largo de toda la cadena agroalimentaria, con el objetivo de conservar el agua, la energía y los ecosistemas (United Nations, 2021[148]). Los subproductos de biomasa de las actividades agroalimentarias pueden utilizarse para producir energía para el procesamiento, el almacenamiento y la cocción. Los residuos generados a partir de la producción agrícola y ganadera pueden ser una fuente importante de bioenergía, teniendo en cuenta los usos finales que compiten entre sí (por ejemplo, como alimento para animales) (IRENA and FAO, 2021[149]).

ALC debe priorizar el desarrollo de estrategias nacionales de bioeconomía que reconozcan las especificidades territoriales y establezcan o adapten programas educativos. La región necesita políticas que promuevan modelos de producción sostenibles, asegurando la sostenibilidad de los recursos naturales de los que depende la agricultura, aumentando la provisión de servicios ecosistémicos y mejorando la resiliencia climática. Una mejor gestión medioambiental puede aportar importantes beneficios nacionales más allá de la protección de los ecosistemas, incluida la sostenibilidad a largo plazo de la destacada posición de ALC en los mercados mundiales de alimentos. Para lograr el mejor resultado medioambiental y la mayor aceptabilidad política, las medidas deben aplicarse lo más cerca posible del punto de emisión, teniendo en cuenta su impacto. A menudo, será necesaria una combinación de políticas como "quien contamina paga" y "el beneficiario paga", junto con normativas medioambientales (OECD, 2018[150]).

Es esencial sustituir los sistemas tradicionales de producción de alimentos por métodos mejores y ampliables. Las estrategias agrícolas que dan prioridad a los servicios ecosistémicos pueden mejorar significativamente las funciones críticas. La aplicación de sistemas agrícolas diversificados, como la agrosilvicultura y la silvopastoreo, ofrece beneficios sustanciales, como el aumento de la biodiversidad, la mejora de la calidad del suelo, el aumento de la captura de carbono, una mayor capacidad de retención de agua en los suelos superficiales, una mayor eficiencia en el uso de la energía y una mayor resistencia y resiliencia al cambio climático (Kremen and Miles, 2012[151]). Estas técnicas también contribuyen a la biodiversidad y la conectividad de los hábitats, complementando eficazmente las zonas protegidas y mejorando la resistencia general al cambio climático (Kremen and Miles, 2012[151]).

Los sistemas agroalimentarios deben ser más eficientes, resilientes, inclusivos y sostenibles para garantizar el acceso a alimentos suficientes, seguros y nutritivos. El fortalecimiento de la resiliencia de las poblaciones vulnerables y no vulnerables en ALC es crucial, especialmente frente a fenómenos meteorológicos extremos. La capacidad de reanudar las actividades productivas y económicas es esencial para la recuperación. Los países de ALC deben tener un claro conocimiento de las comunidades y zonas geográficas más expuestas. La creación de repositorios y mapas de riesgos climáticos que se compartan con todas las partes interesadas es vital para fundamentar las medidas de adaptación al cambio climático y el establecimiento de prioridades (OECD et al., 2022[4]).

El fomento de la agricultura protegida y de precisión es esencial para una producción de alimentos eficiente y sostenible. Las aldeas inteligentes, basadas en tecnologías e innovaciones digitales, pueden mejorar las zonas rurales y las comunidades, apoyando la calidad de vida, los servicios públicos y las nuevas oportunidades para las cadenas de valor rurales (European Commission, 2018[152]). Las biofábricas sostenibles son necesarias para promover la economía circular y el uso sostenible del agua en la agricultura, tratando las aguas residuales y generando energía renovable al tiempo que se evitan los residuos y el impacto ambiental (UNFCCC, 2018[153]).

Recomendación

- Desarrollar e implementar planes integrados de energía sostenible, seguridad alimentaria y bioeconomía, considerando el uso de fuentes de energía renovables y prácticas sostenibles en la agricultura, la minimización del desperdicio de alimentos y la promoción de innovaciones tecnológicas con una perspectiva de resiliencia.

Turismo sostenible en ALC

Al igual que para otros sectores, es necesario actuar de inmediato para hacer frente a la crisis existencial del cambio climático, reducir las emisiones de carbono, la contaminación y mejorar la eficiencia energética y de los recursos, evitando al mismo tiempo el agotamiento de la biodiversidad y de los ecosistemas como consecuencia de las actividades turísticas. El turismo se ve afectado por la calidad del medio ambiente y depende en gran medida de ella. Esta dependencia exige que la adaptación al cambio climático y a otros cambios se aborde junto con acciones para mitigar y reducir el impacto ambiental del turismo, al tiempo que se apoya el bienestar de las comunidades. Es vital que los países aceleren la transición hacia una economía turística más verde, traduciendo los compromisos en acciones y resultados tangibles e integrando los objetivos ambientales en las políticas turísticas. Para ello es necesario aplicar políticas turísticas activas y medidas de recuperación destinadas a impulsar el cambio hacia modelos de negocio y cadenas de valor turísticos más ecológicos. Tales esfuerzos pueden mejorar los resultados ambientales de los destinos y, al mismo tiempo, aportar beneficios a las economías y comunidades locales, centrándose en consideraciones como la descarbonización, la adaptación al cambio climático, la restauración de los ecosistemas y la inclusión (OECD, 2022[154]).

El turismo sirve como un motor vital en las economías de ALC, contribuyendo a las divisas, los ingresos y el empleo. En 2019, la industria turística representó el 42% en el Caribe y el 10% en América Latina de las exportaciones totales (bienes y servicios). Además, representó el 26% del PIB total en el Caribe y el 10% en América Latina. Debido a su carácter intensivo en mano de obra, el sector turístico también proporcionó el 35% del empleo en el Caribe y el 10% en América Latina (UN ECLAC, 2020[155]). Estimar de forma fiable la huella de carbono del turismo es todo un reto, pero las estimaciones recientes oscilan entre el 8% y el 11% de las emisiones mundiales (OECD, 2022[154]). Entre las posibles repercusiones negativas sobre el medio ambiente asociadas al crecimiento no planificado del turismo figuran el rápido crecimiento urbano, el uso desordenado del suelo, el agotamiento de los recursos, la destrucción de ecosistemas frágiles, la contaminación de masas de agua y el deterioro estético de paisajes y entornos urbanos (Altés, 2006[156]). Sin embargo, mediante la aplicación de prácticas sostenibles, el sector puede reducir el impacto medioambiental negativo del turismo (OECD, 2018[157]) y atraer a turistas concienciados con el medio ambiente. Además, el turismo también puede concienciar sobre los valores culturales y medioambientales y ayudar a financiar la protección y gestión de áreas protegidas, así como la preservación de la diversidad biológica (OECD, 2021[158]).

La valorización de los paisajes y la biodiversidad deben ser principios fundamentales del turismo sostenible en ALC para asegurar la sostenibilidad a largo plazo y potenciar los beneficios económicos, ambientales y sociales para las comunidades locales y los visitantes. El Banco de Desarrollo de América Latina (CAF) presentó en FITUR 2023 su nueva propuesta de trabajo para impulsar un modelo de turismo vivo y regenerativo que contribuya a mitigar los efectos del cambio climático, preservar la biodiversidad, poner en valor el patrimonio cultural y reactivar las economías. La propuesta busca mejorar el bienestar de las comunidades rurales, pueblos indígenas y afrodescendientes; proteger y restaurar la biodiversidad y valorar los servicios ecosistémicos; reducir la vulnerabilidad ante desastres naturales derivados del cambio climático a través de infraestructuras resilientes y sistemas de monitoreo; mejorar los procesos de planificación gubernamental; promover prácticas de economía circular; y crear nuevos espacios para potenciar las economías creativas y culturales, como museos, galerías, teatros o distritos creativos (CAF, 2023[159]).

La digitalización del sector turístico es una prioridad urgente para permitir que los destinos se modernicen, innoven y generen viajeros más responsables, que se comprometan positivamente con las comunidades anfitrionas Los países deben adoptar medidas proactivas para garantizar que sus sectores turísticos puedan beneficiarse plenamente de las oportunidades que ofrece la transición digital, abordando las carencias en materia de competencias e infraestructuras a las que todavía se enfrentan muchas empresas y destinos turísticos. Existe la oportunidad de desarrollar políticas que aceleren la doble transición hacia un turismo más ecológico y digital, y esto también es válido para la región de ALC. Esto incluye aprovechar las oportunidades que abre la digitalización para el marketing, el desarrollo de productos y destinos, así como invertir en capital humano y competencias para adoptar soluciones digitales que promuevan un turismo más ecológico (OECD, 2022[154]). Los gobiernos también deberían promover activamente la colaboración entre las partes interesadas del ecosistema turístico. Este enfoque colaborativo puede mejorar la capacidad de responder a los acontecimientos, compartir información y experiencias valiosas y comprender mejor tanto los riesgos como las oportunidades. Por último, los países deberían trabajar en el desarrollo de estrategias integradas a largo plazo con una visión del turismo sostenible, objetivos y metas claros, junto con planes de acción y mecanismos para el aprovechamiento de los recursos y la coordinación gubernamental (OECD, 2022[154]).

Promover el desarrollo y la gestión sostenibles del turismo representa un reto constante, dadas las considerables variaciones de los problemas y las repercusiones en los distintos destinos (OECD, 2021[158]). Para hacer frente a esta situación, cada vez se hace más hincapié en el potencial de los sistemas de certificación y herramientas similares para fomentar las prácticas de turismo sostenible. Los países pueden establecer programas de certificación para actividades turísticas sostenibles, diseñados para minimizar su huella ambiental y garantizar una compensación equitativa por los servicios ecosistémicos de los que dependen, fomentando en última instancia una economía regenerativa. Los programas de certificación son sólo una de las formas de promover el turismo sostenible, un ámbito que ha suscitado cada vez más interés por diversas razones, tanto positivas como negativas. La proliferación de sistemas, su eficacia a la hora de impulsar comportamientos sostenibles y los costes asociados son algunos de los motivos de preocupación. En el sector turístico, los sistemas de certificación por terceros se han convertido en algo habitual, mientras que algunos países se plantean desarrollar sus propios sistemas adaptados a objetivos específicos. A menudo se centran en influir en las prácticas de las empresas y los destinos más que en los comportamientos de los viajeros (OECD, 2021[158]).

El uso o la promoción de sistemas de certificación podría, en determinadas circunstancias, fomentar el ecoturismo o el turismo certificado en espacios naturales protegidos que respeten el ecosistema y tengan una huella ambiental mínima. Estas certificaciones ecológicas o de sostenibilidad sirven como etiquetas que evalúan la incorporación de prácticas y resultados sostenibles basados en criterios ambientales, sociales y económicos. Estas certificaciones validan la estrategia de sostenibilidad de una organización verificando las afirmaciones y proporcionando validación externa sobre aspectos como la gestión responsable de la cadena de suministro, el cumplimiento legal y las prácticas de gestión de riesgos medioambientales y sociales. Además, también existen certificaciones para áreas de rendimiento como la gestión energética, el control de emisiones, las prácticas alimentarias sostenibles y el turismo accesible. En muchos casos, estas etiquetas y programas individuales se gestionan y aprueban localmente para abordar los impactos específicos y más significativos de la región (GDSM, 2022[160]). Al mismo tiempo, cuando se introducen sistemas de certificación, también hay que tener en cuenta la proliferación, la veracidad y el éxito a la hora de promover un cambio hacia comportamientos más sostenibles, así como los costes que conllevan. Traducir las ambiciones en acciones relevantes y significativas para promover el desarrollo y la gestión del turismo sostenible es un área de trabajo continuo, entre otras cosas porque los problemas y los impactos varían considerablemente de un destino a otro. En este contexto, cada vez se presta más atención al potencial de los sistemas de certificación y otras herramientas para promover actividades turísticas sostenibles.

El turismo puede ser un motor de cambio positivo en los esfuerzos mundiales de reducción de la pobreza. La Agenda 2030 para el Desarrollo Sostenible destaca el turismo como motor de un cambio positivo en los esfuerzos mundiales de reducción de la pobreza, tanto para las economías avanzadas como para las emergentes. Aunque el turismo tiene potencial para contribuir a los 17 ODS, las metas específicas para el crecimiento económico inclusivo y sostenible, el consumo y la producción sostenibles y el uso sostenible de los océanos y los recursos marinos se incluyen en los ODS 8, 12 y 14, respectivamente. El logro de estos objetivos requerirá una intervención pública significativa para crear las condiciones necesarias para el crecimiento del sector privado, así como la coordinación y difusión de enfoques políticos y la educación y el desarrollo de capacidades a nivel nacional y subnacional (OECD, 2018[157]).

Recomendación

- Desarrollar estrategias integrales a largo plazo para el turismo sostenible, respaldadas por planes de acción. Promover la transición del turismo verde liderando a través del ejemplo gubernamental y garantizar que toda la infraestructura turística adquirida o financiada con fondos públicos cumpla con los más altos estándares ambientales, contribuyendo al desarrollo resiliente al clima.
- Promover la certificación de empresas turísticas sostenibles sobre la base de normas acordadas internacionalmente, como herramienta para incorporar prácticas sostenibles, reducir el impacto negativo en el medioambiente, cumplir los objetivos nacionales de desarrollo sostenible y fomentar opciones y comportamientos de los consumidores más sostenibles.

Referencias

Air Pollution and Climate Secretariat (AirClim) (1997), *https://www.airclim.org/* -, https://www.airclim.org/sites/default/files/documents/Factsheet_7_0.pdf (accessed on August 2023). [25]

Altés, C. (2006), *El turismo en América Latina y el Caribe y la experiencia del BID*, https://publications.iadb.org/es/publicacion/13709/el-turismo-en-america-latina-y-el-caribe-y-la-experiencia-del-bid (accessed on August 2023). [156]

Anna Ivanova et al., A. (2021), *Climate Change Challenges in Latin America and the Caribbean*, IMF, https://www.imf.org/-/media/Files/Publications/REO/WHD/2021/English/CH3.ashx. [34]

Arias, P. et al. (eds.) (2023), *IPCC, 2023: Climate Change 2023: Synthesis Report. Contribution of Working Groups I, II and III to the Sixth Assessment Report of the Intergovernmental Panel on Climate Change [Core Writing Team, H. Lee and J. Romero (eds.)]. IPCC, Geneva, Switzerland.*, Intergovernmental Panel on Climate Change (IPCC), https://doi.org/10.59327/ipcc/ar6-9789291691647. [37]

Bernal, A., J. Husar and J. Bracht (2023), *Latin America's opportunity in critical minerals for the clean energy transition*, https://www.iea.org/commentaries/latin-america-s-opportunity-in-critical-minerals-for-the-clean-energy-transition (accessed on 2 August 2023). [98]

Biofuture Platform (2020), *https://biofutureplatform.org/*, https://biofutureplatform.org/ (accessed on 20 May 2023). [83]

Black, S., I. Parry and N. Vernon (2023), "Fossil Fuel Subsidies Surged to Record $7 Trillion", *IMF Blog*, https://www.imf.org/en/Blogs/Articles/2023/08/24/fossil-fuel-subsidies-surged-to-record-7-trillion. [106]

BMW Group (2020), "BMW Group amplía su corredor eléctrico abierto en México, con una nueva estación de carga rápida en Puebla, y se convierte en el más grande de Latinoamérica.", *BMW Group amplía su corredor eléctrico abierto en México, con una nueva estación de carga rápida en Puebla, y se convierte en el más grande de Latinoamérica.*, https://www.press.bmwgroup.com/mexico/article/detail/T0305245ES/bmw-group-ampl%C3%ADa-su-corredor-el%C3%A9ctrico-abierto-en-m%C3%A9xico-con-una-nueva-estaci%C3%B3n-de-carga-r%C3%A1pida-en-puebla-y-se-convierte-en-el-m%C3%A1s-grande-de-latinoam%C3%A9rica?l (accessed on 17 March 2023). [114]

BOGA, B. (2021), *https://beyondoilandgasalliance.org/*, https://beyondoilandgasalliance.org/who-we-are/ (accessed on 14 March 2023). [51]

Bond, T. et al. (2013), "Bounding the role of black carbon in the climate system: A scientific assessment", *Journal of Geophysical Research: Atmospheres*, Vol. 118/11, pp. 5380-5552, https://doi.org/10.1002/jgrd.50171. [28]

CAF (2023), *https://www.caf.com/*, https://www.caf.com/es/conocimiento/visiones/2023/01/la-nueva-voz-de-america-latina-en-el-turismo-global/ (accessed on 19 March 2023). [159]

Cárdenas, M. and A. Hernández (2022), *The Economic Impact of the War in Ukraine on Latin America and the Caribbean*, https://www.undp.org/sites/g/files/zskgke326/files/2022-08/PDS-Number29%20Ucrania%20EN.pdf. [5]

CCAC (2022), *ccacoalition.org - The Climate and Clean Air Coalition and its partners helped spur a multi-year effort to build Colombia's capacity to rein in methane emissions, culminating in groundbreaking policy*, https://www.ccacoalition.org/news/colombia-mandates-methane-emissions-reductions-fossil-fuel-sector-first-region (accessed on July 2023). [40]

Christiaan Gischle et al., C. (2023), *Unlocking Green and Just Hydrogen in Latin America and the Caribbean*, IDB, https://publications.iadb.org/publications/english/viewer/Unlocking-Green-and-Just-Hydrogen-in-Latin-America-and-the-Caribbean.pdf (accessed on May 2023). [87]

Cook, R. (2023), *https://beef2live.com/*, https://beef2live.com/story-ranking-countries-export-beef-usda-0-106903 (accessed on 2023). [141]

Cordonnier, J. and D. Saygin (2022), "Green hydrogen opportunities for emerging and developing economies: Identifying success factors for market development and building enabling conditions", *OECD Environment Working Papers*, No. 205, OECD Publishing, Paris, https://doi.org/10.1787/53ad9f22-en. [90]

Coulomb, R. et al. (2015), "Critical Minerals Today and in 2030: An Analysis for OECD Countries", *OECD Environment Working Papers*, No. 91, OECD Publishing, Paris, https://doi.org/10.1787/5jrtknwm5hr5-en. [97]

Dafermos, G. et al. (2014), *peerproduction.net - Transforming the energy matrix: transition policies for the development of the distributed energy model*, http://peerproduction.net/issues/issue-7-policies-for-the-commons/peer-reviewed-papers/transforming-the-energy-matrix/. [42]

Dávila, C. (2011), *https://www.un.org/ - Water and the green economy in Latin America and the Caribbean: regional*, https://www.un.org/waterforlifedecade/green_economy_2011/pdf/session_7_lac.pdf (accessed on 2023). [144]

EIA (2011), *End in sight: Phasing out fluorinated Green House Gases in Europe. EIA position paper on HFCs in the Review of the EU F-Gas Regulation*, https://eia-international.org/wp-content/uploads/EIA-End-in-Sight1.pdf (accessed on July 2023). [47]

El Pais Costa Rica (2021), *Países del SICA tras financiamiento ambiental y climático*, https://www.elpais.cr/2021/05/15/paises-del-sica-tras-financiamiento-ambiental-y-climatico/. [65]

Electric Power Research Institute (2019), *Interoperability of Public Electric Vehicle Charging Infrastructure*, https://www.eei.org/-/media/Project/EEI/Documents/Issues-and-Policy/Electric-Transportation/Final-Joint-Interoperability-Paper.pdf (accessed on September 2023). [113]

Enel X (2020), "Primer corredor panamericano 100% eléctrico", *Primer corredor panamericano 100% eléctrico*, https://www.enelx.com/ar/es/noticias/estrenamos-primer-corredor-100-electrico (accessed on 2023). [115]

Enerdata (2023), *https://www.enerdata.net/*, https://www.enerdata.net/publications/executive-briefing/empowering-sustainable-development-through-energy-efficiency-latin-america.pdf (accessed on 5 July 2023). [72]

Equitable Climate Action (2021), *https://equitableclimateaction.org/*, https://equitableclimateaction.org/phasing-out-fossil-fuels/ (accessed on 15 June 2023). [56]

European Commission (2018), , https://ec.europa.eu/enrd/sites/default/files/enrd_publications/smart-villages_orientations_digital-strategies.pdf (accessed on 2023). [152]

FAO (2021), *Latin America and the Caribbean – Regional Overview of Food Security and Nutrition 2021*, FAO, https://doi.org/10.4060/cb7497en. [142]

FAO (2020), *Land use in agriculture by the numbers*, https://www.fao.org/sustainability/success-stories/detail/en/c/1295695/ (accessed on 2023). [145]

FAO (2016), *2016 State of the World's Forests*, https://www.fao.org/3/i5588e/i5588e.pdf (accessed on April 2023). [143]

Frédéric Gagnon-Lebrun et al., F. (2018), *Economic Instruments to Leverage Clean Energy Investment*, IISD, https://www.iisd.org/system/files/publications/economic-instruments-clean-energy.pdf (accessed on 2023). [67]

GBCI (2022), *https://www.gbci.org/*, https://www.gbci.org/year-review-gbci-latin-america-2022 (accessed on August 2023). [138]

GDSM (2022), *https://www.gds.earth/*, https://www.gds.earth/wp-content/uploads/Certifications-Guide.pdf (accessed on August 2023). [160]

Global Bioenergy Partnership (2006), *https://www.globalbioenergy.org/*, https://www.globalbioenergy.org/ (accessed on 24 May 2023). [85]

Global Maritime Forum (2023), *https://www.globalmaritimeforum.org/ - Global maritime decarbonisation: New opportunities for Latin America*, https://www.globalmaritimeforum.org/content/2023/05/Insight-brief_Global-maritime-decarbonisation-new-opportunities-for-Latin-America.pdf (accessed on 6 September 2023). [122]

GlobalABC, IEA and UNEP (2020), *GlobalABC Roadmap for Buildings and Construction: Towards a zero-emission, efficient, and resilient buildings and construction sector*, IEA, https://globalabc.org/sites/default/files/inline-files/GlobalABC_Roadmap_for_Buildings_and_Construction_2020-2050_3.pdf (accessed on 2023). [132]

Gouveia, N. et al. (2021), "Ambient fine particulate matter in Latin American cities: Levels, population exposure, and associated urban factors", *Science of The Total Environment*, Vol. 772, p. 145035, https://doi.org/10.1016/j.scitotenv.2021.145035. [15]

Government of Argentina, G. (2022), *Argentina.gob.ar*, https://www.argentina.gob.ar/normativa/nacional/resoluci%C3%B3n-668-2022-372773/texto (accessed on August 2023). [19]

Government of Belize, G. (2017), *faolex.fao.org - Petroleum Operations (Maritime Zone Moratorium) Act*, https://faolex.fao.org/docs/pdf/blz175462.pdf (accessed on 27 May 2023). [50]

Government of Colombia, G. (2019), *minambiente.gov.co - Ley por medio de la cual se promueve el uso de vehiculos eléctricos en Colombia y se dictan otras disposiciones*, https://www.minambiente.gov.co/wp-content/uploads/2021/06/ley-1964-2019.pdf (accessed on August 2022). [119]

Government of Costa Rica, G. (2018), *cambioclimatico.org - Plan Nacional de Descarbonización - Gobierno de Costa Rica 2018-2050*, https://cambioclimatico.go.cr/wp-content/uploads/2019/02/PLAN.pdf (accessed on August 2023). [118]

Government of Costa Rica, G. (2018), *https://www.pgrweb.go.cr/ - Sistema Costarricense de Información Jurídica*, https://www.pgrweb.go.cr/scij/Busqueda/Normativa/Normas/nrm_texto_completo.aspx?nValor1=1&nValor2=85810 (accessed on February 2023). [116]

Government of Ecuador (2019), *https://www.recursosyenergia.gob.ec/*, https://www.recursosyenergia.gob.ec/wp-content/uploads/2022/12/20190319-S_R_O_449_19_MARZO_LEY-ORGANICA-DE-EFICIENCIA-ENERGETICA.pdf (accessed on March 2023). [117]

Government of Mexico, G. (2022), *Diario Oficial de la Federación - NORMA Oficial Mexicana NOM-009-SECRE-2002, Monitoreo, detección y clasificación de fugas de gas natural y gas L.P., en ductos.*, https://www.dof.gob.mx/nota_detalle_popup.php?codigo=736171. [39]

Government of Mexico, G. (2017), *www.gob.mx - Estrategia Nacional de Calidad del Aire, Visión 2017-2030*, https://www.gob.mx/cms/uploads/attachment/file/195809/Estrategia_Nacional_Calidad_del_Aire.pdf (accessed on August 2022). [20]

Government of Paraguay (2021), *Actualización de la NDC de la República del Paraguay*, https://unfccc.int/sites/default/files/NDC/2022-06/Actualizaci%C3%B3n-NDC%20VF%20PAG.%20WEB_MADES%20Mayo%202022.pdf (accessed on 2023). [129]

Grottera, C. (2022), *Reducing emissions from the energy sector for a more resilient and low-carbon post-pandemic recovery in Latin America and the Caribbean*, https://repositorio.cepal.org/server/api/core/bitstreams/55f4e544-5070-4933-9301-ac32b8ef1675/content (accessed on May 2023). [63]

Hallack, M. and M. Tolmasquim (2020), *https://blogs.iadb.org/*, https://blogs.iadb.org/energia/en/renewable-energy-policies-in-latin-america-and-caribbean-auction-and-net-metering/ (accessed on August 2023). [68]

Hydrogen Europe (2021), *How hydrogen can help decarbonise the maritime sector*, https://hydrogeneurope.eu/wp-content/uploads/2021/11/How-hydrogen-can-help-decarbonise-the-maritime-sector_final.pdf (accessed on 2023). [93]

ICCT (2022), *Zero-emission vehicle deployment: Latin America*, https://theicct.org/wp-content/uploads/2022/04/EMDE-Latin-America-briefing-A4-v2.pdf (accessed on 2023). [103]

ICCT (2020), *Growing Momentum: Global Overview of Government Targets for Phasing Out Sales of New Internal Combustion Engine Vehicles*, https://theicct.org/growing-momentum-global-overview-of-government-targets-for-phasing-out-sales-of-new-internal-combustion-engine-vehicles/ (accessed on August 2023). [120]

ICCT (2009), *A policy-relevant summary of black carbon climate science and appropriate emission control strategies*, https://theicct.org/sites/default/files/BC_policy-relevant_summary_Final.pdf (accessed on 2023). [31]

IEA (2023), *Boosting Efficiency. Delivering affordability, security and jobs in Latin America*, https://iea.blob.core.windows.net/assets/c8972f43-55af-4368-83a6-865f2d17b461/Boostingefficiency_Deliveringaffordability%2CsecurityandjobsinLatinAmerica.pdf (accessed on 4 July 2023). [73]

IEA (2022), *Biofuels*, https://www.iea.org/energy-system/low-emission-fuels/biofuels (accessed on 6 June 2023). [77]

IEA (2022), "Hydrogen Projects Database", *Hydrogen Projects Database*, https://www.iea.org/data-and-statistics/data-product/hydrogen-projects-database/ (accessed on 16 August 2023). [89]

IEA (2022), *Renewables 2022: Analysis and forecast to 2027*, https://iea.blob.core.windows.net/assets/ada7af90-e280-46c4-a577-df2e4fb44254/Renewables2022.pdf (accessed on July 2023). [41]

IEA (2022), *The Role of Critical Minerals in Clean Energy Transitions*, IEA, https://iea.blob.core.windows.net/assets/ffd2a83b-8c30-4e9d-980a-52b6d9a86fdc/TheRoleofCriticalMineralsinCleanEnergyTransitions.pdf (accessed on 2023). [96]

IEA (2022), *World Energy Employment*, https://iea.blob.core.windows.net/assets/a0432c97-14af-4fc7-b3bf-c409fb7e4ab8/WorldEnergyEmployment.pdf (accessed on May 2023). [75]

IEA (2022), *World Energy Outlook*, https://www.iea.org/reports/world-energy-outlook-2022. [2]

IEA (2021), *Climate Impacts on Latin American Hydropower*, IEA, https://iea.blob.core.windows.net/assets/8fa86b9d-470c-41a6-982e-70acd3fbdda4/ClimateImpactsonLatinAmericanHydropower_WEB.pdf (accessed on May 2023). [74]

IEA (2021), *Coal Phase-out and/or Reconversion of Coal Units*, https://www.iea.org/policies/13500-coal-phase-out-andor-reconversion-of-coal-units (accessed on 9 March 2023). [53]

IEA (2021), *Driving Down Methane Leaks from the Oil and Gas Industry: A Regulatory Roadmap and Toolkit*, https://www.iea.org/reports/driving-down-methane-leaks-from-the-oil-and-gas-industry (accessed on August 2023). [38]

IEA (2021), *Empowering Cities for a Net Zero Future*, https://www.iea.org/reports/empowering-cities-for-a-net-zero-future (accessed on 2023). [124]

IEA (2021), *Hydrogen in Latin America: From near-term opportunities to large-scale deployment*, OECD Publishing, Paris, https://doi.org/10.1787/68467068-en. [86]

IEA (2021), *Net Zero by 2050: A Roadmap for the Global Energy Sector*, https://www.iea.org/reports/net-zero-by-2050 (accessed on 2023). [58]

IEA (2020), *GlobalABC Regional Roadmap for Buildings and Construction in Latin America 2020-2050*, https://www.iea.org/reports/globalabc-regional-roadmap-for-buildings-and-construction-in-latin-america-2020-2050 (accessed on April 2023). [126]

IEA (2020), *IEA Methane Tracker 2020*, https://www.iea.org/reports/methane-tracker-2020 (accessed on August 2023). [36]

IEA (n.d.), *Cement*, https://www.iea.org/energy-system/industry/cement (accessed on 24 June 2023). [137]

IEA Bioenergy (2023), *https://task39.ieabioenergy.com/ - Biofuels in Emerging Markets*, https://task39.ieabioenergy.com/wp-content/uploads/sites/37/2023/03/Biofuels-in-Emerging-Markets.pdf (accessed on 19 May 2023). [80]

IEA Bioenergy (2021), *https://www.ieabioenergy.com/ - Implementation of bioenergy in Brazil – 2021 update*, https://www.ieabioenergy.com/wp-content/uploads/2021/11/CountryReport2021_Brazil_final.pdf (accessed on 19 May 2023). [81]

IEA Bioenergy Programme (n.d.), *https://www.ieabioenergy.com/*, https://www.ieabioenergy.com/ (accessed on 2023). [84]

IEA, I. (2023), *National Programme for the Reduction of Methane Emissions - Zero Methane*, https://www.iea.org/policies/17045-national-programme-for-the-reduction-of-methane-emissions-zero-methane. [10]

IEA and UN ECLAC (2015), *Regional Energy Efficiency Policy Recommendations - Latin America and the Caribbean*, https://iea.blob.core.windows.net/assets/761ae750-0ef2-48cc-b5a8-241e605af41b/EEPolicyRecom_LatinAmerica_Caribbean.pdf (accessed on 2023). [71]

IICA & RedBioLAC (2013), *Estado actual de la biodigestión en América Latina y el Caribe*, https://repositorio.iica.int/bitstream/handle/11324/21579/BVE23069184e.pdf?sequence=1&isAllowed=y. [43]

Institute for Transportation & Development Policy (2018), "Improving BRT Systems in Latin America", *Improving BRT Systems in Latin America*, https://www.itdp.org/2018/12/04/improving-brt-latin-america/ (accessed on 8 September 2023). [110]

International Climate Initiative (IKI) (2020), *https://www.international-climate-initiative.com - Alternatives to harmful F gases*, https://www.international-climate-initiative.com/en/topics/homeissuesmitigationf-gases-alternatives-to-harmful-f-gases/ (accessed on July 2023). [44]

IRENA (2022), "Hydrogen", *Hydrogen*, https://www.irena.org/Energy-Transition/Technology/Hydrogen#:~:text=It%20can%20be%20used%20to,replace%20coal%20in%20iron%20production (accessed on 15 June 2023). [91]

IRENA (2022), *Renewable Energy in Latin America and the Caribbean Towards a Regional Energy Transition*, https://www.irena.org/events/2022/Jun/Renewable-Energy-in-Latin-America-and-the-Caribbean-Towards-a-Regional-Energy-Transition (accessed on 12 March 2023). [70]

IRENA and FAO (2021), *Renewable Energy and Agri-food Systems: Advancing Energy and Food Security towards Sustainable Development Goals*, IRENA and FAO, https://doi.org/10.4060/cb7433en. [149]

ITF (2023), *ITF Transport Outlook 2023*, OECD Publishing, Paris, https://doi.org/10.1787/b6cc9ad5-en. [109]

ITM Power (2020), *https://itm-power.com/*, https://itm-power.com/markets/refinery-hydrogen (accessed on June 2023). [92]

Korc and Hauchman, K. (2021), *Advancing environmental public health in Latin America and the Caribbean*, https://doi.org/10.26633/RPSP.2021.118 (accessed on July 2023). [27]

Kremen, C. and A. Miles (2012), "Ecosystem Services in Biologically Diversified versus Conventional Farming Systems: Benefits, Externalities, and Trade-Offs", *Ecology and Society*, Vol. 17/4, https://doi.org/10.5751/es-05035-170440. [151]

LATAM Mobility (2021), *Peru: Government to Introduce Bill to Promote Electromobility*, https://latamobility.com/en/peru-government-to-introduce-bill-to-promote-electromobility/ (accessed on 2023). [130]

Levy, A. et al. (2020), *Clearing Up the Smoke: Untapping the Potential of Tailored Clean Cooking Programs in Latin America*, Inter-American Development Bank, https://doi.org/10.18235/0002786. [32]

López, D. et al. (2022), *La ruta energética de América Latina y el Caribe*, Banco Interamericano de Desarrollo, https://doi.org/10.18235/0004433. [62]

Marchan, E. (2019), "Latin America and the Caribbean's mining sector is key to fighting climate change", *Latin America and the Caribbean's mining sector is key to fighting climate change*, https://blogs.iadb.org/energia/en/latin-america-and-the-caribbean-mining-sector-key-to-fighting-climate-change/ (accessed on 2 August 2023). [100]

Mariano Berkenwald & Jose M Bermudez, M. (2020), *https://www.iea.org/ - Latin America's hydrogen opportunity: from national strategies to regional cooperation*, https://www.iea.org/commentaries/latin-america-s-hydrogen-opportunity-from-national-strategies-to-regional-cooperation (accessed on 1 June 2023). [94]

Martínez, R. (2022), *Energy transition powering transformative sustainable development in Latin America and the Caribbean*, https://www.cepal.org/sites/default/files/news/files/ppt_challenges_eclac.pdf (accessed on 21 June 2023). [66]

McCarthy, A. and P. Börkey (2018), "Mapping support for primary and secondary metal production", *OECD Environment Working Papers*, No. 135, OECD Publishing, Paris, https://doi.org/10.1787/4eaa61d4-en. [101]

Ministry of Environment and Sustainable Development Argentina (2020), *https://www.argentina.gob.ar/ - Argentina regula los gases de efecto invernadero que contribuyen al cambio climático*, https://www.argentina.gob.ar/noticias/argentina-regula-los-gases-de-efecto-invernadero-que-contribuyen-al-cambio-climatico (accessed on 2023). [46]

Ministry of Environment Costa Rica, M. (2021), *Inventario Nacional de Emisions por fuentes y absorción por sumideros de Gases de Efecto Invernadero*, https://cambioclimatico.go.cr/wp-content/uploads/2022/06/InventarioGEI2017.pdf. [11]

Ministry of Environment Mexico (2019), *https://dsiappsdev.semarnat.gob.mx/ - Hoja de Ruta para implementar la Enmienda de Kigali en México*, https://dsiappsdev.semarnat.gob.mx/datos/portal/Hoja_de_ruta_EK.pdf (accessed on 2023). [45]

MobiliseYourCity (2022), *https://www.mobiliseyourcity.net - MobiliseYourCity's projects in Latin America*, https://www.mobiliseyourcity.net/mobiliseyourcitys-projects-latin-america (accessed on 16 February 2023). [127]

Morales Munoz, H. et al. (2023), *Climate security and critical minerals mining in Latin America: How can business help?*, https://climate-diplomacy.org/magazine/environment/climate-security-and-critical-minerals-mining-latin-america-how-can-business#:~:text=However%2C%20mining%20operations%20in%20the,or%20lack%20of%20community%20participation (accessed on 3 August 2023). [99]

Natural Resources Defense Council (2014), *nrdc.org - Cleaning Up Latin America's Air: Reducing Black Carbon Emissions Can Benefit the Climate and Public Health Quickly*, https://www.nrdc.org/sites/default/files/latin-america-diesel-pollution-IB.pdf (accessed on July 2023). [30]

NDC Partnership, N. (2020), *NDC Partnership*, https://ndcpartnership.org/sites/default/files/Insight_Brief-Finance_in_LAC_NDCs_October-2020.pdf. [12]

Observatory of Economic Complexity (2021), *Soybeans*, https://oec.world/en/profile/hs/soybeans (accessed on 2023). [140]

OECD (2023), "Air quality and health: Mortality and welfare cost from exposure to air pollution", *OECD Environment Statistics* (database), https://doi.org/10.1787/c14fb169-en (accessed on 11 September 2023). [16]

OECD (2023), "Climate change", in *Environment at a Glance in Latin America and the Caribbean: Spotlight on climate change*, OECD Publishing, Paris, https://doi.org/10.1787/5584ad47-en. [3]

OECD (2023), *Job Creation and Local Economic Development 2023: Bridging the Great Green Divide*, OECD Publishing, Paris, https://doi.org/10.1787/21db61c1-en. [13]

OECD (2022), *Agricultural Policy Monitoring and Evaluation 2022: Reforming Agricultural Policies for Climate Change Mitigation*, OECD Publishing, Paris, https://doi.org/10.1787/7f4542bf-en. [147]

OECD (2022), *Decarbonising Buildings in Cities and Regions*, OECD Urban Studies, OECD Publishing, Paris, https://doi.org/10.1787/a48ce566-en. [134]

OECD (2022), *OECD Economic Outlook, Interim Report March 2022: Economic and Social Impacts and Policy Implications of the War in Ukraine*, OECD Publishing, Paris, https://doi.org/10.1787/4181d61b-en. [6]

OECD (2022), *OECD Tourism Trends and Policies 2022*, OECD Publishing, Paris, https://doi.org/10.1787/a8dd3019-en. [154]

OECD (2022), *Support for fossil fuels almost doubled in 2021, slowing progress toward international climate goals, according to new analysis from OECD and IEA*, https://www.oecd.org/newsroom/support-for-fossil-fuels-almost-doubled-in-2021-slowing-progress-toward-international-climate-goals-according-to-new-analysis-from-oecd-and-iea.htm#:~:text=The%20OECD%20and%20IEA%20have,energy%20security%20and%20energy%20effi (accessed on 16 May 2023). [57]

OECD (2021), "Managing tourism development for sustainable and inclusive recovery", *OECD Tourism Papers*, No. 2021/01, OECD Publishing, Paris, https://doi.org/10.1787/b062f603-en. [158]

OECD (2021), *Transport Strategies for Net-Zero Systems by Design*, OECD Publishing, Paris, https://doi.org/10.1787/0a20f779-en. [112]

OECD (2018), *Human Acceleration of the Nitrogen Cycle: Managing Risks and Uncertainty*, OECD Publishing, Paris, https://doi.org/10.1787/9789264307438-en. [150]

OECD (2018), *OECD Tourism Trends and Policies 2018*, OECD Publishing, Paris, https://doi.org/10.1787/tour-2018-en. [157]

OECD & RE-CIRCLE (2018), *https://www.oecd.org/ - Government Support for Primary and Secondary Metal Production*, https://www.oecd.org/environment/waste/Policy-Highlights-Government-Support-for-Metal-Production.pdf (accessed on August 2023). [161]

OECD et al. (2022), *Latin American Economic Outlook 2022: Towards a Green and Just Transition*, OECD Publishing, Paris, https://doi.org/10.1787/3d5554fc-en. [4]

OECD/FAO (2019), *OECD-FAO Agricultural Outlook 2019-2028*, OECD Publishing, Paris/Food and Agriculture Organization of the United Nations, Rome, https://doi.org/10.1787/agr_outlook-2019-en. [82]

Oxford Business Group (OGB) (2022), *https://oxfordbusinessgroup.com/ - Green hydrogen and Latin America's energy transition*, https://oxfordbusinessgroup.com/articles-interviews/green-hydrogen-and-latin-americas-energy-transition (accessed on 28 May 2023). [88]

PAHO (2016), *Air Quality*, https://www.paho.org/en/topics/air-quality (accessed on 16 July 2023). [14]

PAHO (2011), *Pan American Health Organization - Residuos sólidos*, https://www.paho.org/ (accessed on 2023). [135]

PPCA, P. (2017), *https://poweringpastcoal.org/*, https://poweringpastcoal.org/ (accessed on August 2023). [59]

RELAC (2019), *https://hubenergia.org/es/relac*, https://hubenergia.org/es/relac (accessed on August 2023). [69]

RIFS Potsdam, R. (2022), *https://www.rifs-potsdam.de - Links between Greenhouse Gases, Climate change and Air Quality: Air Pollution and Climate Change*, https://www.rifs-potsdam.de/en/output/dossiers/air-pollution-and-climate-change (accessed on 8 August 2023). [23]

Rivas, M., A. Suárez-Alemán and T. Serebrisky (2019), *Stylized Urban Transportation Facts in Latin America and the Caribbean*, Inter American Development Bank, https://doi.org/10.18235/0001606. [102]

Rodriguez, D. and E. Vergel Tovar (2023), *Bus Rapid Transit and Urban Development in Latin America*, https://www.lincolninst.edu/sites/default/files/pubfiles/2188_1514_Bus_Rapid_Transit_in_Latin_America_0113LL.pdf (accessed on 20 July 2023). [108]

Rodriguez, S. (2022), *Costa Rica backs away from leading oil and gas phaseout coalition*, Climate Home News, https://www.climatechangenews.com/2022/11/03/costa-rica-cop27-oil-gas-phase-out-coalition/. [52]

Saget, C., A. Vogt-Schilb and T. Luu (2020), *El empleo en un futuro de cero emisiones netas en América Latina y el Caribe*, Banco interamericano de Desarrollo, https://doi.org/10.18235/0002509. [76]

Signoria, C. and M. Barlettani (2023), *Environmental, Health, Safety, and Social Management of Green Hydrogen in Latin America and the Caribbean*, Inter-American Development Bank, https://doi.org/10.18235/0004888. [95]

SLOCAT, P. (2021), *Latin America and the Caribbean Regional Overview*, https://tcc-gsr.com/wp-content/uploads/2021/06/1.5-Latin-America-and-the-Caribbean-.pdf. [18]

Statista (2022), *https://www.statista.com/ - Leading countries based on biofuel production worldwide in 2022*, https://www.statista.com/statistics/274168/biofuel-production-in-leading-countries-in-oil-equivalent/ (accessed on 18 May 2023). [79]

Sustainable Mobility for all (2022), "How to unlock public transport for climate and sustainable development: six areas for action", *How to unlock public transport for climate and sustainable development: six areas for action*, https://www.sum4all.org/data/files/how_to_unlock_public_transport_for_climate_and_sustainable_development-six_areas_for_action.pdf (accessed on 8 September 2023). [111]

Sutton-Parker, J. (2021), "Determining commuting greenhouse gas emissions abatement achieved by information technology enabled remote working", *Procedia Computer Science*, Vol. 191, pp. 296-303, https://doi.org/10.1016/j.procs.2021.07.037. [133]

Syam, M. et al. (2022), "Mini Containers to Improve the Cold Chain Energy Efficiency and Carbon Footprint", *Climate*, Vol. 10/5, p. 76, https://doi.org/10.3390/cli10050076. [48]

The Fossil Fuel Non-Proliferation Treaty (2022), *https://fossilfueltreaty.org/*, https://static1.squarespace.com/static/5dd3cc5b7fd99372fbb04561/t/6358a9ce7c826e6c3f0c225a/1666755041757/Fossil+Fuel+Treaty+Briefing+for+Government+Officials.pdf (accessed on 18 June 2023). [60]

The Fossil Fuel Non-Proliferation Treaty (2022), *https://fossilfueltreaty.org/*, https://fossilfueltreaty.org/endorsements (accessed on 2023). [61]

The Guardian (2022), *Colombia announces halt on fossil fuel exploration for a greener economy*, The Guardian, https://www.theguardian.com/world/2023/jan/20/colombia-stop-new-oil-gas-exploration-davos. [54]

Tikoudis, I., T. Udsholt and W. Oueslati (2022), "Tackling air pollution in dense urban areas: The case of Santiago, Chile", *OECD Environment Working Papers*, No. 195, OECD Publishing, Paris, https://doi.org/10.1787/4c8a4f94-en. [105]

Torroba, A. et al. (2023), *Descarbonizando los cielos: biocombustibles sostenibles de aviación*, Inter-American Institute for Cooperation on Agriculture, https://repositorio.iica.int/handle/11324/21441?locale-attribute=en. [121]

Transport Decarbonisation Alliance (2023), *Uruguay incentivises electric vehicle acquisition*, https://tda-mobility.org/uruguay-incentivises-electric-vehicle-acquisition/#:~:text=Uruguay's%20Ministry%20of%20Industry,from%20all%20over%20the%20country. (accessed on 2023). [131]

UN ECLAC (2021), *cepal.org - Conceptualizing a circular economy in the Caribbean: perspectives and possibilities*, https://repositorio.cepal.org/server/api/core/bitstreams/e469c033-81c9-4638-878e-2c3437695299/content. [35]

UN ECLAC (2020), *Medidas de recuperación del sector turístico en América Latina y el Caribe: una oportunidad para promover la sostenibilidad y la resiliencia*, https://repositorio.cepal.org/server/api/core/bitstreams/86ac5966-d3c1-4297-a90f-650ca471ad4f/content (accessed on August 2023). [155]

UN ECLAC (2018), *Urban and Cities Platform of Latin America and the Caribbean*, https://plataformaurbana.cepal.org/en#:~:text=Highlighted%20indicators&text=Currently%2C%2081.2%25%20of%20the%20population,Caribbean%20live%20in%20urban%20areas.&text=By%202050%2089%25%20of%20the,will%20live%20in%20urban%20areas (accessed on 2023). [123]

UN ECLAC (2011), *Brazil, Argentina and Colombia Lead Biofuel Production in the Region*, https://www.cepal.org/en/pressreleases/brazil-argentina-and-colombia-lead-biofuel-production-region (accessed on 18 May 2023). [78]

UN ECLAC and SICA (2022), *Estrategia Energética Sustentable 2030 de los países del SICA*, ECLAC and Sistema de la Integración Centroamericana (SICA), https://repositorio.cepal.org/server/api/core/bitstreams/43105667-395f-48f4-a46c-5134d2e42fea/content (accessed on 20 June 2023). [64]

UNECE, U. (2022), *unece.org - Air pollution, ecosystems and biodiversity*, https://unece.org/air-pollution-ecosystems-and-biodiversity (accessed on 17 August 2023). [24]

UNECE, U. (2016), *unece.org - The co-benefits of climate*, https://unece.org/DAM/Sustainable_Development_No._2__Final__Draft_OK_2.pdf (accessed on August 2023). [22]

UNEP (2022), *Emissions Gap Report 2022*, https://www.unep.org/resources/emissions-gap-report-2022. [1]

UNEP (2021), *2021 Global Status Report for Buildings and Construction*, https://globalabc.org/sites/default/files/2021-10/GABC_Buildings-GSR-2021_BOOK.pdf (accessed on 19 April 2023). [125]

UNEP (2021), *Actions on Air Quality in Latin America and the Caribbean – Executive Summary*, https://wedocs.unep.org/handle/20.500.11822/36699 (accessed on August 2023). [21]

UNEP (2021), *The Production Gap: 2021 Report*, UNEP, https://productiongap.org/wp-content/uploads/2021/11/PGR2021_web_rev.pdf (accessed on 6 April 2023). [55]

UNEP (2019), *Electric buses put Chile on the path to a healthier tomorrow*, https://www.unep.org/news-and-stories/story/electric-buses-put-chile-path-healthier-tomorrow (accessed on 2023). [128]

UNEP and CCAC (2018), *Integrated Assessment of Short-lived Climate Pollutants in Latin America and the Caribbean*, https://www.ccacoalition.org/sites/default/files/resources//CCAC_SLCP%20LAC%20Assessment%20FULL_Web%202_0.pdf. [29]

UNEP and CCAC (2017), *Progress and Opportunities for Reducing Short-lived Climate Pollutants across Latin America and the Caribbean*, https://www.mce2.org/images/docs/UNEP%20159%20Technical_Report_SLCPs%20in%20LAC_2018_3.pdf (accessed on July 2023). [33]

UNFCCC (2018), *https://unfccc.int/ - Santiago Biofactory | Chile*, https://unfccc.int/climate-action/un-global-climate-action-awards/planetary-health/santiago-biofactory-chile (accessed on 24 August 2023). [153]

UNFCCC, U. (2022), *Sharm el-Sheikh Implementation Plan*, https://unfccc.int/sites/default/files/resource/cop27_auv_2_cover%20decision.pdf. [8]

UNFCCC, U. (2021), *Report of the Conference of the Parties serving as the meeting of the Parties to the Paris Agreement on its third session, held in Glasgow from 31 October to 13 November 2021*, https://unfccc.int/sites/default/files/resource/cma2021_10_add1_adv.pdf. [7]

United Nations (2021), *Water, Food and Energy*, https://www.unwater.org/water-facts/water-food-and-energy. [148]

USA and EU (2022), *Global Methane Pledge: From Moment to Momentum*, https://www.state.gov/global-methane-pledge-from-moment-to-momentum/. [9]

Vergana, W., J. Fenhann and S. Santos da Silva (2020), *Zero carbon in Latin America and the Caribbean: The opportunity, cost and benefits of decoupled decarbonization of the powert and transport sectors in Latin America and the Caribbean*, UNEP, https://www.unep.org/resources/report/zero-carbon-latin-america-and-caribbean (accessed on March 2023). [104]

Villagrán-Zaccardi, Y. et al. (2022), "Overview of cement and concrete production in Latin America and the Caribbean with a focus on the goals of reaching carbon neutrality", *RILEM Technical Letters*, Vol. 7, pp. 30-46, https://doi.org/10.21809/rilemtechlett.2022.155. [136]

WHO (2019), *Health, environment and climate change - Draft WHO global strategy on health, environment and climate*, https://apps.who.int/gb/ebwha/pdf_files/WHA72/A72_15-en.pdf?ua=1 (accessed on July 2023). [26]

WMO (2021), *https://public.wmo.int/ - New report shows impacts of climate change and extreme weather in Latin America and Caribbean*, https://public.wmo.int/en/media/press-release/new-report-shows-impacts-of-climate-change-and-extreme-weather-latin-america-and (accessed on July 2023). [146]

World Bank (2022), *Urban population (% of total population) - Latin America & Caribbean*, https://data.worldbank.org/indicator/SP.URB.TOTL.IN.ZS?locations=ZJ (accessed on September 2023). [17]

World Bank (2019), *Green your bus ride: Clean buses in Latin America - Summary Report*, https://documents1.worldbank.org/curated/en/410331548180859451/pdf/133929-WP-PUBLIC-P164403-Summary-Report-Green-Your-Bus-Ride.pdf (accessed on 2023). [107]

Yamaguchi, S. (2023), "The nexus between illegal trade and environmental crime", *OECD Trade and Environment Working Papers*, No. 2023/02, OECD Publishing, Paris, https://doi.org/10.1787/8dae4616-en. [49]

Zeigler, M. and T. Ginya (2014), *The Next Global Breadbasket: How Latin America Can Feed the World: A Call to Action for Addressing Challenges & Developing Solutions*, https://publications.iadb.org/publications/english/viewer/The-Next-Global-Breadbasket-How-Latin-America-Can-Feed-the-World-A-Call-to-Action-for-Addressing-Challenges--Developing-Solutions.pdf (accessed on 22 April 2023). [139]

Notas

[1] Los países que no han firmado son Bahamas, Bolivia, Haití, Nicaragua, Paraguay, San Vicente y las Granadinas, Surinam y Venezuela.

[2] Argentina, Belice, Brasil, Chile, Colombia, Costa Rica, Cuba, Ecuador, El Salvador, Guatemala, Guyana, Haití, Honduras, Jamaica, México, Nicaragua, Panamá, Paraguay, Perú, República Dominicana, Santa Lucía, San Vicente y las Granadinas, Surinam y Uruguay.

[3] Bahamas, Bolivia, Brasil, Dominica, El Salvador, Guatemala, Haití, México, Uruguay.

[4] Países de ingresos altos: Antigua y Barbuda, Bahamas, Barbados, Canadá, Chile, Saint Kitts y Nevis, Trinidad y Tobago, Estados Unidos de América, Uruguay.

[5] Países de ingresos bajos y medios: Argentina, Belice, Bolivia (Estado Plurinacional de), Brasil, Colombia, Costa Rica, Cuba, Dominica, Ecuador, El Salvador, Granada, Guatemala, Guyana, Haití, Honduras, Jamaica, México, República Dominicana, Nicaragua, Panamá, Paraguay, Perú, Santa Lucía, San Vicente y las Granadinas, Surinam, Venezuela.

[6] El efecto producido por la luz y el calor del sol reflejados desde las superficies de la Tierra hacia la atmósfera.

[7] Los hidrofluorocarbonos (HFC) son un grupo de gases sintéticos utilizados principalmente para refrigeración y refrigeración. Muchos HFC son contaminantes climáticos muy potentes y de vida corta, con una vida atmosférica promedio de 15 años.

[8] Panamá (2008); México, Uruguay, Barbados, Costa Rica (2010); Brasil, Chile, El Salvador (2012), Colombia, Honduras, Guatemala (2014); Bahamas, Jamaica (2015); Surinam (2016); Nicaragua (2017); Argentina (2018).

[9] El hidrógeno bajo en carbono incluye hidrógeno verde (hidrógeno de electricidad renovable), hidrógeno azul (hidrógeno de combustibles fósiles con emisiones de CO_2 reducidas mediante el uso de captura, uso y almacenamiento de carbono) y hidrógeno acuático (hidrógeno de combustibles fósiles a través de la nueva tecnología).

4 Áreas de políticas transversales para la resiliencia y la neutralidad climática en la Región de América Latina y el Caribe

Abordar el cambio climático requiere políticas integrales y transversales para garantizar que los esfuerzos del gobierno no queden aislados en un solo sector. El cambio climático es un tema complejo que afecta a múltiples aspectos de la sociedad, incluyendo la economía, la educación, la salud y la equidad social. Los gobiernos de América Latina y el Caribe (ALC) necesitan desarrollar estrategias integradas y un enfoque global y horizontal para abordar y permitir sinergias en cuestiones como la gobernanza climática, la financiación y la información medioambiental. A partir de los debates mantenidos en una serie de Diálogos y Talleres sobre Políticas Regionales sobre estas cuestiones, este Capítulo analiza las prioridades políticas críticas que pueden afectar a múltiples sectores, proporcionando una base para abordar los retos inmediatos y a largo plazo que garantice la incorporación de la neutralidad climática y la resiliencia en la agenda de desarrollo de la región.

Introducción

Las actuales políticas de mitigación y adaptación al cambio climático no son suficientes para lograr emisiones netas cero y resiliencia climática, ni a escala mundial, ni regional, ni nacional, ni localmente. El cambio climático repercute no sólo en las cuestiones medioambientales, sino también en las económicas y sociales. Por lo tanto, la introducción de políticas transversales y horizontales con interrelaciones con el cambio climático, como la gobernanza, la financiación, la innovación, la educación y la igualdad de género, ayudará a proporcionar un marco de políticas públicas más completo para lograr emisiones netas cero y resiliencia climática en la región; así como apoyar la **transición verde.**

La región de América Latina y el Caribe (ALC) enfrenta una alta vulnerabilidad a los impactos del cambio climático y requiere cada vez más "priorizar las acciones de adaptación". Los gobiernos de la región han propuesto planes y acciones de descarbonización dirigidos a los sectores de energía y transporte y ofrecen oportunidades para reducir las emisiones. Sin embargo, el desafío radica en traducir estas ambiciones en resultados mensurables. Lograr la plena integración de la política climática, presupuestos alineados con los objetivos del Acuerdo de París y el desarrollo de proyectos en tramitación exige la coordinación entre múltiples ministerios y la adopción de un enfoque eficaz de todo el Gobierno. Además, requiere garantizar que la planificación nacional y las asignaciones presupuestarias estén alineadas con las Contribuciones Determinadas a Nivel Nacional (NDC) de cada país. La integración del cambio climático implica que la política climática ya no debe limitarse únicamente a las preocupaciones medioambientales. En cambio, las respuestas políticas sostenibles deben integrarse sistemáticamente en los procesos de planificación y toma de decisiones públicos y privados (OECD, 2015[1]). Dadas las limitaciones presupuestarias de los países de ALC, el gasto público debe optimizarse para centrarse en la construcción de infraestructuras y viviendas resilientes, así como en el desarrollo de fuentes de energía renovables. Además, las políticas climáticas deben tener en cuenta el contexto único de altos niveles de pobreza y desigualdad en ALC. Si bien no existen recomendaciones de política que sirvan para todos los casos, es posible proporcionar directrices generales para hacer hincapié en las prioridades clave y los próximos pasos para la futura formulación de políticas (Cárdenas, Bonilla and Brusa, 2021[2]).

La incorporación de políticas transversales garantiza que los esfuerzos contra el cambio climático no queden aislados en un único sector. El cambio climático es una cuestión compleja que afecta a múltiples aspectos de la sociedad, como la economía, la educación, la salud y la equidad social. Al integrar las políticas de los distintos sectores, se puede adoptar un enfoque holístico para abordar los retos polifacéticos que plantea el cambio climático. Por ejemplo, abordar las políticas de financiamiento e inversión puede ayudar a movilizar recursos para proyectos respetuosos con el clima, mientras que las políticas educativas pueden concientizar y promover prácticas sostenibles entre la población.

Los países de todo el mundo están aplicando activamente políticas destinadas a reducir sus emisiones, que abarcan estrategias como mecanismos de fijación de precios del carbono y medidas de eficiencia energética, junto con el apoyo a la investigación, el desarrollo y la implantación de tecnologías con bajas emisiones de carbono. Sin embargo, estas medidas deben ampliarse y profundizarse para reorientar eficazmente las inversiones desde los combustibles fósiles hacia una combinación energética baja en carbono. Por desgracia, las políticas mundiales y regionales a menudo no se alinean con los objetivos climáticos y a veces incluso entran en conflicto con ellos. Los sistemas fiscales promueven inadvertidamente un mayor consumo y producción de energía fósil (OECD, 2015[1]). Además, el clima de inversión no apoya sistemáticamente las infraestructuras a largo plazo centradas en el clima. Así pues, los países deben reevaluar sus marcos políticos para facilitar la transición hacia economías con bajas emisiones de carbono, entendiendo que los desajustes políticos pueden socavar los esfuerzos climáticos y reconociendo al mismo tiempo que la resolución de estos desajustes puede conducir a otros objetivos políticos fundamentales, como una mayor inversión en infraestructura, un crecimiento económico más inclusivo, una mayor seguridad energética y un medio ambiente más saludable. En la actualidad, las políticas y los intereses económicos existentes favorecen principalmente a los combustibles fósiles y a las actividades intensivas en carbono, pero alinear estas políticas con una economía baja en carbono puede impulsar una agenda de reformas más amplia para un crecimiento más sostenible, resiliente e inclusivo. Esto incluye la adopción de códigos fiscales más progresivos, la promoción de inversiones en infraestructuras a largo plazo que favorezcan el crecimiento y el desarrollo de sistemas energéticos y de transporte que den prioridad a un aire más limpio, una mejor salud pública y un suministro energético diversificado (OECD, 2015[1]).

Un marco político global que incorpore políticas transversales puede mejorar la sostenibilidad y la resiliencia a largo plazo de ALC. El cambio climático es un problema continuo y en evolución, y las políticas deben ser adaptables y responder a las circunstancias cambiantes. El examen de las interrelaciones del cambio climático con otros ámbitos políticos y públicos puede sentar las bases para diseñar y abordar retos tanto inmediatos como a largo plazo, garantizando que la acción climática se integre en la agenda de desarrollo de la región.

Garantizar la información y los datos medioambientales es fundamental para ayudar a monitorear los avances en la implementación de todas las políticas públicas, tanto si estas se refieren a la mitigación como si se refieren a la adaptación, si es una política transversal en la región. La información medioambiental puede maximizar el impacto de futuras acciones climáticas y ayudar a mejorar la sostenibilidad a largo plazo.

Las políticas transversales permiten sinergias y maximizan el impacto de las acciones contra el cambio climático. Al integrar las políticas de igualdad de género, por ejemplo, las vulnerabilidades y capacidades únicas de las mujeres pueden tenerse en cuenta en los planes de acción climática. Esto puede conducir a estrategias más inclusivas y eficaces que capaciten a las mujeres para contribuir a las soluciones climáticas y mejorar su resistencia a los impactos climáticos.

Para que las políticas climáticas sean más eficaces, todas las partes interesadas deben identificar y hacer frente a los desajustes significativos con una transición hacia una economía baja en carbono en sus respectivas jurisdicciones. Además, más allá del nivel nacional, una mejor alineación de las políticas entre países puede mejorar la eficacia y mitigar las preocupaciones relacionadas con posibles distorsiones de la competencia. Es importante que los países de ALC den prioridad al aumento de la inversión y el financiamiento sostenibles y bajos en carbono. Esto incluye el desarrollo de medidas fiscales que vayan más allá del sector energético, el fomento de la innovación generalizada de bajas emisiones de carbono, la promoción de prácticas de comercio internacional respetuosas con el clima y la revisión de los mercados eléctricos para proporcionar las señales de precios a largo plazo necesarias para la inversión en tecnologías de bajas emisiones de carbono y alto costo de capital. Además, debe prestarse especial atención a la movilidad urbana sostenible, especialmente en las zonas urbanas. También es importante reforzar los incentivos para el uso sostenible de la tierra con el fin de reducir la deforestación, restaurar las tierras degradadas, adoptar prácticas agrícolas bajas en carbono y mejorar el secuestro de carbono en suelos y bosques (OECD, 2015[1]).

Este capítulo abarca los puntos anteriores, que se destacaron a través de una serie de Diálogos y Talleres sobre Políticas Regionales, con la participación de expertos de ALC y de la OCDE. Se centra en áreas políticas transversales, que son criticas enfrentar el cambio climático de manera integral y comprensiva en la región.

Gobernanza y formulación de políticas climáticas

La gobernanza climática es compleja ya que implica múltiples actores y partes interesadas, a nivel internacional, nacional y local. La acción frente al cambio climático requiere la cooperación entre muchos actores gubernamentales y no gubernamentales. Además, requiere una gobernanza multinivel debido a las causas e impactos multinivel que cause, así como la participación de todos los actores sociales para dar una respuesta eficaz.

La aplicación eficaz de políticas es esencial para alcanzar los objetivos políticos de mitigación y adaptación al cambio climático. Uno de sus requisitos previos es una gobernanza climática eficaz, que englobe intervenciones dirigidas a modificar los incentivos, los conocimientos, las instituciones, los procesos de toma de decisiones y los comportamientos medioambientales. Implica procesos, mecanismos y organizaciones reguladoras, a través de los cuales los actores políticos influyen en las acciones y los resultados medioambientales (Lemos and Agrawal, 2006[3]).

Comprender la naturaleza de la gobernanza multinivel proporciona una base para reforzar y promover la innovación, aumentar la capacidad de resolución de problemas, facilitar el aprendizaje y mejorar la eficiencia en la toma de decisiones, al tiempo que permite crear mecanismos adaptables a contextos, temas y sectores específicos. La gobernanza climática multinivel garantiza la coherencia entre los planes y las políticas locales, nacionales e internacionales, fomentando la colaboración, la innovación y el aprendizaje entre los actores y las autoridades de los distintos niveles. Este enfoque permite establecer objetivos, mecanismos, políticas y soluciones compartidas, creando estructuras para el intercambio de información, la toma de decisiones, el seguimiento, la supervisión y la presentación de reportes, y, en última instancia, mejorando la colaboración entre los actores a diferentes niveles mediante la definición de funciones, relaciones y responsabilidades claras (Cognuck González and Numer, 2020[4]).

Compromiso con las asociaciones internacionales

Las asociaciones y la cooperación internacionales desempeñan un papel crucial a la hora de abordar los retos mundiales, especialmente en el contexto del cambio climático. La región de ALC, con sus diversos ecosistemas y poblaciones vulnerables, es particularmente susceptible a los impactos del cambio climático. Comprometerse con las asociaciones internacionales y fomentar la cooperación es de suma importancia para que la región aborde eficazmente las políticas climáticas y garantice un futuro sostenible.

Las asociaciones internacionales pueden mejorar la capacidad de la región. Uniendo sus fuerzas, los países pueden utilizar algunos recursos comunes, experiencia y conocimientos para abordar los retos del cambio climático con mayor eficacia. Pueden compartir experiencias, mejores prácticas e investigación, lo que permite a cada país aprender de los éxitos y fracasos de los demás. El intercambio de conocimientos también puede fomentar la innovación y promover la adopción de prácticas sostenibles en toda la región.

La Organización del Tratado de Cooperación Amazónica (OTCA) proporciona una plataforma en la que los países comparten compromisos para promover y coordinar el desarrollo sostenible y la conservación de la selva amazónica. Esta organización intergubernamental fue creada en 1978 por Bolivia, Brasil, Colombia, Ecuador, Guyana, Perú, Surinam y Venezuela, que firmaron colectivamente el Tratado de Cooperación Amazónica (TCA), con el objetivo principal de proporcionar un marco jurídico que reconozca la importancia y la naturaleza transfronteriza del ecosistema amazónico. Durante la última Cumbre Amazónica, celebrada en agosto de 2023 en Belém do Pará, los países asistentes aprobaron la Declaración de Belém, que, entre otros puntos clave, reconoce la inestimable contribución de los pueblos indígenas, las comunidades locales, las mujeres y los jóvenes en los esfuerzos de conservación de los bosques tropicales. La declaración reafirma un compromiso compartido con la conservación de los bosques, la mitigación de los factores que impulsan la deforestación, la conservación de la biodiversidad y la búsqueda de una transición ecológica equitativa. Destaca la importancia de la cooperación internacional como el medio más potente para mantener los compromisos dirigidos a reducir la deforestación y la degradación de los bosques y subraya la necesidad de que los países desarrollados cumplan sus compromisos sobre financiación climática (Government of Brazil, 2023[5]). El Pacto de Leticia para la protección de la selva amazónica, también adoptado a través de la OTCA, y el Acuerdo de Escazú para la integración justa de las comunidades locales y los pueblos indígenas son ejemplos adicionales de cooperación multilateral cuya aplicación permitirá la consolidación integral de los logros a nivel nacional a largo plazo.

Las asociaciones internacionales también refuerzan el poder de negociación colectiva de los países. Al formar asociaciones, los países pueden presentar un bloque unido en las negociaciones internacionales sobre el clima, priorizar sus retos conjuntos y defender sus necesidades específicas. Las asociaciones internacionales abordan las actuales deficiencias de aplicación de los acuerdos e instrumentos multilaterales, alinean las prioridades nacionales y regionales con los objetivos multilaterales de sostenibilidad y facilitan la transferencia de tecnología y el desarrollo de capacidades. Esto se consigue mediante diálogos políticos y el intercambio de experiencias a través del aprendizaje entre iguales. Además, las alianzas internacionales pueden desempeñar un papel crucial a la hora de ayudar a los países de ALC a abordar los retos comerciales cuando se adaptan a las nuevas normas y reglamentos ecológicos internacionales (OECD et al., 2022[6]).

Desarrollo de políticas públicas de cambio climático a escala nacional [enfoques de arriba hacia abajo y de abajo hacia arriba].

Consideraciones y ventajas de un enfoque de arriba hacia debajo de política pública

En algunos aspectos, es necesario un enfoque de arriba hacia debajo, ya que enfatiza la necesidad de que los gobiernos formulen políticas públicas con objetivos bien definidos, establezcan leyes, reglamentos y normas sólidas y elaboren directrices para los gobiernos nacionales y subnacionales. Los acuerdos institucionales sectoriales pueden ayudar a las partes interesadas a reducir las emisiones de gases de efecto invernadero (GEI), sobre todo en sectores difíciles de abatir como el cemento, el acero y la petroquímica, así como en ámbitos como la construcción y la generación de energía, al tiempo que se reduce la dependencia de los combustibles fósiles. Un planteamiento de arriba hacia debajo también facilita la participación de una serie de partes interesadas y permite una integración sin fisuras en todos los ámbitos políticos, que abarcan la energía, el transporte, la agricultura, la planificación urbana y el desarrollo económico, teniendo debidamente en cuenta las consecuencias sociales y económicas, especialmente entre las comunidades vulnerables. Los comités interministeriales de alto nivel y los grupos de trabajo son mecanismos que pueden fomentar la coordinación, integrar los esfuerzos de mitigación y adaptación al cambio climático en diferentes sectores y niveles de gobierno, e implicar a partes interesadas externas para mejorar el carácter inclusivo del proceso de elaboración de este tipo políticas (UNFCCC, 2019[7]); (OECD, 2021[8]). Al mismo tiempo, estos mecanismos ofrecen un medio integral para abordar de forma holística las preocupaciones ambientales, establecer acciones prioritarias, asignar recursos financieros vitales y aplicar sistemas de Medición, Reporte y Verificación (MRV) para evaluar la eficacia de las políticas, mejorar la rendición de cuentas y ayudar a identificar áreas de mejora.

La voluntad y el liderazgo político desempeñan un papel crucial en la consecución de una coordinación jurídica e institucional eficaz en ALC, así como en el avance hacia economías resilientes al clima y con bajas emisiones de carbono, y hacia mayores ambiciones climáticas. El liderazgo político dentro de cada país debe mostrar su dedicación tanto al desarrollo como a la ejecución de políticas de cambio climático. Reducir la brecha entre las expectativas globales y los compromisos políticos es crucial, junto con elevar las ambiciones en materia de mitigación, adaptación y financiación climática.

Este enfoque de arriba hacia debajo de las políticas de mitigación del cambio climático podría abordar una serie de retos en ALC. Podría: i) establecer objetivos específicos de reducción de emisiones, así como compromisos financieros regionales; ii) facilitar el desarrollo de mecanismos de mercado interno, así como sistemas de MRV, junto con regímenes de cumplimiento que garanticen el logro de objetivos y metas; iii) ayudar a prevenir la fuga de carbono; y iv) proporcionar a los países la información necesaria para desarrollar políticas eficaces, eficientes y basadas en la evidencia (Marr, Marett and Wohlgemuth, 2018[9]); (IEA, 2020[10]). Es importante señalar que, si bien tanto los enfoques de arriba hacia abajo como los de abajo hacia arriba son necesarios para abordar la complejidad del cambio climático, un enfoque de arriba hacia abajo es particularmente crucial para las políticas de mitigación del cambio climático debido a estas particularidades.

Al mismo tiempo, los países deben reconocer la importancia de equilibrar las iniciativas de arriba hacia abajo con un enfoque de abajo hacia arriba que implique a las comunidades locales (explicado en la sección siguiente sobre el enfoque de abajo hacia arriba de este capítulo). La combinación de ambos enfoques puede conducir a un avance más eficaz y eficiente de la política climática (Hermansen and Sundqvist, 2022[11]). Limitar la consideración a sólo un enfoque podría dar lugar a soluciones subóptimas para las comunidades más afectadas por el cambio climático, pero con menos recursos para adaptarse a él (Qamar and Archfield, 2022[12]). Las acciones de arriba hacia abajo establecen objetivos y metas generales, mientras que las de abajo hacia arriba aportan soluciones específicas y concretas para alcanzar esos objetivos. Esta combinación puede dar lugar a políticas de mitigación del cambio climático más eficaces, ya que proporciona un marco jurídico, recursos financieros y coordinación global o nacional, al tiempo que capacita a las comunidades locales para actuar y abordar las necesidades y prioridades locales.

Box 4.1. Ejemplos de enfoques de arriba hacia abajo y de grupos interministeriales en ALC

El *Plan Nacional de Descarbonización 2019* de Costa Rica, cuyo objetivo es que el país sea neutro en carbono para 2050. El plan incluye medidas para reducir las emisiones de GEI, como la promoción de fuentes de energía renovables, la aplicación de medidas de eficiencia energética y la ampliación de los esfuerzos de secuestro de carbono.

En 2020, Perú estableció una Comisión de Alto Nivel sobre Cambio Climático, con la responsabilidad de proponer acciones de mitigación y adaptación al cambio climático, con el objetivo de lograr cero emisiones netas de GEI para 2050 y aumentar progresivamente las NDC de Perú. Además, elabora reportes técnicos y propone actualizaciones para alinear las NDC del país con los objetivos climáticos globales. Está liderado por el Presidente del Consejo de Ministros; e incluye a ministros de diversos sectores e instituciones gubernamentales.

La República Dominicana creó en 2008 el Consejo Nacional para el Cambio Climático y el Mecanismo de Desarrollo Limpio. Esta institución gubernamental coordina y promueve la aplicación de políticas y acciones de mitigación y adaptación en el país. Formula y aprueba la estrategia de inversión para los proyectos del Mecanismo de Desarrollo Limpio. El Consejo está presidido por el Presidente de la República; otros miembros son los ministros de Medio Ambiente y Recursos Naturales, Economía, Planificación y Desarrollo, Agricultura, Relaciones Exteriores, Finanzas, Industria y Comercio, Salud Pública y Asistencia Social y Turismo. También asisten a las reuniones los responsables del Banco Central de la República Dominicana, la Comisión Nacional de Energía, la Oficina para el Reordenamiento del Transporte, la Superintendencia de Electricidad, la Corporación Dominicana de Empresas Eléctricas Estatales, la Asociación de Bancos de la República Dominicana, la Asociación de Industrias de la República Dominicana, los generadores privados del sector energético nacional, el Consejo Nacional de la Empresa Privada y representantes de organizaciones de la sociedad civil.

Fuente: (Government of Costa Rica, 2018[13]); (Ministry of Environment Peru, n.d.[14]); (Presidéncia de la República Dominicana, n.d.[15])

Aumentar la inclusión teniendo en cuenta a las comunidades locales y a los grupos vulnerables: enfoque de abajo hacia arriba

El enfoque abajo hacia arriba está centrado en las personas y permite generar conocimientos basados en su comprensión de las condiciones, riesgos y respuestas actuales. Este enfoque enfatiza la importancia de los elementos o componentes individuales que contribuyen a un sistema o solución holística. Se centra en los umbrales de vulnerabilidad recientes y presentes, estudiando empíricamente las respuestas locales para definir las prioridades y preocupaciones locales. Incluye escalas geográficas más finas y examina los procesos físicos, ecológicos y sociales, así como la sensibilidad actual al tiempo y al clima. Además, evalúa las opciones políticas plausibles dentro de los límites tecnológicos, ecológicos o sociales percibidos, al tiempo que considera diversas medidas normativas del riesgo para las poblaciones vulnerables (Conway et al., 2019[16]).

Los efectos del cambio climático afectan de manera desproporcionada a los más pobres y vulnerables, lo que implica la necesidad de estrategias de adaptación y de gestión del riesgo para gestionar los impactos existentes y riesgos climáticos. Los gobiernos subnacionales desempeñan un papel vital en la transición hacia una economía climáticamente neutra y en el cumplimiento de los compromisos ambientales internacionales. También son actores clave en los esfuerzos de mitigación y adaptación debido a su jurisdicción sobre ámbitos políticos cruciales para la transición hacia la neutralidad climática (OECD, 2022[17]). Un enfoque abajo hacia arriba es importante, ya que permite el desarrollo de acciones basadas en la comunidad, con el objetivo de lograr la equidad y la eficacia en la implementación de políticas dentro de las comunidades (Qamar and Archfield, 2022[12]). Las evaluaciones abajo hacia arriba permiten comprender mejor los contextos específicos, la transmisión de impactos a través de la organización socioeconómica, local y los riesgos (Conway et al., 2019[16]).

El desarrollo y la aplicación de un enfoque abajo hacia arriba plantean importantes retos, ya que suelen requerir muchos recursos debido a su naturaleza contextual. Adquirir suficiente información detallada sobre sistemas complejos para la toma de decisiones es todo un reto, y generalizar las conclusiones o lecciones a otros contextos resulta problemático. Además, se carece de concienciación y de medios para adquirir soluciones innovadoras, y persiste la incertidumbre respecto a los cambios físicos, la evolución socioeconómica y los costos y beneficios asociados a los distintos planteamientos o escalas temporales. Para hacer frente a estos retos, los procesos abajo hacia arriba deben tener como objetivo aumentar la comparabilidad entre distintos casos y desarrollarse a partir de casos anteriores que hayan tenido éxito (Box 4.2) (Conway et al., 2019[16]); (Boteler et al., 2015[18])).

Box 4.2. Ejemplos de enfoques de abajo hacia arriba en ALC

Entre 2018 y 2019, Perú inició un proceso de consulta con las comunidades indígenas para elaborar el reglamento de la Ley de Cambio Climático del país. Este proceso marcó un hito importante en la conformación de políticas públicas para la acción climática en Perú, ya que representó la primera consulta de este tipo en Sudamérica para la aprobación de una normativa nacional. El objetivo principal fue establecer una base sólida para el desarrollo de políticas públicas que incorporen las perspectivas de todas las partes interesadas, siguiendo una política de puertas abiertas y un enfoque participativo, inclusivo y descentralizado. El resultado de este proceso se tradujo en 152 acuerdos, de los cuales 147 se han aplicado con éxito.

Desde 1984, las partes interesadas de Belice han colaborado para proteger el entorno natural mediante un acuerdo informal conocido como cogestión. Más recientemente, el gobierno de Belice formalizó estos esfuerzos con la introducción de un nuevo Marco de Cogestión de Áreas Protegidas. Estos acuerdos, que son específicos para cada lugar, abarcan una amplia gama de responsabilidades, como la responsabilidad financiera, la transparencia y la comunicación de datos. Además, fomentan una colaboración más estrecha entre el gobierno de Belice y los socios conservacionistas. En 2016, Belice había establecido 48 áreas protegidas en régimen de cogestión, lo que representa casi el 50% de todas las áreas protegidas del país. Estas iniciativas han aportado importantes beneficios socioeconómicos a las comunidades locales, han fomentado sólidas estructuras de gobernanza colaborativa a múltiples niveles y han sostenido la autoorganización para promover la cogestión a lo largo del tiempo. Además, en 2014 se creó la Iniciativa Mundial de Apoyo a los Territorios y Áreas Conservados por Pueblos Indígenas y Comunidades Locales (ICCA-GSI). Esta iniciativa pretende mejorar el reconocimiento y la eficacia de la conservación de la biodiversidad, los medios de vida sostenibles y la resiliencia al cambio climático en dichos territorios y áreas. La fase 1 de ICCA-GSI está actualmente en marcha en 26 países, entre ellos Argentina, Belice, Brasil, Colombia, Ecuador, Guatemala, Paraguay, Perú y Surinam en ALC.

Fuente: (MINAM, 2022[19]); (Williams and Tai, 2016[20]); (SGP, n.d.[21]); (Government of Belize, 2022[22])

Es crucial que los países de ALC desarrollen políticas públicas que potencien los enfoques descritos para la mitigación y adaptación al cambio climático. Los países de ALC podrían promover el desarrollo de métodos y enfoques participativos para identificar las principales barreras y oportunidades para la aplicación de estrategias y planes locales. Deberían establecer directrices y criterios de evaluación sólidos para las medidas pertinentes y, al mismo tiempo, mejorar la coordinación de las políticas para garantizar la flexibilidad y la capacidad de respuesta a los escenarios ambientales (Russel et al., 2020[23]);

(Campos et al., 2018[24]). Deben desarrollarse programas educativos y de desarrollo de capacidades para informar e implicar a las partes interesadas locales pertinentes en el proceso de toma de decisiones (Danish, 1995[25]).

Los marcos normativos deben combinar elementos de ambos enfoques, con sus propias ventajas e inconvenientes. La educación desempeña un papel fundamental a la hora de confiar en las comunidades de las regiones en desarrollo para la adaptación al cambio climático. A menudo, las comunidades necesitan una educación de nivel básico sobre los posibles marcos de adaptación dirigidos por la comunidad, lo que podría considerarse un enfoque de abajo hacia arriba. Sin embargo, a medida que las comunidades empiezan a tomar medidas por sí solas, pueden favorecerse los enfoques de arriba hacia abajo. Apoyar estrategias de adaptación eficaces depende del contexto local. Como ya se ha mencionado, limitar la consideración a algún enfoque podría dar lugar a soluciones subóptimas para las comunidades más afectadas por el cambio climático, pero con menos recursos para adaptarse a él (Qamar and Archfield, 2022[12]); (Conway et al., 2019[16]). La combinación de las perspectivas de los enfoques de abajo hacia arriba y de arriba hacia abajo puede generar una comprensión más holística de las vulnerabilidades de las personas y las comunidades a los riesgos climáticos y sus posibles respuestas, abarcando aspectos físicos, sociales y económicos. Aunque los enfoques de modelización de arriba hacia abajo son eficaces para comprender cómo pueden diferir los impactos en función de los distintos niveles de temperatura, una visión más detallada y una adaptación eficaz a cualquier nivel de estabilización de la temperatura requieren contribuciones de los enfoques de abajo hacia arriba. Es probable que el desarrollo de métodos e información híbridos sea más útil que depender de un único enfoque, tanto a corto como a largo plazo, tanto para los responsables de los tomadores de decisiones como para las comunidades (Conway et al., 2019[16]).

Por último, las revisiones de estos marcos políticos nacionales deben ajustarse a los compromisos internacionales de los países, teniendo en cuenta los plazos fijados para alcanzar los objetivos y metas, los medios de aplicación, así como las actualizaciones en innovación y tecnología que puedan ayudar a conseguirlos.

Recomendación

- **Revisar y actualizar progresivamente los marcos regulatorios nacionales.** Considerar los beneficios y desafíos de los enfoques de política de arriba hacia abajo y de abajo hacia arriba. La actualización de las leyes y regulaciones nacionales alineadas con las actualizaciones de las NDCs, así como el establecimiento de PNAs y Estrategias de Largo Plazo, son esenciales para alcanzar los compromisos globales establecidos en los Objetivos de Desarrollo Sostenible (ODS) y las tres convenciones ambientales (cambio climático, biodiversidad y desertificación), manteniendo al mismo tiempo decisiones políticas basadas en la ciencia.

Planificación global y evaluación ambiental estratégica

La creciente utilización de las Evaluaciones Ambientales Estratégicas (EAEs) es crucial para promover la toma de decisiones sostenibles en los planes, programas y políticas en ALC. Las EAEs constituyen un valioso instrumento de gestión ambiental que permite a los países incorporar los aspectos ambientales del desarrollo sostenible en los procesos de formulación de políticas y planificación. Facilitan la inclusión de consideraciones de mitigación y adaptación al cambio climático desde una perspectiva integrada en la planificación y el ordenamiento territorial, promoviendo así una toma de decisiones informada y participativa que involucre a los actores clave, incluyendo al público, al sector privado y a la sociedad civil (MMA, 2022[26]). Las EAEs son evaluaciones integrales que valoran los efectos de las políticas, planes y programas sobre el medio ambiente y la salud, con el objetivo de orientarlos hacia resultados sostenibles. Al integrar las consideraciones medioambientales y sanitarias con los factores económicos y sociales, las EAEs proporcionan una evaluación holística de la sostenibilidad y facilitan los procesos de toma de decisiones con conocimiento de causa. Se aplican en las primeras fases de la toma de decisiones para apoyar la formulación de políticas eficaces y sostenibles. Las EAEs son un paso lógico que estructura la preparación de proyectos y complementa el enfoque específico de las Evaluaciones de Impacto Ambiental (EIAs) (OECD, 2006[27]).

Se ha avanzado hacia la adopción y regulación de las EAEs en ALC, aunque es necesario seguir avanzando. En 2019, Chile, Costa Rica y Uruguay, implementaron regulaciones para el análisis ambiental de políticas, planes y programas relacionados con el ordenamiento territorial. Además, Brasil, Cuba, El Salvador, Guatemala, República Dominicana y Venezuela emitieron acuerdos gubernamentales o proyectos de ley relativos a la utilización de las EAEs para el análisis de políticas, planes y programas (Massuela Calenga, Montes de Oca Risco and Ulloa Carcassés, 2019[28]). Las EAEs constituyen una herramienta importante para garantizar la sostenibilidad de las políticas y los programas. Sin embargo, la región de ALC se enfrenta a ciertos retos en el desarrollo de la EAEs, como la ausencia de metodologías de EAEs adaptadas a diversos contextos políticos y escenarios de gobernanza. Además, se necesitan mecanismos eficaces de seguimiento de los programas aplicados en el marco de procesos de EAEs. Para avanzar en las prácticas de EAEs en la región y alinearlas con criterios sostenibles, es crucial asegurar el apoyo de los tomadores de decisiones para la adecuada adaptación de planes y políticas (Rodrigo-Ilarri et al., 2020[29]).

Algunos países de la región de ALC han adoptado diferentes instrumentos jurídicos para introducir y aplicar la EAEs. Bolivia, Chile y Perú tienen leyes generales que se aplican en todo el país, mientras que Colombia y México han introducido un plan nacional de desarrollo que engloba la EAEs y una legislación específica aplicable a nivel municipal, respectivamente. Por otro lado, Brasil no dispone de un marco nacional que regule las EAE, pero están reguladas a nivel estatal en Bahía, Minas Gerais y Sao Paulo (Rodrigo-Ilarri et al., 2020[29]).

Las EAEs en ALC podrían ofrecer varios beneficios más allá de proporcionar información para una mejor toma de decisiones. Mediante un enfoque gradual, las EAEs mejoran la transparencia y la comunicación en relación con los aspectos ambientales y sanitarios del desarrollo, contribuyendo al bienestar general de la región. Las EAEs contribuyen a un alto nivel de protección ambiental al proporcionar a las autoridades de planificación sugerencias para mitigar los efectos negativos y explorar oportunidades de desarrollo alternativas. Además, las EAEs promueven el desarrollo económico sostenible, facilitan la transición hacia economías más ecológicas, mejoran los procesos de planificación y programación, aumentan la eficiencia en la toma de decisiones, fortalecen la gobernanza, fomentan la confianza pública y sirven como una valiosa herramienta para la adaptación al cambio climático y su mitigación (UNECE, 2016[30]).

La aplicación de las EAEs en la región de ALC plantea algunos retos. En primer lugar, las EAEs no siempre son obligatorias, ya que puede no haber voluntad política para su aplicación generalizada. En segundo lugar, hay una falta de marcos institucionales y de procedimiento en la aplicación de las EAEs, por lo que las evaluaciones no siempre son completas en cuanto a los impactos y no ofrecen alternativas. Es necesario desarrollar metodologías que ofrezcan alternativas comprensibles y realizables, adaptadas al contexto regional. En tercer lugar, existe una falta de capacidad institucional y técnica por parte de los evaluadores. Es crucial que los países de ALC proporcionen formación a los funcionarios públicos, permitiéndoles desarrollar un sistema basado en el pensamiento estratégico en lugar de centrarse únicamente en el cumplimiento legal. Esto puede lograrse mediante la formulación de directrices detalladas para cada etapa del proceso de EAEs y asegurando la divulgación de conceptos y requisitos legales dentro de cada agencia gubernamental (Rodrigo-Ilarri et al., 2020[29]); (Massuela Calenga, Montes de Oca Risco and Ulloa Carcassés, 2019[28]).

Una acción regional coordinada para la adopción de la EAEs podría garantizar un mayor nivel de protección del medio ambiente en ALC. Una vez elaboradas las directrices de EAEs, es esencial centrarse en los procedimientos técnicos de aplicación de las mismas. Aumentar la concienciación y la comprensión entre los responsables políticos de la región también es vital para garantizar la adopción generalizada de la EAEs. Los países deben revisar sus marcos jurídicos, teniendo en cuenta los requisitos necesarios para alinear las EAEs con la planificación del desarrollo. Además, pueden establecer acuerdos regionales para la difusión y el intercambio de conocimientos, desarrollar normas y métodos armonizados adaptados a las condiciones específicas de la región y avanzar en la creación de metodologías regionales de EAEs que incluyan un análisis de alternativas e incorporen criterios sencillos para determinar la alternativa más viable. También es importante proponer metas ambientales regionales relacionadas con la EAEs que sean realistas para cada país, considerando factores sociales y económicos. Además, los países deben centrarse en el desarrollo de las capacidades de EAEs, el fortalecimiento de los mecanismos de comunicación interinstitucional y el establecimiento de redes entre todas las partes interesadas. Una EAE eficaz depende de un proceso adaptativo y continuo que haga hincapié en el fortalecimiento institucional, la gobernanza y la toma de decisiones, en lugar de basarse simplemente en un enfoque lineal y técnico centrado únicamente en los impactos (Box 4.3) (Rodrigo-Ilarri et al., 2020[29]); (OECD, 2006[31]).

Box 4.3. Apoyo Internacional al desarrollo de EAEs en ALC

Las EAEs en ALC están ganando terreno, con el apoyo de organizaciones multilaterales de desarrollo económico y social como el Banco Mundial, la Comisión Económica para América Latina y el Caribe de las Naciones Unidas (CEPAL), la Comisión Centroamericana de Ambiente y Desarrollo (CCAD) y el PNUMA. La Iniciativa para la Integración de la Infraestructura Regional Sudamericana (IIRSA), organización multinacional, multisectorial y multidisciplinar que coordina a 12 gobiernos sudamericanos, junto con instituciones financieras multilaterales como el Banco Interamericano de Desarrollo (BID) y el Banco de Desarrollo de América Latina y el Caribe (CAF), así como la OCDE, en colaboración con el sector privado, está desarrollando un programa conjunto destinado a promover la integración de las infraestructuras de transporte, energía, turismo y telecomunicaciones entre los países sudamericanos y que incluye el uso de la EAEs como complemento de la EIAs para los proyectos financiados por estas instituciones.

Fuente: (Massuela Calenga, Montes de Oca Risco and Ulloa Carcassés, 2019[28])

Recomendación

- **Acordar estrategias, planes y programas a largo plazo.** Incrementar el uso de EAEs para promover la sustentabilidad en la toma de decisiones, planes, programas y políticas. La transparencia y la evaluación estratégica periódica también contribuirán al cumplimiento de los compromisos de Medición, Reporte y Verificación (MRV) establecidos en los instrumentos de la CMNUCC.

Información y monitoreo ambiental

Recopilación de datos ambientales para mejorar la elaboración de políticas

La falta de información ambiental y las lagunas de datos restan importancia a los problemas ambientales y retrasan una comprensión clara de los costes ecológicos asociados a los proyectos (Gligo et al., 2020[32]). Esta falta de información conduce a una comprensión incompleta de la naturaleza y la escala de los problemas del cambio climático y de las políticas necesarias para abordarlos. Además, afecta a la evaluación de las tendencias y los avances en los esfuerzos de mitigación y adaptación, limitando la capacidad de evaluar las políticas, establecer indicadores y supervisar los impactos. En los últimos años, ha crecido el interés por medir los avances hacia el desarrollo sostenible y mejorar la contabilidad medioambiental en los países en desarrollo, debido a que la falta de datos conlleva la pérdida de oportunidades de negocio, así como intervenciones de servicios públicos costosas e ineficaces por parte de los gobiernos, especialmente, para los hogares pobres y vulnerables (OECD, 2017[33]).

Poder recopilar datos ambientales pertinentes, oportunos, desglosados y fiables permite a los países establecer prioridades, tomar decisiones políticas con conocimiento de causa para hacer frente a los retos del cambio climático y seguir los avances hacia el cumplimiento de sus compromisos climáticos internacionales y nacionales. La revolución de los datos, caracterizada por un enorme aumento del volumen de datos digitales conocidos como "big data" y, más concretamente, de datos de observación de la tierra, ofrece a los gobiernos y a los institutos nacionales de estadística la posibilidad de producir y utilizar esos datos para complementar y reforzar las estadísticas oficiales, sin sustituirlas. Las nuevas tecnologías permiten una producción de datos más fácil, rápida y barata para hacer decisiones informadas sobre políticas y prioridades. Los institutos nacionales de estadística pueden desempeñar un papel crucial en la mejora de la accesibilidad, la transformación y el análisis de los datos, al tiempo que adoptan políticas de datos abiertos y fomentan la toma de decisiones basada en pruebas (OECD, 2017[33]).

Hay importantes retos metodológicos y estratégicos que deben abordarse, como lograr un equilibrio entre la producción de datos para el seguimiento mundial y para la elaboración de políticas nacionales. Otra cuestión es ampliar la información y el análisis estadísticos relacionados con las condiciones medioambientales y los indicadores de sostenibilidad tanto a escala nacional como regional, así como reforzar la capacidad de seguimiento y evaluación. Es crucial que los países de ALC refuercen, amplíen y doten de capacidades humanas la producción de estadísticas medioambientales y asignen un presupuesto regular a las actividades estadísticas. En toda la región, la falta de marcos jurídicos nacionales en materia de estadística dificulta la definición de funciones, objetivos y asignación presupuestaria, que deberían ajustarse a los Principios Fundamentales de las Estadísticas Oficiales de las Naciones Unidas. Además, la asignación de fondos para los planes y estrategias estadísticos nacionales es inadecuada, y los datos disponibles suelen estar insuficientemente desglosados, lo que imposibilita a los responsables políticos hacer un seguimiento o comparar las situaciones de los diferentes grupos de población o comunidades (OECD, 2017[33]). Sigue habiendo diferencias significativas en las capacidades de los sistemas estadísticos entre los países de la región. Algunos países carecen de los medios y la infraestructura necesarios para producir datos de alta calidad. Por lo tanto, es necesario que todos los países de ALC mejoren, amplíen y equipen la producción de estadísticas ambientales con recursos humanos bien capacitados y un presupuesto regular (OECD, 2017[33]); (Ocampo, 2021[34]).

Los sistemas estadísticos nacionales de ALC necesitan aumentar su capacidad institucional, adoptar la apertura de datos, formar asociaciones y promover el uso de datos para maximizar los beneficios de la revolución de datos. Los gobiernos pueden establecer marcos normativos claros que definan el alcance, los objetivos y los requisitos de las estadísticas ambientales. El establecimiento de registros nacionales sobre medidas de mitigación y adaptación en ALC requiere diferentes enfoques políticos para apoyar su desarrollo, implementación y mantenimiento. Es esencial contar con Institutos Nacionales de Estadística bien financiados con unidades especializadas centradas en las estadísticas ambientales (UN ECLAC, 2017[35]). Al mismo tiempo, es importante señalar que una cantidad importante de información en la región es recopilada por organismos no gubernamentales. Estos organismos deben adoptar las mejores prácticas utilizadas por las oficinas de estadística. También es vital promover el uso de los datos para la toma de decisiones mediante el compromiso con los usuarios dentro y fuera del gobierno y liderar programas para aumentar la alfabetización estadística y su uso. Pueden formarse alianzas estratégicas a nivel regional, incluso con organizaciones internacionales activas en la región, para crear sinergias y combinar recursos de agencias, donantes y países.

La publicación de la OCDE Environment at a Glance in Latin America and the Caribbean es un primer paso en la recopilación y uso de los datos e información ambientales disponibles y en el desarrollo de indicadores para la región. La información disponible abarca la mitigación del cambio climático, con datos sobre emisiones de GEI, contaminación atmosférica y combinación energética. En cuanto a la adaptación al clima, la información se centra en los riesgos climáticos y los impactos climáticos sobre la biodiversidad. Otros indicadores cubren políticas climáticas seleccionadas, sobre acciones climáticas adoptadas, impuestos relacionados con el medio ambiente, precios del carbono y Ayuda Oficial al Desarrollo (AOD) para el clima y la biodiversidad (OECD, 2023[36]). Existen varios esfuerzos internacionales para recopilar y organizar datos; sin embargo, estos no suelen abarcar todos los países de ALC. Un enfoque más exhaustivo, que apoye los esfuerzos de los países de todo el mundo para alcanzar emisiones netas cero de GEI y una economía más resiliente para 2050, sería igualmente beneficioso para los países de ALC.

La recopilación de datos puede mejorarse mediante la colaboración con otras organizaciones internacionales de la región y con las oficinas nacionales de estadística. El apoyo a las oficinas nacionales de estadística y a las agencias medioambientales mediante el desarrollo de capacidades y una financiación adecuada también puede ayudar a los países a desarrollar habilidades para recopilar datos a nivel nacional y local y mejorar las capacidades en ALC. Dichos datos, combinados con otras estadísticas económicas, también podrían promover el Sistema de Contabilidad Económica Ambiental (SEEA) en ALC (Box 4.4). La región sigue necesitando datos ambientales detallados y granulares, entre otros, sobre cuestiones relacionadas con inventarios de biodiversidad, cartografía de ecosistemas, emisiones y contaminación atmosférica. Aunque la SEEA proporciona un marco para la normalización de los datos, la recopilación de datos básicos sigue siendo fundamental y necesaria en la región.

Box 4.4. Promoción del SEEA en la región de ALC

El SEEA sirve de norma estadística internacional para la contabilidad del capital natural y la medición de las relaciones entre la economía y el medio ambiente, registrando las existencias y los flujos de activos medioambientales y sus cambios. Los países de ALC están especialmente interesados en obtener información detallada y eficaz sobre estrategias de crecimiento ecológico, seguridad alimentaria y sostenibilidad medioambiental, pobreza y medio ambiente, cambio climático, estrategias de conservación y planificación medioambiental, entre otros.

En 2019, Brasil, Chile, Colombia, Costa Rica, Ecuador, Guatemala y México realizaron esfuerzos continuos en el desarrollo de la contabilidad ambiental. Otros países de la región también han avanzado significativamente en la contabilidad ambiental, cinco países han mostrado interés y diez no disponen de contabilidad ambiental.

Fuente: (UN ECLAC, 2019[37]); (Ocampo, 2021[34])

Mecanismos de monitoreo y evaluación

La expansión de los sistemas MRV y de Monitoreo, Evaluación y Aprendizaje (MEL, por sus siglas en inglés) es fundamental para el seguimiento de las acciones de mitigación y adaptación en ALC. Los sistemas MRV pueden mejorar la transparencia y la rendición de cuentas, ya que ayudan a los países a demostrar a las partes interesadas sus esfuerzos para reducir las emisiones de GEI y adaptarse al cambio climático. Los sistemas MEL ayudan a evaluar la efectividad de las acciones de mitigación y adaptación; y por lo tanto pueden apoyar a los países a alinear sus políticas con sus objetivos climáticos y mejorar la eficiencia de sus acciones. Al mismo tiempo, las diferencias en los riesgos climáticos y las incertidumbres que presenta el cambio climático obligan a los países a adaptar sus intervenciones a la hora de aplicar las normas de seguimiento y evaluación (Noltze et al., 2021[38]).

También es importante establecer mecanismos de control de calidad, verificación y validación de los datos, y ampliar la cooperación internacional y regional para lograr estadísticas transparentes y comparables. La región debería aspirar a ampliar las cuentas ambientales y la información comparable para desarrollar cuentas ambientales regionales. La mejora de la recopilación y la calidad de los datos mediante un conjunto de indicadores de uso común favorecería una mayor armonización que permitiría la validación y la transparencia de los datos (Noltze et al., 2021[38]). Por último, habria que esforzarse por adoptar tecnologías de la información, modernizar los métodos de recopilación y difusión de datos y garantizar la amplia accesibilidad de las estadísticas ambientales (Guevara Sanginés, Mercado García and Lara Pulido, 2020[39]).

Varios países de ALC han implementado sistemas MRV y MEL, pero sigue existiendo una brecha con respecto a la recopilación real de datos. México ha implementado un Sistema Nacional de MRV desde 2015, que rastrea las emisiones de fuentes forestales, incluidas la deforestación y la degradación forestal, en línea con los esfuerzos internacionales para reducir las emisiones. Además, en 2022, México lanzó una plataforma para que los estados evalúen su progreso en la implementación de medidas de mitigación y adaptación (Government of Mexico, 2022[40]). Colombia también ha desarrollado un Sistema de Información Ambiental (SIAC), un sistema interinstitucional e interdisciplinario liderado por el Ministerio de Ambiente. Este sistema reúne información ambiental diversa a todos los niveles y en todos los sectores. Por otra parte, Colombia emplea tres instrumentos para la recolección de datos ambientales: el Sistema de Monitoreo Forestal y de Carbono (SMByC), el Inventario Forestal Nacional (IFN) y el Sistema Nacional de Información Forestal (SNIF) (Gómez, 2017[41]); (CODS, 2021[42]). En República Dominicana, el Consejo Nacional de Cambio Climático y Mecanismo de Desarrollo Limpio ha desarrollado un Sistema Nacional

MRV, que mide, reporta y verifica las emisiones de GEI y la acción climática a nivel nacional. Este sistema incluye el Inventario de Emisiones de Gases de Efecto Invernadero (INGEI) coordinados por el Ministerio de Medio Ambiente y Recursos Naturales, así como registros y sistemas de financiación coordinados por los ministerios pertinentes (CNCCMDL, 2020[43]). El Plan Nacional de Adaptación de la República Dominicana hace hincapié en el fortalecimiento de los sistemas de seguimiento y evaluación, incluida la mejora de los indicadores, en particular los relacionados con la vulnerabilidad, para informar la toma de decisiones (Presidency of the Dominican Republic, 2016[44]).

Recomendación

- **Recopilar más y mejor información sobre el cambio climático.** Incrementar los estándares en las oficinas no estadísticas y establecer un mecanismo de coordinación sólido para capturar los datos existentes. Priorizar el desarrollo de nuevos esfuerzos de recopilación de datos, especialmente sobre la vulnerabilidad al cambio climático y la biodiversidad. Invertir en métodos confiables de recopilación de datos y tecnologías de la información y al mismo tiempo crear indicadores precisos para evaluar la complejidad de las políticas de mitigación y adaptación.

Financiamiento de la acción climática: de los compromisos internacionales a las políticas nacionales y el financiamiento privado

Para lograr sus objetivos de reducción de emisiones, los países deben planificar estrategias de desarrollo a largo plazo con bajas emisiones de GEI. En toda la región de ALC, Argentina, Belice, Chile, Colombia, Costa Rica, Guatemala, México y Uruguay han desarrollado y presentado sus estrategias nacionales a largo plazo (LTS, por sus siglas en inglés) a la CMNUCC. La implementación de sus LTS requerirá una transformación de toda la economía, incluso a través de inversiones en infraestructura, ajustes del lado de la demanda (es decir, energía), así como una legislación adecuada para ayudar a reducir las emisiones y establecer un entorno propicio para las inversiones verdes (Miranda, 2021[45]). Los países de ALC también suelen carecer de los datos, las herramientas o la capacidad necesarios para implementar estrategias de desarrollo con bajas emisiones de GEI y, por lo tanto, completar sus estimaciones de reducción de emisiones (UNFCCC, 2021[46]). Además, y lo que es más importante, muchos países de ALC solo abordan marginalmente las consideraciones sobre el cambio climático a través de sus presupuestos nacionales, ni alinean sus ingresos y gastos nacionales con sus objetivos climáticos. Este es especialmente el caso de los países cuyo presupuesto está asignado a actividades intensivas en carbono; como la exploración y extracción de hidrocarburos y minerales, y el comercio de combustibles, en lugar de asignar presupuesto para abordar el cambio climático y promover el desarrollo sostenible (es decir, energías renovables y eficiencia energética, prevención de desastres naturales, etc.) (GFLAC, 2021[47]).

Es necesario aumentar el financiamiento para la acción climática, ya sea internacional, nacional o local, para que los países cumplan sus compromisos climáticos internacionales, en particular los objetivos del Acuerdo de París. El aumento del financiamiento es igualmente importante para las acciones de mitigación y adaptación, reduciendo las emisiones de GEI y adaptándose a los impactos del cambio climático. Los países de ALC son especialmente vulnerables a los impactos climáticos y a la mayor pérdida de biodiversidad y, por lo tanto, necesitan inversiones verdes adicionales.

Para financiar la transición verde, las economías de ALC necesitan aumentar la inversión y movilizar recursos de fuentes tanto públicas como privadas. Las inversiones en energías limpias y eficiencia energética serán cruciales para lograr una economía de emisiones netas cero. La movilización de los fondos necesarios requiere la aplicación de los incentivos adecuados, la eliminación progresiva de las subvenciones a los combustibles fósiles y la recaudación de ingresos públicos adicionales a través de impuestos medioambientales y Sistemas de Comercio de Emisiones (ETS). A lo largo de este proceso, las políticas de cambio climático también deben garantizar una transición justa compensando a los más vulnerables. Es importante apoyar a las instituciones de desarrollo subnacionales, nacionales e internacionales, ya que desempeñan un papel crucial en la movilización de recursos públicos y privados. Por último, desarrollar herramientas regulatorias como estándares y taxonomías de sostenibilidad y bonos verdes, como ya se ha hecho en algunos países de ALC, será crucial para mantener la transparencia y evitar el lavado verde de las inversiones verdes. (OECD et al., 2022[6]).

Reformando el apoyo gubernamental a los combustibles fósiles: Una fuente de financiación doméstica

Las políticas y estrategias fiscales ambientalmente sostenibles para movilizar recursos tanto del sector público como del privado pueden ser una fuente de financiamiento para la transición verde en la región de ALC. Es importante que los gobiernos de ALC eliminen gradualmente los subsidios a los combustibles fósiles y aprovechen el potencial de las fuentes de ingresos que apoyan la transición verde. Los subsidios a los combustibles fósiles ejercen presión sobre los presupuestos nacionales, contribuyen a la contaminación del aire (con los costos de salud asociados) y envían señales a los mercados que pueden disminuir la competitividad de las alternativas bajas en carbono (afectando negativamente los objetivos sociales y ambientales). (Rentschler and Bazilian, 2017[48]). Estos subsidios suelen tener efectos distributivos regresivos cuando no están adecuadamente orientados, ya que tienden a beneficiar a más hogares de ingresos altos con un mayor consumo de combustible y energía (OECD et al., 2022[6]). La eliminación gradual de los subsidios a los combustibles fósiles, en particular los que benefician a las poblaciones más ricas, libera directamente recursos financieros.

En 2020, los subsidios al consumo de combustibles fósiles en ALC ascendieron a USD 12 000 millones (UN ECLAC, 2022[49]), concentrados principalmente en ocho países: Argentina, Bolivia, Colombia, Ecuador, El Salvador, México, Trinidad y Tobago y Venezuela. La eliminación gradual de estos subsidios, al tiempo que se implementan medidas de mitigación o compensación para los sectores vulnerables, podría liberar un espacio fiscal de USD 354 000 millones en la próxima década (UN ECLAC, 2022[49]).

Reformar el apoyo gubernamental a los combustibles fósiles es un componente clave para descarbonizar la economía y mitigar las emisiones de GEI. Dichas reformas podrían liberar recursos fiscales sustanciales y mejorar las señales de precios para acelerar el desarrollo de alternativas más bajas en carbono. Desde 2016, Argentina, Chile, Colombia y México han sido testigos de un aumento de los subsidios a los combustibles fósiles. En Argentina, Chile y Colombia, la mayor parte del apoyo viene en forma de transferencias directas, mientras que en Brasil, Costa Rica y México, el apoyo se proporciona a través del código tributario en forma de gastos tributarios. En muchos otros países de ALC, el apoyo a los combustibles fósiles se ofrece a través de transferencias inducidas, que implican la regulación del mercado y el apoyo a los precios para mantener unos precios más bajos para el usuario final en relación con el coste total del suministro. La mayor parte del apoyo gubernamental se dirige a la producción y el consumo de petróleo. Si bien los países de ALC avanzaron al reducir el apoyo gubernamental a los combustibles fósiles en un 32% entre 2012 y 2019, estos subsidios se duplicaron con creces en 2021 en comparación con 2020, principalmente debido al aumento de los precios de la energía durante la recuperación económica mundial (OECD, 2023[36]).

Los subsidios generalizados a los combustibles fósiles pueden contribuir directamente a la expansión urbana, reduciendo la eficacia del transporte público y provocando mayores emisiones por el mayor uso de vehículos personales. Para lograr una transición ecológica y justa en ALC es necesario eliminar gradualmente los impuestos a los combustibles fósiles, establecer o ajustar los impuestos ambientales y promover la diversificación productiva para ampliar la base impositiva. Estas medidas deben aplicarse dentro de un marco político que proporcione apoyo a las empresas y los hogares más vulnerables a la volatilidad de los precios de la energía (UN ECLAC, 2022[49]).

Es crucial que los países de ALC comprendan el impacto real de los subsidios a los combustibles fósiles y las medidas de apoyo en las poblaciones más vulnerables. Las transferencias directas condicionadas y no condicionadas de efectivo han demostrado ser un enfoque más específico y rentable para ayudar a los hogares de menores ingresos. Los países también podrían llevar a cabo evaluaciones ex ante de las repercusiones de la eliminación progresiva de los subsidios en los distintos segmentos de la población para establecer medidas compensatorias que mitiguen cualquier efecto negativo. En lugar de eliminar los subsidios de forma abrupta, los gobiernos deben facilitar una transición sistemática que incluya coordinación interministerial, la creación gradual de confianza a través de la socialización, la participación activa del gobierno y de las partes interesadas, la claridad sobre los posibles ganadores y perdedores a través de ejercicios de modelización macroeconómica, la mejora de la orientación de las ayudas y la comunicación eficaz de los cambios a todas las partes interesadas (OECD et al., 2022[6]).

Fijación de Precio del Carbono

La fijación del precio al carbono fomenta el cambio hacia opciones bajas o nulas en carbono en las decisiones de producción y consumo (OECD, 2021[50]). Aumentar la tarificación del carbono podría incentivar a los agentes privados a tomar decisiones de producción o consumo coherentes con los objetivos globales, para limitar el cambio climático y mitigar los daños a la salud derivados de la contaminación local. También podría aumentar los ingresos utilizados para financiar inversiones verdes del sector público y garantizar una transición ecológica y justa. Sin embargo, la fijación del al carbono es sólo una de las herramientas que utilizan los países para organizar sus esfuerzos de mitigación. Para garantizar que se mitiguen los posibles efectos negativos de las medidas de tarificación del carbono -como el aumento de los costos domésticos-, cada país debe equilibrar estos instrumentos con la gobernanza, la innovación y la elaboración de presupuestos verdes, convirtiendo así los riesgos en oportunidades (OECD et al., 2022[6]). En este sentido, cada país debería considerar una combinación de políticas y no considerar la tarificación del carbono como el único enfoque para mitigar las emisiones de GEI.

Los mercados de carbono y los instrumentos de fijación de precio al carbono están siendo reconocidos como parte de los mecanismos y herramientas disponibles para que los países alcancen sus objetivos de mitigación climática y cambien hacia una economía de carbono neto cero. El establecimiento de un mecanismo de fijación de precio al carbono, como la imposición de un impuesto o tasa sobre las emisiones, podría enviar una señal clara hacia modelos de producción y consumo más sostenibles. Dependiendo de cómo los gobiernos diseñen tales instrumentos y de cómo decidan utilizar los ingresos recaudados, la fijación de precios del carbono también podría apoyar la alineación de otras políticas con los objetivos de mitigación climática hacia una transición verde y un desarrollo más sostenible e inclusivo (United Nations, 2021[51])(Box 4.5).

Box 4.5. El pago por Servicios Ambientales en Costa Rica

El programa de Pago por Servicios Ambientales (PSA) de Costa Rica es una iniciativa nacional pionera que compensa a los propietarios de tierras por su contribución al almacenamiento de carbono, los servicios hidrológicos y la conservación de la biodiversidad y los paisajes. Este programa ha sido reconocido por su notable éxito en la reducción de las tasas de deforestación en Costa Rica, que ha pasado de ser uno de los países con mayor deforestación del mundo a uno con deforestación neta negativa a principios de la década de 2000. Entre 1997 y 2004, se invirtieron aproximadamente USD 200 millones en el programa de PSA, lo que se tradujo en la protección de más de 460 000 hectáreas de bosques, el establecimiento de plantaciones forestales y la generación de ingresos adicionales para más de 8 000 propietarios de bosques.

En el marco de este programa, los terratenientes reciben pagos directos por los servicios ambientales que prestan sus tierras cuando adoptan prácticas sostenibles de uso de la tierra y gestión forestal. El programa se financia a través del impuesto sobre el combustible y el canon del agua de Costa Rica, además de iniciativas propias, como los Certificados de Conservación de la Biodiversidad, los créditos de carbono y las colaboraciones estratégicas con los sectores público y privado.

Fuente: (UNFCCC, 2020[52]); (CBD, n.d.[53])

En 2022, aproximadamente el 23% de las emisiones globales estarán sujetas a algún tipo de impuesto sobre el carbono o estarán reguladas por un ETS. En ALC, Argentina, Chile, Colombia, México y Uruguay han establecido impuestos nacionales sobre el carbono. Además, cinco estados de México han implantado impuestos subnacionales sobre el carbono. México destaca como el único país de ALC con un ETS operativo, mientras que Brasil, Chile y Colombia han anunciado su intención de desarrollar sistemas similares en el futuro. Además, en ALC, Colombia es el único país que ha implementado un mecanismo de créditos de carbono (World Bank, 2023[54]).

Los ingresos mundiales procedentes de los impuestos sobre el carbono y por ETS siguieron aumentando hasta alcanzar los USD 95 000 millones en 2023 (World Bank, 2023[54]). El análisis de la OCDE sobre las tasas efectivas de carbono (TCE) de 44 países de la OCDE y del G20 muestra que, aunque se ha producido una cierta mejora en los resultados de los países en materia de fijación de precios del carbono al comparar los datos de 2015 con los de 2018, se alcanzó menos de una quinta parte del objetivo de fijar un precio para todas las emisiones en al menos EUR 60 por tonelada de CO2, en 2018 (OECD, 2021[50]). Los datos de los países miembros y socios de la OCDE en la región de ALC indican que la mayoría de ellos alcanzan una puntuación global superior al promedio del 19% de los 44 países de evaluados por la OCDE (Figura 4.1). Esto es bastante positivo, considerando especialmente que Colombia, Costa Rica y México obtienen la puntuación más baja en emisiones de CO2 derivadas del uso de energía (intensidades per cápita); y Chile obtiene una puntuación por debajo de la media de la OCDE (OECD, 2023[55]).

Tabla 4.1. Los países de ALC obtienen en su mayoría puntuaciones por encima del promedio en la fijación del precio carbono

Datos de 2018

	Fijación del precio del carbono en EUR 60 por tonelada CO_2					
País	**Carretera**	**Todo terreno**	**Industria**	**Agricultura y pesca**	**Residencial y comercial**	**Media de todos los sectores**
MEX	97%	4%	0%	4%	1%	30%
ARG	78%	42%	2%	90%	4%	28%
COL	66%	19%	6%	19%	4%	25%
CHL	75%	0%	1%	0%	0%	17%
BRA	4%	0%	0%	0%	0%	1%
Promedio de los 44 países	80%	25%	5%	38%	10%	19%

Nota: Esta tabla incluye las emisiones procedentes de la combustión de biomasa en la base de emisiones. Los datos de la OCDE sobre tasas efectivas de carbono abarcan 44 países de la OCDE y del G20.
Fuente: (OECD, 2021[50])

Varios países de ALC han establecido impuestos sobre el carbono. Chile, con más de 17 millones de hectáreas de bosques, pretende alcanzar la neutralidad de carbono en 2050. En 2022, el Gobierno introdujo un impuesto sobre el carbono de aproximadamente USD 5 por tonelada métrica de CO_2 generada por las industrias y los conductores privados, con planes para revisar el tipo impositivo, pudiendo alcanzar los USD 35 por tonelada métrica en 2030. Colombia planea establecer una reforma tributaria que fomente el uso de energías limpias, reduzca la contaminación y pretende recaudar alrededor de USD 3.400 millones al año. El objetivo del país es reducir sus emisiones en un 51% para 2030.

Los mercados voluntarios de carbono recaudaron aproximadamente USD 2 000 millones en ingresos y han evolucionado hasta volverse más sofisticados, con nuevos inversores, productos financieros, tecnologías y proveedores de servicios, preparando el terreno para un crecimiento significativo en la próxima década. Los mercados de créditos de carbono tienen el potencial de apoyar el despliegue y la ampliación de las absorciones tecnológicas de CO_2, pero esto dependerá en gran medida de un aumento significativo de los precios de los créditos (World Bank, 2023[54]).

Los países de ALC tienen un enorme potencial para el desarrollo de mercados de créditos de carbono, gracias a sus extensos bosques y biomas. En 2021, los créditos generados por el sector forestal y de uso de la tierra representaron más del 60% del volumen comercializado y el 70% del valor de mercado. Los proyectos de forestación y reforestación representaron alrededor del 50% de todos los proyectos de soluciones basadas en la naturaleza (NbS, por sus siglas en inglés) registrados, mientras que la deforestación evitada representó el 19%. Desde 2020, ALC se ha convertido en la segunda región en volumen de créditos de carbono negociados en mercados voluntarios, solo por detrás de Asia. Además, ALC posee la segunda mayor reserva de créditos de carbono no utilizados, superando los 100 millones, que podrían tenerse en cuenta en futuras negociaciones. El volumen de créditos ofrecidos por la región casi se duplicó entre 2020 y 2021, con más del 80% de los créditos de ALC procedentes de proyectos forestales y de uso de la tierra. Brasil y Perú fueron los mayores productores de créditos de carbono de la región (CAF, 2022[56]).

En mayo de 2022, el gobierno brasileño firmó un decreto que regula el mercado de créditos de carbono, con el objetivo de exportar créditos a países y empresas que necesiten compensar emisiones. Se espera que el mercado de carbono genere ingresos de hasta USD 100 mil millones para Brasil. Un estudio realizado por la Cámara de Comercio Internacional de Brasil señala que en la próxima década, el país tiene potencial para abastecer entre el 5% y el 37,5% de la demanda global de créditos voluntarios de carbono y hasta el 22% de la demanda del mercado regulado globa. En 2018, México estableció un mercado voluntario de carbono sin metas obligatorias (Maciel, 2022[57]).

Los mercados de carbono presentan importantes riesgos para la integridad ambiental que los países deben abordar a la hora de desarrollarlos o establecerlos. Cuatro factores clave influyen en la integridad ambiental: la contabilización de las transferencias internacionales, la calidad de las unidades generadas, es decir, si el mecanismo garantiza que la emisión o transferencia de unidades conduce a reducciones de emisiones en el país de transferencia, la ambición y el alcance de los objetivos de mitigación del país de transferencia, y los incentivos o desincentivos para futuras acciones de mitigación (Schneider and La Hoz Theuer, 2018[58]). Los países de ALC deben considerar cuidadosamente estos factores al crear mercados de carbono para minimizar los riesgos ambientales, evitar el lavado verde y movilizar financiamiento sostenible. Para garantizar la integridad ambiental, los países deben establecer objetivos comunes claros, fijar acciones con plazos determinados, definir líneas de base de medición, lograr consenso sobre el alcance y garantizar la alineación en varios niveles. Las preocupaciones sobre la integridad de los mercados voluntarios de carbono pueden dañar la confianza en los mercados globales de créditos de carbono, por lo que es esencial que los países de ALC den prioridad a la integridad de la oferta, impidiendo que un crédito equivalga a menos de una tCO_2e real evitada, eliminada o reducida, y evitando la doble contabilidad de recursos y CO_2, preservando al mismo tiempo los objetivos sociales y ambientales. Además, deben considerar la integridad del mercado, reduciendo las asimetrías de información y creando mercados interoperables, líquidos y estandarizados. Por último, la integridad de la demanda debe ser una prioridad, haciendo hincapié en la mitigación frente al uso de compensaciones, en la alta calidad de los créditos reclamados de forma única y en la transparencia de los reportes (Oueslati, 2023[59]).

Financiación internacional climática y retos para los países de ALC

Los esfuerzos de mitigación y adaptación necesarios para abordar el cambio climático en ALC requerirán un financiamiento significativo. Las estimaciones muestran que la región necesita entre USD 90 mil y USD 100 mil millones por año para alcanzar sus objetivos climáticos (Ivanova et al., 2021[60]). Sin embargo, muchos países de ALC carecen de la capacidad financiera para cubrir estos costos, lo que hace que el financiamiento externo tanto del sector público como del privado sea esencial. El Pacto de Glasgow enfatizó la necesidad de que los países desarrollados cumplan el objetivo de USD 100 mil millones e instó a los bancos multilaterales de desarrollo y otras instituciones financieras a aumentar tanto sus inversiones como la eficacia del financiamiento climático. Aumentar los recursos financieros requiere una comprensión clara de las vulnerabilidades y necesidades de cada país impactadas por el cambio climático, así como un acceso simplificado y mejorado a la financiación (UNFCCC, 2022[61]).

ALC[1] es la tercera región en términos de financiamiento climático[2] proporcionado y movilizado por los países desarrollados entre 2016 y 2020. Solo se recibió un promedio anual de USD 1.500 millones para los SIDS, donde el Caribe es la parte del mundo con más países con ese estatus (OECD, 2022[62]). En el Caribe, las emisiones de GEI per cápita son altas, a pesar del pequeño tamaño de la población. En este sentido, países como Barbados, Granada y Trinidad y Tobago se destacaron como principales emisores en el Caribe en 2019. Al analizar los 10 países con mayores emisiones totales, Argentina, Paraguay y Venezuela ocupan un lugar destacado, lo que refleja importantes emisiones per cápita. niveles (OECD et al., 2022[6]).

El financiamiento climático internacional, sin embargo, no será suficiente para cubrir todas las necesidades financieras de los países de ALC. Paralelamente a lo que proporcionan y movilizan los donantes bilaterales y multilaterales, el financiamiento privado es vital para cumplir los compromisos climáticos de los países de ALC. Los mercados de deuda y de acciones vinculados a la sostenibilidad pueden desempeñar un papel crucial en la movilización de financiamiento privado que pueda respaldar acciones climáticas (Ivanova et al., 2021[60]).

Para lograr los objetivos de temperatura y adaptación del Acuerdo de París, es crucial que los países de ALC desarrollen políticas climáticas sólidas acompañadas de reformas de políticas de inversión que eliminen las barreras para atraer financiamiento e inversión privados, estimulen el crecimiento del mercado y mitiguen los riesgos regulatorios para permitir el desarrollo. de proyectos financiables (OECD/The World Bank/UN Environment, 2018[63]). Estos esfuerzos deben estar respaldados por el desarrollo de capacidades, especialmente para una política fiscal transformadora, y por una mayor promoción de los países de ALC para un mayor apoyo financiero y recursos externos para sus NDC condicionales.

Financiamiento internacional climático proporcionado y movilizado en ALC

La mayor parte del financiamiento climático proporcionado en todo el mundo entre 2013 y 2020 fue público (bilateral y multilateral), aunque el financiamiento privado movilizado por estos donantes aumentó alrededor de un 30% entre 2016 y 2020 a nivel mundial (OECD, 2022[62]). Teniendo en cuenta los billones necesarios a nivel mundial para cumplir los objetivos climáticos y de desarrollo para 2030, los bancos de desarrollo no solo deben movilizar capital del sector privado nacional y extranjero, sino también apoyar a los gobiernos en la planificación, el desarrollo y la implementación de proyectos (OECD/The World Bank/UN Environment, 2018[63]); (Prasad et al., 2022[64]).

En la región de ALC, el financiamiento público para el clima proporcionado entre 2016 y 2020 fue en su gran mayoría préstamos (81%) y una parte más pequeña en donaciones (17%), mientras que la proporción de capital fue solo del 2% (OECD, 2022[65]). Otro análisis muestra que existe variación en el acceso a préstamos, y la mayoría de dicho financiamiento se destina a Brasil, México y Colombia (The Dialogue, 2023[66]). Los países de ALC también se beneficiaron del 26% del financiamiento climático privado total movilizado durante el período 2016-2020 (OECD, 2022[65]).

En ALC, el financiamiento se dirige predominantemente a la mitigación más que a la adaptación, a pesar de que los países de ALC están priorizando y acelerando proyectos de adaptación relacionados con el agua, la agricultura, la infraestructura y las NbS. El Caribe, en particular, requiere un financiamiento significativo para proyectos de adaptación debido a las vulnerabilidades al cambio climático y los eventos climáticos extremos. La priorización de la adaptación y la resiliencia también podría contribuir a una reducción de emisiones rentable, considerando la vulnerabilidad de la región a los riesgos climáticos (Miranda, 2021[45]).

Entre 2016 y 2020, los SIDS representaron el 2% del financiamiento climático total proporcionado y movilizado (OECD, 2022[62]). Además, durante este período, casi el 48% del financiamiento climático asignado a los SIDS se destinó a esfuerzos de adaptación. Además, el 12% del financiamiento climático total asignado a los SIDS se destinó a objetivos transversales. Durante estos cinco años, se asignó y movilizó un total acumulado de USD 3.600 millones para los esfuerzos de adaptación en los SIDS con un promedio de USD 700 millones al año (OECD, 2022[65]). La región del Caribe, que alberga el mayor número de SIDS, enfrenta una vulnerabilidad significativa a la pérdida de biodiversidad y al cambio climático, impulsada en parte por sus limitadas alternativas económicas. Esta vulnerabilidad se ve agravada aún más por factores como el pequeño tamaño de la población, la lejanía de los mercados internacionales, los altos costos del transporte, la susceptibilidad a las crisis económicas externas y la fragilidad de los ecosistemas terrestres y marinos. Además, la lenta aparición de fenómenos como el aumento del nivel del mar plantea una amenaza existencial para estas pequeñas comunidades insulares, lo que requiere medidas drásticas como la reubicación de la población, con todos los desafíos asociados. Estos desafíos se ven exacerbados por una capacidad institucional limitada, recursos financieros escasos y un alto grado de susceptibilidad a shocks sistémicos.

Los bancos multilaterales han asumido compromisos ambiciosos para ampliar la acción climática y están intensificando sus esfuerzos para aumentar las actividades de financiamiento verde y climático. La CAF anunció durante la COP26 que aumentará el financiamiento de proyectos verdes del 24% en 2020 al 40% en 2026, asignando USD 25 000 millones en los próximos cinco años para promover el crecimiento verde (CAF, 2021[67]). El Fondo Verde para el Clima (GCF, por sus siglas en inglés) aprobó aproximadamente USD 3 000 millones para 32 proyectos climáticos en todo el mundo en 2021, superando el récord del año anterior de USD 2 100 millones. La cartera del GCF alcanzó los USD 10 000 millones a finales de 2021, con más de USD 37 000 millones en cofinanciación y 190 proyectos en 127 países (GCF, 2021[68]). El Fondo Mundial para el Medio Ambiente (GEF, por su siglas en inglés) invirtió una cuarta parte de su cartera en la región de ALC en 2022 (GEF, 2022[69]). El BID aprobó casi 4.500 millones de USD para operaciones relacionadas con el clima en 2021, lo que representa el 30% del total de sus aprobaciones anuales (IDB, 2022[70]). El Banco Internacional de Reconstrucción y Fomento (BIRF) y la Asociación Internacional de Fomento (AIF) del Banco Mundial han proporcionado más de 5.800 millones de USD en préstamos para apoyar acciones climáticas en países de ALC (World Bank, 2021[71]).

Movilización del financiamiento climático para para la acción climática

Entre 2012 y 2021, Argentina, Brasil, Colombia, Ecuador y México se ubicaron entre los 20 principales países beneficiarios y recibieron en conjunto más de USD 40 mil millones en financiamiento privado movilizado. La región recibió el 17% del total de financiación privada movilizada, equivalente a USD 8 500 millones, entre 2018 y 2020 (OECD, 2023[72]). Los países de ALC necesitan asegurar inversiones significativas de fuentes tanto públicas como privadas e innovar sus instrumentos y estrategias financieras. La implementación de impuestos relacionados con el medio ambiente puede generar ingresos adicionales, incentivar el comportamiento sostenible y acelerar el cambio hacia prácticas ecológicas. Al mismo tiempo, la región podría ampliar el uso de herramientas de deuda, incluidos los bonos verdes, sociales, sostenibles y vinculados a la sostenibilidad (GSSS), explorar canjes de deuda por naturaleza y apalancar bonos de catástrofe (CAT) y desastres naturales. cláusulas.

Muchos países de ALC tienen altos niveles de deuda externa, lo que hace que los recursos para la protección del medio ambiente sean limitados. Según el Banco Mundial, los países del Caribe tenían un saldo de deuda externa de aproximadamente 165% de las exportaciones de bienes y servicios en 2013, mientras que Mesoamérica tenía 130% y América del Sur poco más de 100%. En este sentido, los recursos destinados a la protección del medio ambiente suelen ser limitados (UNEP, 2017[73]). En cuanto a la emisión de deuda verde, social y de sostenibilidad (GSS) en ALC, el mercado se ha más que duplicado, pasando de USD 13 600 millones en 2019 a USD 30 200 millones a principios de 2021. La emisión de bonos sociales y de sostenibilidad alcanzó los USD 18 300 millones en 2019. La emisión total de bonos sociales y de sostenibilidad en 2020 ascendió a USD 16 300 millones, alcanzando los USD 12 500 millones en septiembre de 2021. Los bonos verdes representan la mayor parte del mercado de ALC, con un 62% de la emisión de GSS. Chile (USD 17 800 millones) y Brasil (USD 11 700 millones) son los mayores emisores de bonos GSS, con México en tercer lugar con USD 7 800 millones. Estos tres primeros países representan el 77% de todas las emisiones de GSS en la región de ALC. El número de emisiones de bonos verdes en ALC aumentó de 8 en 2019 a 12, con la incorporación de Barbados, Bermudas, Ecuador y Panamá (Climate Bonds Initiative, 2021[74]).

Varios mecanismos e instrumentos financieros sostenibles están incorporando las preocupaciones de los accionistas, inversores y consumidores, como los productos de deuda y capital verdes y dominados por la sostenibilidad. Por ejemplo, la Bolsa de Valores de Panamá introdujo pautas voluntarias de presentación de informes y divulgación de factores ESG en 2019, mientras que Colombia emitió su Guía de Bonos Verdes y Mejores Prácticas en 2020 para promover el desarrollo de un mercado de bonos en el país. República Dominicana también publicó Lineamientos de Bonos Verdes para estandarizar buenas prácticas para los emisores. En la región de ALC, los bonos verdes soberanos se centran principalmente en proyectos de energía, seguidos por los de transporte, agua y uso de la tierra (Climate Bonds Initiative, 2021[74]).

El financiamiento combinado ofrece una solución potencial para apoyar a los países de ALC en su camino hacia una transición más sostenible. El financiamiento combinado puede ayudar a abordar la relación riesgo-rendimiento y la baja bancabilidad de las inversiones combinando financiación pública y privada y estructurando diversos instrumentos financieros (inversiones directas, líneas de crédito, bonos, subvenciones, etc.). Puede facilitar las inversiones privadas en estructuras de financiación de proyectos, particularmente en casos de alto riesgo financiero o comercial, al mitigar el riesgo de incumplimiento que a menudo desalienta a los inversores (OECD, 2022[75]).

Al mismo tiempo, el financiamiento combinado ha tardado en llegar a la región de ALC, principalmente debido a la ausencia de políticas y marcos que guíen el compromiso de los países en desarrollo, incluidos los países menos desarrollados (LDCs, por sus siglas en inglés) y los SIDS en desarrollo, para atraer, desplegar y ampliar la financiación combinada. Además, los problemas de aplicación y capacidad han obstaculizado la ampliación de la financiación combinada en los países en desarrollo. La financiación combinada ofrece la oportunidad de alinear las prioridades de financiación local con los objetivos de desarrollo local, abordando los sectores sociales insuficientemente financiados en muchos países en desarrollo, que constituyen obstáculos estructurales para la consecución de los AOD. Por lo tanto, es esencial ofrecer más información y orientación sobre diversos aspectos, como los fundamentos macroeconómicos, la gobernanza, los marcos reguladores, la infraestructura y las características del mercado. A nivel operativo, abordar los riesgos contractuales, agilizar la que se originen los proyectos y la preparación de los mismos, reducir los elevados costes de transacción derivados del reducido tamaño de las operaciones, explorar modelos de negocio disminuir lagunas de información y datos son pasos fundamentales necesarios para ampliar el financiamiento combiando, especialmente en el contexto de los sectores sociales (OECD, 2022[75]).

Además del financiamiento climático, el sector financiero también necesita apoyar a las empresas y sectores para que adopten tecnologías más limpias, mejoren la eficiencia energética y transformen la economía. Los formuladores de políticas tienen varias herramientas a su disposición para garantizar objetivos viables y creíbles, apoyando inversiones privadas con impactos ambientales positivos. La Guía de la OCDE sobre Financiamiento de la Transición tiene por objeto promover la integración de una planificación creíble de la transición en todas las entidades públicas y privadas, así como la inclusión de una evaluación significativa de los planes de transición en las consideraciones de los participantes en los mercados financieros. Al hacer frente a los retos y obstáculos como la falta de claridad de las normas y definiciones, las dificultades para medir los resultados en materia de sostenibilidad y el riesgo de "greenwashing", las guidas proponen elementos de planes empresariales creíbles de transición climática. Estos elementos pueden apoyar el crecimiento del mercado financiero de transición, garantizando al mismo tiempo la integridad ambiental (OECD, 2022[76]).

Las finanzas sostenibles o las taxonomías verdes pueden ayudar a satisfacer las necesidades financieras necesarias para cumplir los compromisos en materia de cambio climático y alcanzar los objetivos. Las taxonomías verdes, que son sistemas de clasificación comprensibles, también ayudan a los inversores a identificar actividades sostenibles desde el punto de vista medioambiental y a invertir en infraestructuras sostenibles, al tiempo que evitan el "greenwashing". Además, al clasificar las actividades económicas como ecológicas o sostenibles, las empresas también pueden evaluar la "ecologización" de sus propias actividades y prácticas empresariales.

Los países de ALC están desarrollando lentamente definiciones oficiales sobre finanzas sostenibles vinculadas a los objetivos del Acuerdo de París; siendo Colombia el primer país de la región en implementar una Taxonomía Verde en 2022. La Taxonomía Verde colombiana abarca dos pilares. El primer pilar se centra en varios sectores, como la energía, la construcción, el transporte, la fabricación, etc., con el objetivo de lograr la mitigación del cambio climático. El segundo pilar se centra en el uso del suelo en los sectores ganadero, agrícola y forestal. El primer pilar también se rige por el principio de "no causar daños significativos" (DNSH, por sus siglas en inglés), según el cual cualquier activo que se considere ecológico no sólo debe contribuir a la mitigación del cambio climático, sino también evitar perjudicar los objetivos medioambientales de adaptación al clima. El segundo pilar, aunque no sigue el principio DNSH, establece la adaptación como uno de los cinco objetivos medioambientales. Sin embargo, la aplicación de las taxonomías verdes puede verse obstaculizada por varios problemas, como la falta de datos e información medioambientales en las empresas, así como las limitaciones a la hora de comprender el alcance y el razonamiento de la aplicación (Prada Hernández et al., 2023[77]).

En marzo de 2023, México también presentó su Taxonomía Sostenible, que aborda el cambio climático, la igualdad de género y el acceso a los servicios básicos a nivel local. La adaptación al clima, así como la conservación de los ecosistemas y la biodiversidad son dos de los seis objetivos medioambientales fijados, mientras que la taxonomía también establece objetivos sociales, incluido el acceso a los servicios básicos en los municipios. Abarca seis sectores: agricultura y silvicultura; energía; industria manufacturera; transporte; construcción; y gestión de residuos (Souza and Gasparotto, 2023[78]).

Otros países de ALC, como Chile, están desarrollando sus propias Taxonomías Verdes. Los objetivos de Chile son tanto la mitigación del cambio climático como la adaptación y la resiliencia, y abarcará sectores "marrones" como la minería. Se está estudiando la posibilidad de incluir salvaguardias sociales mínimas y, más adelante, desarrollar métricas sociales. Añadir objetivos sociales al desarrollar Taxonomías Verdes permite tener en cuenta cuestiones como la cohesión social, el desarrollo económico local y las vulnerabilidades locales, bajo el objetivo general de la sostenibilidad (Merle, Gondjian and Gong, 2021[79]). Introducir, además, consideraciones sobre las necesidades y especificidades locales y vincular las taxonomías a los planes de adaptación regionales y locales, podría ayudar a educar a los mercados locales y animarles a desarrollar productos ecológicos (CBI, 2021[80]).

El desarrollo de un marco regional común para las taxonomías en la región de ALC proporcionaría más claridad y transparencia, facilitando la comparabilidad y la interoperabilidad entre la región de ALC y otras regiones que están introduciendo sus propios marcos. También apoyaría el aumento de los flujos climáticos en proyectos sostenibles (UNDP, 2022[81]). El Marco Común para las Taxonomías de Finanzas Sostenibles para los países de ALC, publicado recientemente por el PNUMA, es un documento de orientación para aquellos países y partes interesadas de la región que están en proceso de desarrollar taxonomías. Basándose en principios similares, las taxonomías que sigan este Marco Común garantizarían cierto nivel de interoperabilidad, por lo que podrían ayudar a allanar el camino hacia el desarrollo de una taxonomía regional con una clara priorización de sectores y actividades económicas, así como un sistema de métricas para definir criterios de selección (UNEP, 2023[82]).

Recomendación

- **Adoptar políticas fiscales verdes para generar recursos públicos domésticos para apoyar la acción climática y los enfoques de mitigación de carbono**. Reformar, reorientar y eliminar progresivamente los subsidios a los combustibles fósiles y establecer un precio del carbono mediante impuestos y gravámenes, que también pueden incentivar la transición neta cero.
- **Alinear y movilizar la inversión privada y apoyar a través de estrategias e instrumentos de financiamiento innovadores,** como financiamiento combinado alineado con objetivos ambientales, sociales y de gobernanza (ASG), instrumentos de deuda innovadores y mediante el desarrollo de taxonomías verdes regionales y nacionales para proyectos de mitigación y adaptación. Estos deberían responder a preocupaciones y particularidades locales y ser coherentes con las oportunidades públicas y privadas de inversión.

Innovación y transferencia de tecnología para potenciar el desarrollo verde.

La transferencia tecnológica hacia los países en desarrollo ha sido un mandato clave de la CMNUCC. Abarca la transferencia tanto de tecnología como de conocimientos técnicos, lo que incluye el desarrollo de capacidades. El objetivo de esta transferencia es abordar las barreras técnicas, jurídicas y administrativas, establecer políticas económicas sólidas y promover la aplicación de tecnologías respetuosas con el clima (World Bank, 2007[83]). El término se refiere al despliegue de tecnología para la mitigación del cambio climático y la adaptación al mismo, incluidas la infraestructura, las operaciones, la fabricación y la innovación. También abarca el desarrollo de capacidades institucionales y políticas para facilitar la difusión de la tecnología y la cooperación dentro de los países y entre ellos (Garrett and Moarif, 2018[84]). El papel de la innovación tecnológica y la tecnológica en la consecución de objetivos ambientales ha sido ampliamente reconocido y destacado durante las negociaciones internacionales sobre el clima (COP CMNUCC). Además, puede facilitar la transformación productiva hacia sectores menos intensivos en recursos, atrayendo inversiones más ecológicas e incorporándose a cadenas de suministro mundiales de mayor valor con criterios medioambientales y de sostenibilidad (OECD et al., 2022[6]).

La productividad y la competitividad en la región de ALC podrían mejorar con la transferencia de tecnología y la innovación. Las tecnologías innovadoras son necesarias para apoyar la resiliencia de la infraestructura al cambio climático. Esto es necesario tanto para las comunidades locales y la población, como para los sectores económicos productivos que deben adaptarse al cambio climático. En todo el mundo, los países están introduciendo medidas políticas para hacer frente a problemas como las sequías, la subida del nivel del mar, las inundaciones y la degradación del suelo, que afectan al abastecimiento de agua, la disponibilidad y seguridad de los alimentos, el suministro de energía y la resistencia de los edificios. Por otra parte, análisis anteriores de la OCDE han demostrado que los principales factores determinantes de la transferencia internacional de tecnología de mitigación del cambio climático, medida por la actividad de patentes, incluyen la distancia geográfica y el nivel de comercio entre los países, el capital humano existente en los países receptores, el rigor o la flexibilidad de las políticas medioambientales nacionales y el nivel de inversión para el desarrollo de tecnología propia en instalaciones industriales de mediano y gran tamaño (Haščič et al., 2010[85]). Los países de ALC se enfrentan ante un escenario baja productividad, una dependencia económica de sectores de bajo valor añadido y una diversificación económica limitada, lo que dificulta la competitividad y el desarrollo general. La innovación tiene el potencial de superar estos retos y colmar las brechas de productividad resultantes de la elevada informalidad, los bajos niveles de cualificación y la limitada adopción de tecnología (OECD/CAF, 2019[86]).

Las patentes y las marcas suelen servir como indicadores de la innovación tecnológica y no tecnológica, respectivamente. Los países de ALC pueden no estar entre los principales contribuyentes a la innovación, pero el promedio de la región sigue la tendencia mundial. En 2019, las patentes relacionadas con el medio ambiente en los países de ALC representaron, en promedio, alrededor del 15% del total de patentes, en comparación con poco más del 11% a nivel mundial y un promedio de la OCDE de alrededor del 4,5%. Sin embargo, esta cifra está impulsada por unos pocos países como Antigua y Barbuda, Guatemala y Paraguay, que demuestran un alto porcentaje de patentes relacionadas con el medio ambiente en el total de patentes, debido al muy bajo número de patentes totales (Figura 4.1). Por el contrario, los países de ALC con mayor número de patentes relacionadas con el medio ambiente en la región son Brasil, Chile y México (OECD, 2023[55]).

Si bien la innovación y la transferencia tecnológica en materia de climática pueden beneficiar la transformación de los países, no todos los países de ALC tienen la misma capacidad o el mismo marco de referencia para absorber dichas tecnologías. Potenciar esta capacidad requiere la implementación de políticas públicas que aceleren la innovación, promuevan la cooperación internacional y garanticen el cumplimiento de criterios ambientales y de sostenibilidad. A partir de un análisis comparativo realizado por el BID, en el que se examinan los "Mecanismos y Redes de Transferencia de Tecnología Climática en América Latina y el Caribe", se podrían destacar los siguientes puntos para facilitar la transferencia de tecnología climática:

- Desplegar estrategias nacionales de I+D y hojas de ruta tecnológicas para tecnologías específicas.
- Aplicar las estrategias de I+D es necesario aumentar los niveles de inversión en I+D e innovación.
- Las importaciones a bajo precio ponen en peligro el desarrollo de productos innovadores locales, mientras que un sector manufacturero local fuerte favorece la adopción y difusión de nuevos productos de tecnología verde.
- Propiciar un entorno que apoye el desarrollo de tecnología verde local o permitir la transferencia de tecnología, es decir, un conjunto de medidas de apoyo como subvenciones a la inversión, financiación subvencionada, garantías financieras, ventajas fiscales, acceso y conexión a redes de infraestructura.

Figura 4.1. Porcentaje de patentes relacionadas con el medio ambiente sobre el total de patentes

Datos de 2019 para los países de ALC

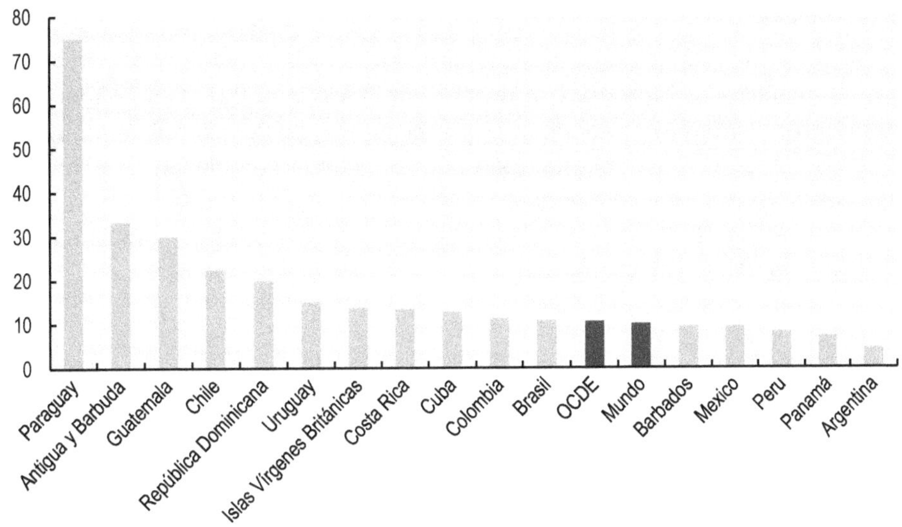

Nota: La innovación medioambiental se mide utilizando datos de patentes. Datos basados en el país de residencia del inventor.
Fuente: (OECD, 2023[87])

Los países tendrían que identificar claramente sus necesidades tecnológicas. La Evaluación de las Necesidades Tecnológicas (TNA), introducida desde la COP7, permite a los países priorizar las tecnologías en función de su impacto social, económico y medioambiental, así como de su potencial de mitigación o adaptación al cambio climático. Sin embargo, los países en desarrollo tienden a priorizar la tecnología que ya está madura, es decir, la tecnología de bajo costo, fácilmente accesible y que a menudo ya se encuentra en el país. Por el contrario, las tecnologías vinculadas a nichos de mercado, como los vehículos eléctricos, la captura de carbono, las pilas de combustible de hidrógeno, etc., rara vez se despliegan más allá de una determinada región geográfica (UNEP, 2022[88]).

Existen varios mecanismos y redes que promueven el desarrollo y la transferencia de tecnología climática de los países desarrollados a los países en desarrollo. La cooperación internacional al desarrollo sirve de palanca para hacer frente a la falta de financiamiento, capacidad y apoyo político a la hora de facilitar la transferencia de tecnología climática (UNEP, 2022[88]). Las organizaciones internacionales también están desarrollando mecanismos e instrumentos para permitir la transferencia de tecnología. El Centro y la Red de Tecnología del Clima del PNUMA ofrecen asistencia técnica a los países en desarrollo, con el objetivo de facilitar el acceso a los conocimientos sobre tecnologías climáticas y fomentar la colaboración entre las partes interesadas en la tecnología del clima. En la región de ALC, el PNUMA ha puesto en marcha programas y proyectos regionales para apoyar las respuestas de los países al cambio climático. El Programa Regional de Transferencia de Tecnología y Acción frente al Cambio Climático para América Latina y el Caribe (REGATTA) fortalece la capacidad y el intercambio de conocimientos sobre tecnologías relacionadas con el cambio climático, tanto para la mitigación como para la adaptación en la región (REGATTA, n.d.[89]). MOVE es una iniciativa que apoya la transición a la movilidad eléctrica en la región preparando a los actores locales para evaluar nuevas tecnologías e identificar oportunidades de financiación (MOVE, n.d.[90]). El programa de la OCDE Clean Energy Finance and Investment Mobilisation (CEFIM, por sus siglas en inglés) apoyó los esfuerzos de Colombia para atraer financiación e inversión en energías limpias, un sector muy dependiente de la innovación y la tecnología verdes. La movilización de financiación e inversión para la bioenergía en Colombia debe complementarse con la creación de conciencia en el mercado energético nacional y la habilitación de capacidad para implementar dichos proyectos (OECD, 2022[91]).

Recomendación

- **Apoyar el desarrollo industrial y promover la innovación.** Emprender un camino de industrialización verde promoviendo la producción local de tecnologías e innovación limpias y respetuosas con el medio ambiente. Esto puede incluir la fabricación de vehículos eléctricos, turbinas eólicas, baterías y calentadores solares. Podría ayudar a la región a reducir la deuda pública, impulsar la resiliencia económica, crear oportunidades de empleo y promover una distribución más equitativa del ingreso.

Empleos verdes para apoyar la transición a una economía baja en carbono

Se espera que el fortalecimiento de la transición verde en la región de ALC tenga varios efectos en el mercado laboral. El paso a una economía con bajas emisiones de carbono implicará cambios en los sectores económicos que puntúan alto en la emisión de GEI, con un posible cierre progresivo de ciertas actividades; así como una potenciación de las actividades económicas más "verdes", como las energías renovables, la agricultura sostenible y el turismo. Al mismo tiempo, se espera que los fenómenos del cambio climático, como el aumento de las temperaturas, tengan un impacto en los niveles de productividad, equivalente a una pérdida de 2,5 millones de empleos a tiempo completo en la región de ALC para 2030 (ILO, 2019[92]).

Se espera que la transición verde en ALC añada más de un 10% de empleos netos en la región. No todos ellos serán empleos verdes, ni serán empleos en actividades económicas verdes (OECD et al., 2022[6]); (Box 4.6). Como se analiza ampliamente en el reporte Perspectivas Económicas de América Latina 2022 (OECD et al., 2022[6]), para garantizar que los empleos creados sean verdes y sirvan para preservar o restaurar el medio ambiente, deben cumplirse algunos requisitos previos:

- Garantizar la financiación y apoyar las inversiones públicas y privadas destinadas a la innovación, las tecnologías y las actividades económicas ecológicas, de modo que se creen nuevos puestos de trabajo;
- Compensar los efectos socioeconómicos de la transición a una economía con bajas emisiones de carbono y las posibles pérdidas de puestos de trabajo, mediante la introducción de políticas activas del mercado laboral bien diseñadas, como la formación, la recualificación y la mejora de las cualificaciones de los trabajadores nuevos o existentes, respectivamente; y garantizar la continuidad de la cobertura de la protección social.
- Ampliar los sistemas de protección social para minimizar las pérdidas de ingresos, atraer a más trabajadores a la economía formal y reducir las desigualdades que suelen afectar a los más vulnerables.

Box 4.6. ¿Qué son los empleos verdes?

La Organización Internacional del Trabajo (OIT) define los empleos verdes como "trabajos decentes que contribuyen a preservar o restaurar el medio ambiente, ya sea en sectores tradicionales como la manufactura y la construcción, o en nuevos sectores verdes emergentes como las energías renovables y la eficiencia energética". Los empleos verdes ayudan a mejorar la eficiencia energética y de las materias primas; reducen las emisiones de gases de efecto invernadero; disminuyen los residuos y la contaminación; protegen y restauran los ecosistemas; y apoyan la adaptación al cambio climático.

Fuente: (ILO, n.d.[93])

Promover empleo en nuevas tecnologías verdes mediante una combinación adaptada de incentivos a la innovación y políticas de empleo, planes de formación y servicios de colocación, podría ayudar a las empresas innovadoras que surgen en las industrias verdes a crear empleos formales mejor remunerados. Las políticas activas del mercado laboral podrían centrarse en la protección de los trabajadores contra la pérdida de empleo vinculada a la transformación verde, mediante medidas de asistencia social diseñadas y coordinadas, cuentas individuales de desempleo y políticas que permitan a los trabajadores más vulnerables afectados por la transición a una economía verde. Para hacer frente a los efectos a corto y medio plazo de la transición verde, es necesario mejorar, reciclar y reciclarse. Paralelamente, el acceso a esta formación también debería estar disponible para los nuevos trabajadores que deseen incorporarse a la población activa, como las mujeres (OECD, 2022[94]). También sería necesario garantizar una financiación sostenible de estas medidas, a fin de crear un umbral mínimo de protección social para quienes no tengan acceso a prestaciones o ayudas por desempleo; y garantizar el acceso universal a la asistencia sanitaria esencial y a una renta básica específica (OECD et al., 2022[6]).

La transición hacia una economía verde también podría afectar los niveles de informalidad en el mercado laboral en la región de ALC. ALC es una de las regiones donde la informalidad es próspera (OECD/ILO, 2019[95]). La transición verde podría, por un lado, crear más empleos formales; especialmente a medida que surjan nuevas empresas productivas relacionadas con las tecnologías verdes. Por otro lado, la informalidad también podría aumentar en algunos sectores, como en la reconversión de edificios o en las cadenas de suministro marrón de los sectores verdes (Saget, Vogt-Schilb and Luu, 2020[96]). Los programas de formación que pueden ayudar a los desempleados a conseguir empleo en sectores medioambientales y ocupaciones verdes, combinados con subsidios salariales y la oportunidad de adquirir experiencia formal, son una forma de reducir la informalidad durante la transición verde. Las iniciativas que refuerzan los programas de autoempleo y emprendimiento a través de políticas activas del mercado laboral también podrían ayudar a formalizar las microempresas afectadas negativamente por la transición (OECD et al., 2022[6]).

Por último, las políticas introducidas también deben abordar cualquier riesgo para la salud medioambiental derivado de actividades económicas existentes o nuevas, ampliando la cobertura sanitaria general y/o centrándose en las personas más expuestas, como las que carecen de un saneamiento adecuado o de acceso a agua o aire de buena calidad (OECD et al., 2022[6]).

Recomendación

- Establecer marcos de inversión y políticas que promuevan la creación de empleos verdes. Garantizar la implementación de políticas laborales coherentes del mercado laboral, basándose en un diálogo social eficaz, para facilitar una transición justa hacia empleos verdes nuevos, formales y de alta calidad y fortalecer los sistemas de protección social para apoyar tanto a los trabajadores como a los empresarios en la transición a una economía neta cero.

Gestión de residuos y economía circular

Construir políticas e infraestructura eficiente de gestión de residuos en ALC puede desbloquear el desarrollo verde, crear empleo y frenar las emisiones de metano. ALC genera casi 1 kg de residuos per cápita al día, y el 85% de los residuos se recogen en las zonas urbanas. La cobertura de la recogida de residuos varía según los países, desde el 95% en ciudades como Uruguay y Colombia hasta el 12% en Puerto Príncipe, en Haití. Desarrollar y mejorar el sector de los residuos y el reciclaje en ALC podría promover el desarrollo verde, crear aproximadamente 450 000 puestos de trabajo y aumentar el PIB de la región en un 0,35% si se alcanza una tasa de reciclaje municipal equivalente a la de Alemania (UN ECLAC, 2021[97]). Actualmente, la región produce 541 000 toneladas de residuos municipales al día, con un aumento estimado del 25% para 2050. Muchas ciudades de la región siguen recurriendo a vertederos a cielo abierto, lo que provoca importantes emisiones de metano. Los vertederos abiertos reciben 145 000 toneladas de residuos al día, incluidas 17 000 toneladas de residuos plásticos. Aproximadamente el 50% de los residuos municipales de la región son orgánicos, y el 90 % de los residuos no se aprovecha (UN Environment, 2018[98]). Los países de ALC podrían implementar políticas de gestión de residuos más eficaces y eficientes, como la separación de residuos en origen y el tratamiento de residuos orgánicos, construyendo infraestructura adecuada mediante la recolección y tratamiento de residuos, y promoción de prácticas de reciclaje de residuos (UN Environment, 2018[98]). Estas medidas pueden reducir significativamente las emisiones de metano y mejorar la calidad de vida en las ciudades.

Hacer frente a la contaminación por plásticos es crucial, teniendo en cuenta su impacto en el cambio climático y el medio ambiente. La contaminación por plásticos es una fuente masiva de residuos y un acelerador del cambio climático. Los plásticos generan emisiones de GEI a lo largo de su ciclo de vida, y cerca del 90% de las emisiones de GEI de los plásticos se atribuyen a la etapa de producción y conversión (OECD, 2022[99]). Además, las playas de ALC tienen algunos de los niveles más altos de densidad de basura, con casi el 90% de los plásticos mal gestionados o enviados a vertederos, y sólo el 10% reciclados en 2019. Se prevé que la generación de residuos plásticos de la región se duplique para 2060 (Figura 4.2). Se calcula que ALC podría evitar casi por completo las fugas de plástico a sus entornos acuáticos para 2060 con un coste anual del 0,74% de su PIB (OECD et al., 2022[6]). Las políticas específicas para el plástico deben dirigirse a las diferentes etapas del ciclo de vida, entre las que se incluyen instrumentos fiscales que desincentiven la producción y el uso del plástico, mejoras en el diseño de los productos para aumentar su durabilidad y promover su reutilización y reparación, medidas para aumentar las tasas de reciclaje e inversiones en infraestructuras de gestión de residuos y la recolección de basura (OECD, 2022[99]).

Figura 4.2. Residuos de plástico por destino al final de su vida útil en 2019 y previsiones para 2060

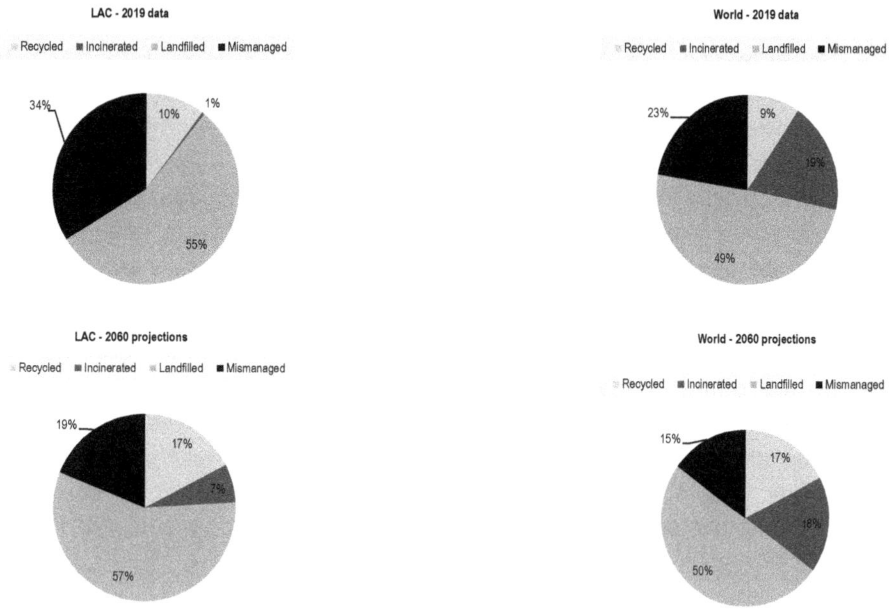

Nota: La cifra de América Latina y el Caribe (ALC) abarca tanto los países de la OCDE como los de fuera de la OCDE de la región de ALC.
Fuente: (OECD, 2023[100]), "Global Plastics Outlook: Plastic waste by end-of-life fate and region - projections", OECD Environment Statistics (database), https://doi.org/10.1787/e4e8c086-en (visto el 26 de Septiembre de 2023).

Los países de ALC deben diseñar políticas que tengan en cuenta todo el ciclo de vida de los productos, incluyendo la producción, el consumo, la gestión de residuos y el reciclaje. Las inversiones de los sectores público y privado serán necesarias, así como un aumento de la capacitación, la innovación y la transferencia de tecnología. La transición a la economía circular también requiere la coordinación de los esfuerzos nacionales e internacionales de los países de ALC. La armonización de las normas relativas a los bienes de la economía circular, la reducción de los aranceles y de las barreras no arancelarias, la mejora de la eficiencia energética y la reducción de los costos de producción, así como mejorar la granularidad de las clasificaciones del comercio internacional pueden ayudar a las empresas, los países y los agentes regionales a adoptar prácticas sostenibles (OECD et al., 2022[6]).

Los países de ALC deben reforzar sus marcos jurídicos y aplicar sistemas de responsabilidad extendida del productor (REP) para gestionar eficazmente los residuos peligrosos y promover el reciclaje. El objetivo de estos sistemas es responsabilizar a los productores del impacto medioambiental de sus productos a lo largo de toda la cadena de producción, promoviendo la reducción de la contaminación y la circularidad de los materiales. Los esquemas de REP, basados en el principio de quien contamina paga, establecen Organizaciones de Responsabilidad del Productor (RDP) colectivas para gestionar las contribuciones de los productores, eliminando la necesidad de recursos presupuestarios estatales adicionales (UNEP, 2022[101]). Hasta 2017, 11 países de ALC habían desarrollado normativas de gestión de residuos sólidos con algún tipo de esquema de REP (Quispe, 2017[102]). Sin embargo, existe una falta de regulaciones formales y de implementación general de los marcos legales. Es vital desarrollar normativas legales sólidas que adopten un enfoque de ciclo de vida completo y mejoren las políticas de REP.

Países como Argentina, Brasil, Chile, Ecuador, México y Perú han obligado a los productores e importadores de envases a declarar los volúmenes de material a través de los Registros de Emisiones y Transferencias de Contaminantes. Por ejemplo, en 2021 Chile publicó un decreto que introducía nuevos requisitos de envasado REP, incluidas tasas de reciclaje obligatorias a partir de septiembre de 2023. Chile también está desarrollando directrices para el Sistema de Gestión de Envases y Embalajes (SIGENEM) en colaboración con 25 importantes empresas de productos de consumo (Langhill, 2021[103]). En 2020, Colombia aprobó una ley que establece la REP para envases de vidrio, metal, aluminio, papel y cartón. Los envasadores, llenadores e importadores de productos envasados están obligados a presentar planes de gestión de residuos y, desde 2021, los productores deben cumplir objetivos de reutilización de residuos de envases, con objetivos de cobertura geográfica a partir de 2022 (Langhill, 2021[103]). Brasil cuenta con un Acuerdo Sectorial sobre Logística Inversa para Envases Generales que exige informar a los consumidores sobre las formas adecuadas de devolver los materiales de envasado y facilitar su reciclaje, invertir en cooperativas de gestión de residuos y acuerdos legales con minoristas y sistemas de gestión de residuos para establecer puntos de recogida voluntaria (Langhill, 2021[103]).

La transición hacia una economía circular eficiente en el uso de los recursos puede ayudar a mejorar el uso de los materiales y los resultados medioambientales, económicos y sociales. Superar los retos relacionados con la gestión de los recursos y promover el uso sostenible de los materiales son pasos necesarios hacia la transición de una economía lineal a una circular. Paralelamente, la introducción de políticas de economía circular requiere una transformación de las políticas y sectores existentes, para garantizar que se tengan en cuenta las sinergias y compensaciones (Box 4.7).

Box 4.7. Sinergias y compensaciones al aplicar políticas de economía circular.

Países de todo el mundo están introduciendo políticas de eficiencia de recursos y economía circular (RE-CE), que incluyen objetivos económicos, medioambientales y sociales, que pueden crear sinergias o conllevar intercambios, lo que afecta a la aplicación de las políticas.

La OCDE ha agrupado estas sinergias y compensaciones en cuatro objetivos clave:

1. **Reducir la extracción de materiales primarios y aumentar la eficiencia de los recursos**, mediante impuestos sobre el uso de materiales primarios y subvenciones para apoyar al sector de materiales secundarios.
2. **Reforzar los mercados de materiales secundarios y promover la circularidad de los materiales**, mediante la aplicación de políticas coherentes que den lugar a mecanismos de incentivación adecuados, así como la presencia de mercados de materiales secundarios que funcionen correctamente.
3. **Gestionar los residuos para minimizar el impacto ambiental asociado**, alineando las políticas de gestión de residuos con incentivos para reducir, reutilizar y reciclar principalmente los materiales, antes de recurrir a la incineración o el vertido.
4. **Aumentar la resiliencia económica y reducir los riesgos geopolíticos de suministro mediante la circularidad de los materiales**, un sólido reciclaje nacional y sectores secundarios, en consonancia con los acuerdos comerciales.

Fuente: (Livingstone et al., 2022[104])

Costa Rica tiene uno de los niveles más bajos de residuos municipales generados per cápita, entre los miembros de la OCDE. No obstante, la generación de residuos municipales ha aumentado gradualmente desde 2016, y los vertederos del país siguen recibiendo el 80% de todos los residuos municipales. Mientras el país ha avanzado en el cierre de vertederos ilegales, la eliminación de residuos en sitios inapropiados sigue siendo considerable, especialmente en las regiones rurales. Ha habido avances en la gestión de residuos, pero los gobiernos locales tienen dificultades para garantizar unos servicios de recogida y tratamiento de residuos selectivos, accesibles, regulares y eficientes. Costa Rica necesita aumentar la recolección y recuperación de residuos, mejorar la clasificación en origen e invertir en infraestructura moderna de tratamiento de residuos para desviarlos de los vertederos y frenar las emisiones de GEI del sector de los residuos, que representan el 15% de las emisiones nacionales. Las tasas de recogida de residuos podrían diseñarse mejor para cubrir los costes del servicio y fomentar la clasificación de residuos. Costa Rica también debería incluir los principales flujos de residuos -como los orgánicos, los envases y los residuos de construcción y demolición- en los sistemas de REP y fijar objetivos obligatorios de recuperación. Se necesitan incentivos para el uso de materiales recuperados y reciclados como insumos en los procesos de producción para desarrollar un mercado nacional, así como una plataforma digital integrada y accesible al público que proporcione datos sobre la recogida y el tratamiento de residuos, así como las cantidades de materiales eliminados y viables para el reciclaje. Actualmente, el gobierno ha estado actualizando el Plan Nacional de Gestión de Residuos y desarrollando la Estrategia Nacional de Economía Circular, así como promoviendo los principios de la economía circular en los gobiernos locales y las empresas a través de directrices técnicas, normas organizativas y formación. En 2022, más de 40 municipios recibieron formación sobre cómo facilitar la transición a una economía circular para los gobiernos locales (OECD, 2023[105]).

La economía circular es un paso fundamental hacia la consecución de los objetivos climáticos, ya que ofrece un enfoque sistémico para reducir las emisiones y aumentar la resistencia a los efectos del cambio climático. También promueve la creación de ciudades más habitables, la distribución del valor en toda la economía y estimula la innovación. La economía circular se basa en tres principios importantes: i) diseñar para eliminar los residuos y la contaminación, ii) mantener los productos y materiales en uso, y iii) regenerar los sistemas naturales (Ellen Macarthur Foundation, 2019[106]). Estos modelos brindan la oportunidad de restaurar y mantener la utilidad de los productos, componentes y materiales, preservando su valor a través de cambios en los modelos de producción, procesos y productos rediseñados, así como la creación de nuevos modelos de negocio y valor agregado. Los países de ALC pueden tomar varias medidas para apoyar la economía circular. Entre ellas la formalización de los recicladores, la aplicación de criterios de REP y la mejora de los sistemas de recolección, tratamiento y disposición final. La promoción de la reutilización debe ser central, ya que actualmente sólo se recicla en promedio el 4% de los residuos urbanos en ALC, lo que contrasta con la tasa de reciclaje de aproximadamente el 20% en los países desarrollados (UN ECLAC, 2021[97]). Al mismo tiempo, es fundamental que los países desarrollen estrategias nacionales u hojas de ruta que definan lineamientos y metas con visiones de corto, mediano y largo plazo. En ALC, ocho países ya han revisado sus hojas de ruta de economía circular, a saber, Argentina, Brasil, Chile, Colombia, Costa Rica, Ecuador, Uruguay y Perú (Samaniego et al., 2022[107]).

Recommendation

- **Avanzar en las hojas de ruta sectoriales.** Lograr una economía circular requiere de una política de Estado de Responsabilidad Extendida del Productor (REP) y modificación de prácticas de consumo insostenibles. Los sectores productivos, el comercio y la sociedad en general deben asumir su papel en el uso eficiente de materiales y recursos a lo largo de todo su ciclo de vida, la minimización de residuos, el reciclaje y la reutilización como componente intrínseco a las reglas del mercado.

Economía Sostenible para el Océano

Océanos sanos y productivos ofrecen múltiples beneficios, como oportunidades económicas, seguridad alimentaria, ecosistemas costeros resilientes y adaptación al cambio climático. La economía azul -que engloba el uso sostenible de los recursos oceánicos para el crecimiento económico, la mejora de los medios de vida y el empleo y la salud de los ecosistemas oceánicos- abarca diversos sectores oceánicos, como las energías renovables, la pesca, el transporte marítimo, el clima, el turismo, la gestión del riesgo de catástrofes y la gestión de residuos y el tratamiento de aguas residuales (World Bank, 2023[108]). Dado el papel esencial del océano en el bienestar humano y las actividades económicas, la protección de los ecosistemas marinos y costeros es crucial para fomentar el crecimiento sostenible en ALC, protegiendo al mismo tiempo los ecosistemas marinos y costeros (OECD et al., 2022[6]).

Una economía sostenible para el océano tiene el potencial de contribuir significativamente al desarrollo de la región de ALC. Se estima que solo los servicios oceánicos han contribuido con 25 000 millones de USD al PIB total de ALC en 2018, y con 7 000 millones de USD al PIB del Caribe (OECD et al., 2022[6]); (World Bank, 2023[108]). Más de una cuarta parte de la población de ALC vive en zonas costeras, y casi toda la población del Caribe. Los sectores de la pesca y la acuicultura emplean a más de 2,3 millones de personas en la región. Las zonas oceánicas de la región, especialmente en Chile, Ecuador y Perú, son conocidas por su productividad, ya que representan hasta el 20% de las capturas mundiales en algunas pesquerías y capturan carbono azul. Además, el Caribe Oriental y los archipiélagos de las Galápagos, conocidos por su biodiversidad marina, atraen un importante turismo internacional, que aporta hasta el 50% del PIB en algunos países del Caribe Oriental. La aplicación de políticas azules puede fomentar oportunidades económicas sostenibles en los sectores de la pesca y la acuicultura, el turismo sostenible y la generación de energías renovables. Tomar medidas hacia una pesca sostenible, incluida la protección de los ecosistemas marinos y fluviales, puede aumentar el empleo, mejorar la seguridad alimentaria y promover las exportaciones.

La protección, conservación y restauración de los ecosistemas costeros, fluviales y marinos contribuye directamente a mitigar el cambio climático. La región de ALC es mundialmente reconocida por su biodiversidad marina única y por albergar la segunda barrera de coral más grande del mundo. Con 47 de las 258 ecorregiones marinas, posee la mayor concentración de ecorregiones marinas del mundo (Tambutti and Gómez, 2020[109]). Los ecosistemas costeros de carbono azul, como las praderas marinas, las marismas y los manglares, captan y almacenan carbono para la atmósfera en el océano. Los manglares, en particular, pueden almacenar entre tres y cuatro veces más carbono que la mayoría de los bosques del planeta. Conservar y restaurar estos ecosistemas es esencial para maximizar su potencial de secuestro.

A pesar de algunos avances, el ritmo de las medidas políticas no es suficiente para las presiones que sufren los océanos. El acuerdo internacional alcanzado en la COP15 del Convenio sobre la Diversidad Biológica (CDB) sobre el Marco Mundial para la Biodiversidad (MGB) de Kunming-Montreal incluye objetivos para proteger los océanos y aumentar los incentivos positivos para la conservación y el uso sostenible de la biodiversidad, entre otros. Sin embargo, es necesario que estos compromisos se traduzcan en acciones, también en ALC. Las políticas que regulan las actividades perjudiciales, como la minería de aguas profundas y las perforaciones petrolíferas, y promueven el turismo sostenible podrían ayudar a salvaguardar los ecosistemas y las especies marinas. Los gobiernos tienen un papel clave que desempeñar en el establecimiento de una combinación de políticas eficaces y coherentes en la región de ALC para garantizar la conservación y el uso sostenible de los océanos, los mares y los recursos marinos (OECD, 2017[110]).

Políticas como la planificación del espacio marino y las áreas marinas protegidas pueden ayudar a conciliar objetivos ecológicos, económicos y sociales. En 2021, más de 45 países estaban aplicando o aprobando planes de ordenación del espacio marino. Con respecto a las áreas marinas protegidas, los seis países que han liderado el aumento de áreas marinas protegidas en la región en los últimos años son Argentina, Brasil, Chile, Colombia, México y Panamá, para ayudar a alcanzar el objetivo global del 30%. De los países de ALC, Chile ya ha cumplido el objetivo de áreas marinas protegidas del GBF para 2030, mientras que otros cuatro territorios (parte de Francia) también lo han alcanzado (Figura 4.3) (OECD, 2023[36]).

Figura 4.3. Áreas Marinas Protegidas en la región de ALC

Porcentaje de zonas económicas exclusivas

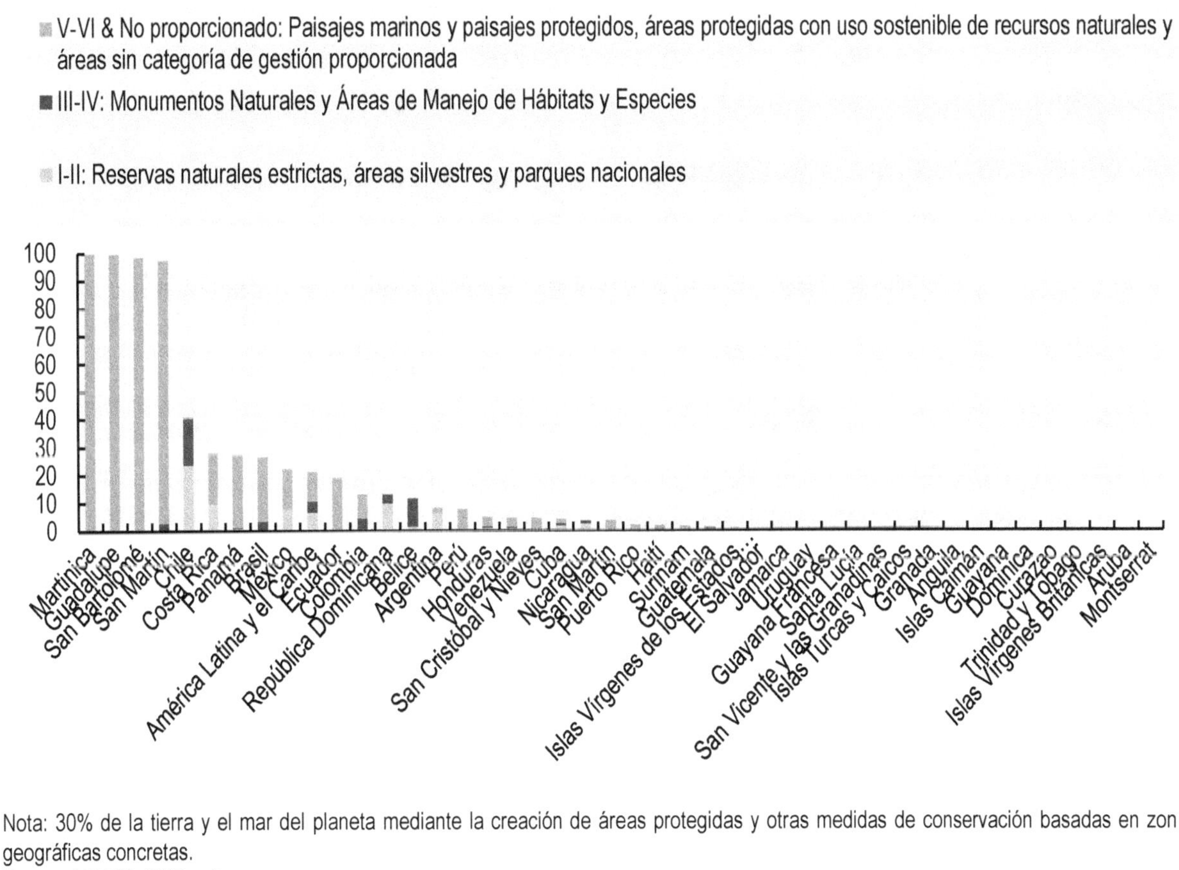

Nota: 30% de la tierra y el mar del planeta mediante la creación de áreas protegidas y otras medidas de conservación basadas en zonas geográficas concretas.
Fuente: (OECD, 2023[111])

Al mismo tiempo, los países de ALC deben mejorar la gobernanza y la planificación de los océanos para paliar el aumento de la contaminación marina y costera. La contaminación por plásticos en particular es un problema crítico, especialmente en subregiones vulnerables como el Caribe, ya que puede ser una amenaza inminente para los hábitats y los procesos naturales, reduciendo la capacidad de los ecosistemas para adaptarse al cambio climático y afectando directamente a la salud ambiental. Los países de la región pueden desarrollar una gestión integrada de las zonas costeras (ICZM, por sus siglas en inglés) como una Un enfoque basado en los ecosistemas que tenga en cuenta las compensaciones y preste especial atención a la pesca y la acuicultura, el turismo sostenible, la generación de energías renovables, la gestión integrada de cuencas fluviales y lagos, y la protección de los ecosistemas marinos (OECD et al., 2022[6]).

Los países de ALC deben elaborar planes para recuperar las poblaciones de peces, establecer marcos políticos regionales e internacionales, eliminar los subsidios que contribuyen a la sobrepesca y hacer frente a la pesca ilegal, no declarada y no reglamentada (INDNR). Es importante mantener altos los niveles de las poblaciones de peces en buen estado de salud. Invertir en evaluaciones científicas de las poblaciones puede ayudar a los países de ALC a gestionar mejor las poblaciones de peces, para evitar que éstas caigan por debajo de los niveles de sostenibilidad. La acción colectiva contra la pesca INDNR a escala regional también puede reforzar el seguimiento, el control y la transparencia a lo largo de la cadena de valor de la pesca. Paralelamente, la acción contra la pesca INDNR a nivel nacional también requeriría una revisión de los presupuestos nacionales, para garantizar que los recursos se destinan a la gestión y las prácticas pesqueras sostenibles, al tiempo que se elimina el apoyo directo o indirecto a la pesca insostenible (OECD, 2022[112]). Además, el océano presenta opciones de energías renovables como la eólica marina, la undimotriz y la mareomotriz, y la utilización de gradientes de temperatura y salinidad para la producción de energía (OECD et al., 2022[6]).

Figura 4.4. Situación con respecto a las normas de sostenibilidad biológica de las poblaciones de peces evaluadas (y número total de poblaciones evaluadas) por país de ALC, 2021

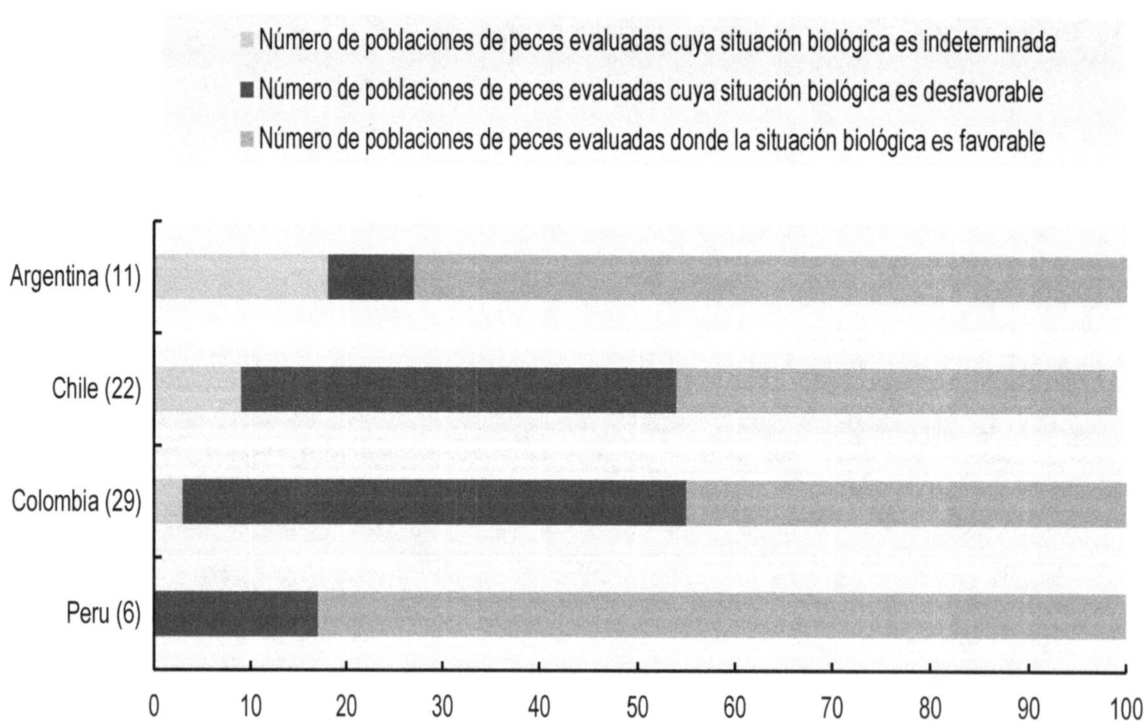

Nota: El número que aparece junto al país indica el número de poblaciones evaluadas por país.
Fuente: (OECD, 2022[112]), OECD Review of Fisheries 2022, OECD Publishing, Paris.

La incorporación del carbono azul a las estrategias de mitigación del cambio climático es crucial para los países de ALC. El calentamiento de los océanos, la acidificación, la contaminación por plásticos y la sobrepesca suponen amenazas significativas para la economía azul y la sostenibilidad de los océanos (World Bank, 2023[108]). El calentamiento y la acidificación de los océanos dañan los ecosistemas marinos y comprenden la capacidad del océano para proporcionar alimentos, medios de subsistencia y una vida costera segura. Los efectos del cambio climático incluyen el aumento de la erosión costera, la decoloración de los corales y las inundaciones de los ecosistemas. Un enfoque basado en el carbono azul puede ayudar a los países a cumplir sus NDC incorporando soluciones de carbono azul.

La sostenibilidad de los océanos también debería incluirse como objetivo en los instrumentos basados en el mercado en la región de ALC. El número de países con instrumentos económicos (basados en el mercado) dirigidos a la sostenibilidad de los océanos en los países de ALC ha aumentado con el tiempo. Para 2022, Argentina, Brasil, Chile, Costa Rica, Ecuador, México, Panamá y Perú habían introducido instrumentos relacionados con los océanos, frente a los cuatro países que lo habían hecho en 19943 (Figura 4.5) (OECD, 2023[113]). Estos países han introducido impuestos relacionados con los océanos (como impuestos sobre la pesca, el transporte marítimo o la contaminación marina), excepto Argentina, México y Perú. Aunque la mayoría de los instrumentos relacionados con los océanos son impuestos, la proporción de sistemas de permisos negociables es mayor en el ámbito de los océanos (más que en cualquier otro ámbito medioambiental). Los sistemas de permisos negociables relacionados con los océanos incluyen, por ejemplo, cuotas de pesca individuales (Argentina, Chile, Ecuador y Perú) y derechos de uso territorial (Chile y México) (OECD, 2023[113]).

Figura 4.5. Instrumentos de política relacionados con los océanos sostenibles en América Latina y el Caribe

Datos de 2021

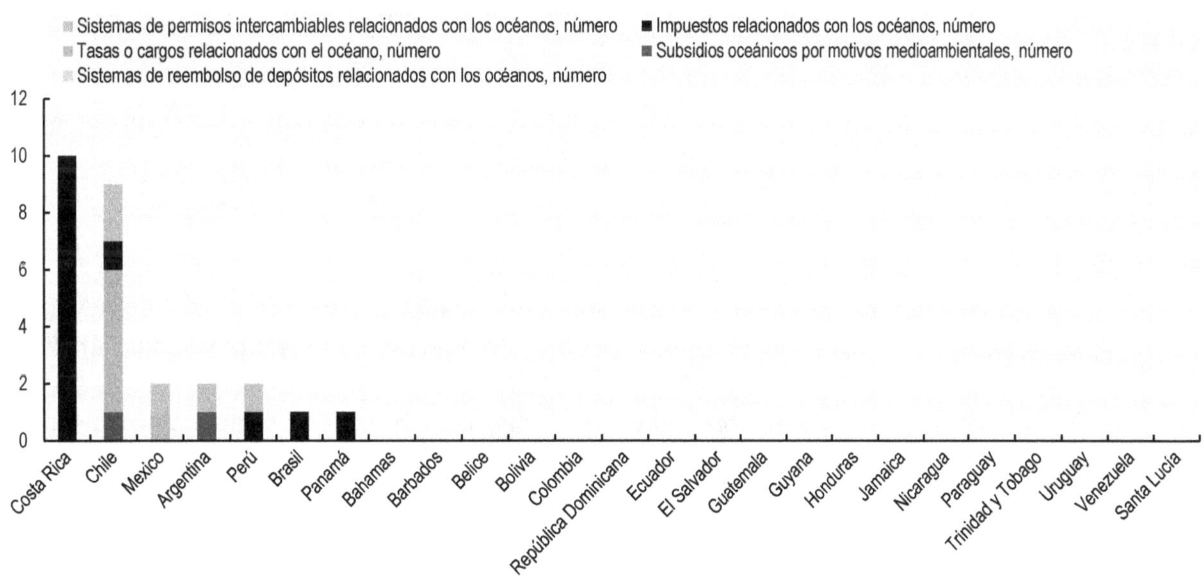

Nota: Los países con cero instrumentos políticos relacionados con los océanos disponen de otros instrumentos políticos en su caja de herramientas.
Fuente: (OECD, 2023[113])

Además, los impuestos relacionados con la sostenibilidad de los océanos recaudaron USD 1.100 millones en 2021, un nivel que disminuyó en la última década (a pesar del creciente número de impuestos de este tipo aplicados). La proporción de los ingresos fiscales relacionados con los océanos en el total de los ingresos fiscales relacionados con el medio ambiente (ERTR, por sus siglas en inglés) también ha disminuido hasta el 1,5 %, la mitad de su valor una década antes, y en torno al 0,01 % del PIB de media (Figura 4.6).

Figura 4.6. Ingresos fiscales relacionados con el océano

Datos de 2021

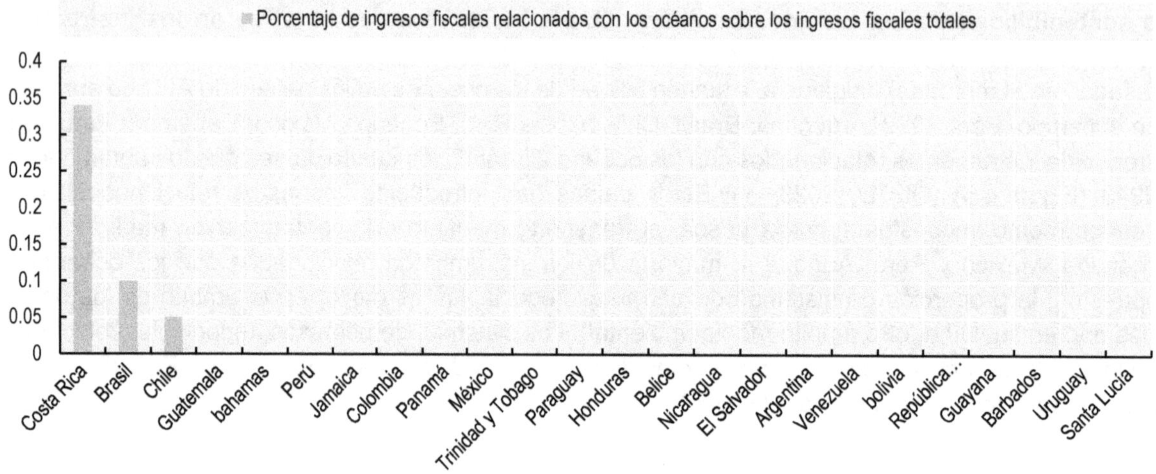

Nota: Ingresos procedentes de impuestos dirigidos a la sostenibilidad de los océanos. Los impuestos relacionados con la sostenibilidad de los océanos incluyen los impuestos sobre los productos energéticos para el transporte marítimo, el uso o la propiedad de buques de transporte marítimo, los impuestos sobre la extracción de recursos de los océanos, las licencias de pesca, los ingresos procedentes de la subasta de cuotas individuales transferibles para la pesca, los impuestos dirigidos a contener la contaminación de los océanos, etc. El total de ingresos fiscales relacionados con el medio ambiente corresponde a los ingresos recaudados por todas las bases impositivas para el medio ambiente total.
Fuente: (OECD, 2023[113])

Recomendación

- **Implementar políticas que promuevan la planificación espacial marina y la ampliación de las áreas marinas protegidas**. Estas medidas pueden ayudar a conciliar los objetivos ecológicos, económicos y sociales. Alcanzar el objetivo de áreas marinas protegidas para 2030 del Marco Mundial de Biodiversidad.
- **Promover la pesca sostenible**. Introducir o mejorar aún más la gestión y las prácticas pesqueras sostenibles para combatir las actividades pesqueras ilegales. Incluir la sostenibilidad de los océanos como un objetivo en los instrumentos basados en el mercado.

Igualdad de género y cambio climático

La igualdad de género y la inclusión social son factores importantes a considerar al abordar el cambio climático. Las mujeres y los hombres se enfrentan a impactos diferenciados de la degradación medioambiental, los riesgos climáticos y las políticas medioambientales, debido a las desigualdades existentes, las características socioeconómicas, así como las barreras culturales y de otro tipo. En las economías emergentes, las mujeres son a menudo las responsables de la producción de alimentos y la recogida de agua, mientras que también tienen que gestionar el uso de la energía a nivel doméstico. En todo el mundo, la creciente incidencia e intensidad de peligros naturales como sequías, corrimientos de tierras, inundaciones y huracanes tienden a afectar más a las mujeres debido a su mayor vulnerabilidad económica. Los roles tradicionales de género dictan que las mujeres se conviertan en las principales cuidadoras de los afectados por las catástrofes, como niños, ancianos y otras personas necesitadas. Al mismo tiempo, el empoderamiento de la mujer podría ayudar a tener efectos positivos sobre el medio ambiente y el cambio climático, ya que a menudo las mujeres tienen preferencias y comportamientos más "verdes". Género y medio ambiente nexo puede ayudar a los responsables políticos a desarrollar un marco político integrado en el que tanto la sostenibilidad medioambiental como la igualdad de género pasen a un primer plano (OECD, 2021[114]).

Aunque las agendas de igualdad de género y sostenibilidad ambiental han progresado en los últimos años, en gran medida se ha hecho en silos. A pesar de la integración de la perspectiva de género en los marcos y compromisos ambientales internacionales, como la Plataforma de Acción de Pekín de 1992, el Acuerdo de París de 2015 y el Plan de Acción de Género de la CMNUCC, aún queda mucho camino por recorrer antes de que el nexo entre género y medio ambiente esté suficientemente cubierto en los marcos de política nacionales (OECD, 2021[114]).

Se prevé que la adaptación al clima afecte a los más vulnerables, como los que viven en zonas afectadas por fenómenos meteorológicos extremos, el cambio climático (zonas rurales y costeras) o la pérdida de biodiversidad y la destrucción de ecosistemas (países insulares); las comunidades indígenas; la población muy empobrecida; los niños y los ancianos (Roy et al., 2022[115]). En la región de ALC, las tasas de pobreza suelen ser más altas para los grupos indígenas, los niños y las mujeres, en comparación con el resto de la población, los adultos o los hombres, respectivamente (Reyer et al., 2015[116]). Al mismo tiempo, el cambio climático puede profundizar las desigualdades existentes en la región, incluidas las basadas en el género, debido a sus impactos sociales y económicos.

El análisis del PNUD sobre la inclusión de acciones y objetivos de igualdad de género en las NDCs muestra que, en la región de ALC, sólo nueve de las NDCs presentadas inicialmente (primera generación) incluían una perspectiva de género. Sin embargo, el número aumentó a 22 en la segunda generación. A pesar de la creciente presencia de referencias a la igualdad de género en las NDC de los países de ALC, y del reconocimiento del papel de la mujer en diferentes sectores medioambientales, como la energía, la agricultura y la gestión de residuos, aún persisten algunas lagunas, lo que deja claro que es necesario seguir trabajando para aplicar políticas y garantizar la introducción de un enfoque integrado en la formulación de políticas. Estas lagunas, en la región de ALC, consisten principalmente en incluir y garantizar la financiación para la integración de la perspectiva de género en las políticas medioambientales, recopilar información y datos, y aplicar la Medición, Notificación y Verificación MRV de las acciones contra el cambio climático (Tabla 4.2).

La reciente crisis sanitaria COVID-19 ofreció a los gobiernos de todo el mundo la oportunidad de introducir medidas de recuperación que apoyen tanto la sostenibilidad ambiental como la inclusión social, con especial atención a la igualdad de género. Sin embargo, un análisis reciente muestra que no se promovió suficientemente una recuperación ecológica ni sensible a las cuestiones de género, mientras que el nexo entre género y medio ambiente estuvo casi ausente en las medidas introducidas. En la región de ALC en concreto, de las 2 025 medidas de política de recuperación evaluadas, sólo 7 medidas de países se consideraron incluidas en el nexo entre género y medio ambiente, es decir, que eran tanto ecológicas como sensibles al género. La mayoría de estas medidas se centran especialmente en apoyar la capacitación económica de las mujeres en sectores económicos relacionados con el medio ambiente, como la agricultura, el agua, la energía o el turismo. El apoyo suele prestarse a través de pequeñas subvenciones o créditos (UNDP; UN Women; OECD, n.d.[117]).

Tabla 4.2. Inclusión de la igualdad de género en diferentes áreas políticas de las NDCs

Datos disponibles para las Contribuciones Determinadas a Nivel Nacional presentadas por los países de ALC

Países ALC	Visión	Política	Governanza	Construcción de capacidades	Instrumentos de Planificación	Finanzas	Información y datos	MRV	Acciones y medidas e indicadores	Reconocimiento y capaciación de mujeres
Antigua and Barbuda										
Argentina										
Bahamas										
Belize										
Bolivia										
Chile										
Colombia										
Costa Rica	x									
Dominica										
Dominican Republic										
Ecuador										
El Salvador										
Grenada										
Guatemala										
Haiti										
Honduras										
Mexico										
Panama										
Paraguay										
Peru		x			x					x
Suriname										
Uruguay										

Nota: Presentación de los datos por los autores. El gris claro (con x) indica la inclusión en los NDCs de 1ª generación. El gris oscuro indica inclusión en los NDCs de 2ª generación. El negro indica inclusión en ambos NDCs. El blanco indica la no inclusión en los NDCs.
Fuente: (UNDP, n.d.[118])

Los países de ALC deben dar prioridad a la participación de las mujeres en la formulación de políticas y la toma de decisiones en materia medioambiental, a la integración de la perspectiva de género en las políticas sobre cambio climático y a la aplicación de medidas que tengan en cuenta las cuestiones de género y aborden las desigualdades de género a escala local, especialmente en las regiones afectadas por el cambio climático. Incluir a las mujeres en las diferentes fases de la toma de decisiones, tanto en el sector público como en el privado, puede ayudar a mejorar la acción medioambiental, así como a garantizar un nivel de sensibilidad de género en las decisiones tomadas (Strumskyte, Ramos Magaña and Bendig, 2022[119]). Además, teniendo en cuenta la mayor carga de trabajo de cuidados no remunerado que soportan las mujeres, así como su fuerte presencia en el empleo informal en los países de ALC (OECD/ILO, 2019[95]), y el cambio hacia una economía verde, el papel de las mujeres en sectores como la agricultura, el turismo y las energías renovables debe tenerse en cuenta a la hora de desarrollar políticas sectoriales. Apoyar estos esfuerzos con un conjunto de indicadores de género y medio ambiente y la recopilación de datos sensibles al género, podría permitir el desarrollo, la aplicación y el seguimiento de políticas medioambientales imparciales, que tengan en cuenta las necesidades diferenciadas de mujeres y hombres.

México reconoce el impacto diferenciado del cambio climático en mujeres y hombres, a menudo vinculado a criterios sociales y vulnerabilidades. En la NDC del país se hace una mención especial a las acciones transversales sensibles y transformadoras de género, sin embargo los resultados concretos son necesaria a nivel local. La política de adaptación al cambio climático de México incluye un enfoque de cuatro pasos para incluir la igualdad de género: (i) proporcionar análisis de género y análisis sobre la vulnerabilidad, para reconocer las especificidades y el acceso diferenciado que tienen las mujeres y los hombres a los recursos naturales; (ii) identificar las brechas de género y la falta de información sectorial a nivel local; (iii) aplicar medidas, teniendo en cuenta las experiencias de las mujeres locales en la comunidad, sus conocimientos tradicionales y su compromiso con las medidas introducidas para garantizar la apropiación; y (iv) garantizar mecanismos de seguimiento y evaluación, mediante la introducción de indicadores sensibles al género, para medir los efectos sensibles al género de las medidas políticas introducidas. Los proyectos introducidos en el estado de Oaxaca, por ejemplo, se desarrollaron con un enfoque ascendente, con la plena participación de las partes interesadas. Las mujeres locales destacaron la falta de espacios para refugios temporales tras fenómenos climáticos graves, así como la falta de una planificación que tenga en cuenta las necesidades diferenciadas de los distintos grupos. La seguridad de los recursos financieros también se destaca como un parámetro importante a la hora de introducir y aplicar acciones que tengan en cuenta las cuestiones de género (OECD, 2023[120]).

El Plan Nacional de Adaptación de Costa Rica 2022-2026 aplica de manera horizontal una perspectiva de género, enfocándose en la participación e inclusión de mujeres y grupos vulnerables en iniciativas como gestión del conocimiento, resiliencia de los sistemas humanos y planificación, gestión de la biodiversidad y ecosistemas, infraestructura resiliente, productiva y ecológica. -sistemas competitivos e inversiones y finanzas verdes. El proyecto "Adaptándonos al Cambio Climático", apoyado financieramente por el Fondo de Adaptación de las Naciones Unidas, tiene como objetivo reducir la vulnerabilidad de las comunidades al cambio climático y mejorar la resiliencia en sectores críticos como la agricultura, la gestión de los recursos hídricos y las zonas costeras. Promueve el desarrollo de capacidades para las mujeres que trabajan en la agricultura, a nivel local. Más de 5 000 mujeres se han beneficiado directamente y más de 68 000 indirectamente. Unas 590 mujeres han recibido formación; y se han desembolsado USD 500 000 como crédito para mujeres. El proyecto desarrolla habilidades y propone financiamiento favorable con flexibilidad sobre garantías. El proyecto "Más Mujeres Más Natura", apoyado por el PNUD, se centra en la igualdad de género y el empoderamiento de las mujeres en la gestión y preservación de la biodiversidad. tiene como objetivo mejorar la autonomía económica de las mujeres y crear empleos que contribuyan a proteger el capital natural de Costa Rica. Se proporcionan alrededor de USD 1,4 millones a mujeres para actividades empresariales relacionadas con las NbS. Aún quedan algunos desafíos que Costa Rica está examinando: acceso a financiamiento para mujeres y organizaciones dirigidas por mujeres, desarrollo de capacidades y transferencia de conocimientos; cuantificar el impacto y los beneficios del proyecto para las mujeres; aumentar la participación de las mujeres en la toma de decisiones; avanzar con indicadores sensibles al género; y construir alianzas y asociaciones entre diferentes partes interesadas para cerrar la brecha de género (OECD, 2023[120]).

La República Dominicana incluye un Panel intergubernamental de Género y Cambio Climático en su NDC. El Panel dará prioridad a la mejora de los conocimientos sobre las interrelaciones entre el medio ambiente y la igualdad de género, el aumento de la participación de las mujeres en los mecanismos de toma de decisiones para la adaptación y la mitigación, y la gestión de riesgos. El Panel también prestará apoyo en la aplicación de las medidas identificadas en un Plan de Acción Nacional sobre Género y Cambio Climático, y abordará retos clave como el acceso a la financiación y la participación de las partes interesadas en el avance de las acciones establecidas (OECD, 2023[120]).

Recomendación

- **Buscar el crecimiento verde a través de la igualdad de género.** Reconocer el impacto diferenciado del cambio climático en mujeres y hombres y adoptar un marco político integrado para alcanzar la igualdad de género y empoderar a las mujeres puede contribuir a lograr una transición económica justa y verde. La igualdad de género y el empoderamiento económico de las mujeres se pueden lograr mediante políticas, instrumentos y medidas climáticas sensibles al género, así como con información ambiental desglosada por género.

Educación ambiental para la acción por el clima

La educación medioambiental desempeña un papel crucial en la promoción de la acción por el clima. El artículo 4 de la CMNUCC llama a las partes a promover y cooperar en la educación, la formación y la sensibilización del público en relación con el cambio climático. También resalta la importancia de fomentar una amplia participación en este proceso, incluidas las organizaciones no gubernamentales (UN, 1992[121]). Al proporcionar a las personas una comprensión global de la crisis climática y dotarlas de conocimientos, habilidades y valores, permite a los individuos convertirse en agentes del cambio, moldeando actitudes y comportamientos que conducen a la acción tanto individual como colectiva (OECD, 2021[122]). Además, la educación ambiental fomenta la concienciación y la comprensión del medio ambiente y sus recursos naturales. Las escuelas pueden servir de espacios para crear y aplicar soluciones ambientales, fomentando estilos de vida más sostenibles y reforzando la resistencia al cambio climático. A través de la educación, los niños pueden contribuir activamente a todos los aspectos de la formulación de políticas, la mitigación y la adaptación al cambio climático (Ogando, 2022[123]).

Ampliar la educación ambiental en ALC sigue siendo un reto importante. Los estudios ambientales son complejos y difíciles de enseñar y comprender, lo que exige recursos y apoyo de los organismos institucionales para abordarlos. La falta de acceso a oportunidades de formación, a la infraestructura necesaria, a los recursos y a los materiales de referencia suponen barreras a la expansión de la educación ambiental en la región. Es crucial invertir en programas de educación ambiental, formación y recursos adaptables para profesores y formadores que proporcionen materiales de referencia sobre la integración de temas y conceptos ambientales en los sistemas educativos formales y no formales. Hasta 2023, 26 países de ALC han incluido un enfoque ambiental en algún nivel de sus planes de estudio de primaria (UNEP, 2023[124]). Por otra parte, la implementación de programas de educación ambiental en zonas rurales representa un desafío que puede ser abordado a través de alianzas y asociaciones con organizaciones de asistencia.

La pedagogía, las adquisiciones y las asociaciones son tres ámbitos de actuación fundamentales para apoyar la mitigación del cambio climático y la adaptación al mismo en todos los niveles educativos. La pedagogía parte de la base de que un mayor conocimiento científico y técnico aumenta la concienciación y la preocupación por el medio ambiente, lo que conduce a una mejora de los comportamientos medioambientales. La contratación pública permite a los centros educativos reforzar su capacidad de recuperación y reducir los riesgos de seguridad mediante la selección de bienes, servicios y obras con un impacto ambiental reducido. Esto puede lograrse diseñando instalaciones eficientes desde el punto de vista energético e hídrico, abordando el problema de los residuos alimentarios, promoviendo el transporte escolar limpio y el transporte público ecológico, incorporando el uso de la bicicleta en la planificación urbana y adquiriendo equipos eficientes desde el punto de vista energético, como el alumbrado y las tecnologías de la información y la comunicación (TIC), al tiempo que se limitan los residuos electrónicos. Por último, la educación puede potenciar las sinergias entre las instituciones educativas, la administración pública, las empresas y la sociedad civil, reforzando las prácticas de aprendizaje, las políticas de adquisición y fortaleciendo los lazos sociales dentro de las comunidades, todo ello en beneficio del medio ambiente (OECD, 2021[122]).

Los encargados de formular políticas públicas deben tener el objetivo de crear una mano de obra flexible, adaptable y resiliente que sea sensible a los cambios en la economía debidos a nuevas normas y reglamentos ambientales. Es necesario desarrollar políticas que garanticen la capacidad de respuesta de los sistemas de formación a la evolución de la demanda de cualificaciones. Evaluar la información sobre la oferta y la demanda de competencias es esencial para alinear las cualificaciones y los programas, prevenir los vacíos y la escasez de competencias y ayudar a las personas a adaptarse a los cambios creados por la economía verde. Para lograrlo se necesitan sistemas de formación inclusivos que también aborden las diferencias de género (OECD, 2021[122]). La investigación también ha demostrado que el apoyo a las políticas climáticas se ve influido por tres factores importantes: i) la eficacia percibida de las políticas en la reducción de emisiones, ii) sus impactos distributivos percibidos en los hogares de menores ingresos (preocupaciones por la desigualdad), y iii) las propias ganancias y pérdidas de los hogares de los individuos. La educación desempeña un papel importante a la hora de configurar las opiniones políticas y el razonamiento y las creencias generales sobre las políticas climáticas (Dechezleprêtre et al., 2022[125]). Al mismo tiempo, en la región deberían desarrollarse políticas destinadas a promover la creación de empleo en nuevas tecnologías verdes mediante una combinación de incentivos a la innovación y el empleo, el desarrollo de capacidades y los empleos en servicios. Los países deben promover inversiones públicas y privadas adicionales que contribuyan a aumentar el valor añadido necesario de los sectores verdes para impulsar la creación de empleos formales, así como desarrollar políticas destinadas a establecer una perspectiva medioambiental en sus sistemas educativos y de formación profesional.

Recomendación

- Promover una educación equitativa y verde. Establecer una estrategia activa de educación ambiental, formal e informal, para inducir un cambio de comportamiento en la sociedad, creando conciencia, sensibilidad y responsabilidad hacia la sostenibilidad ambiental y el cambio climático. Los sistemas educativos, desde la primera infancia, deben garantizar que las generaciones futuras abandonen los comportamientos y preferencias individuales de los actuales métodos insostenibles de producción y consumo. El conocimiento ambiental y las habilidades verdes deberían ser parte de los planes de estudio en todos los componentes de los sistemas educativos.

Referencias

all., M. (2014), *Environmental Impact Assessment Systems in Latin America and the Caribbean*, International Association for Impact Assessment, https://conferences.iaia.org/2014/IAIA14-final-papers/Acerbi,%20Marcelo.%20%20EIA%20systems%20in%20Latin%20America%20and%20the%20Caribbean.pdf. [126]

Boteler, B. et al. (2015), *Experiences in bottom-up adaptation approaches in Europe and elsewhere*, https://www.ecologic.eu/sites/default/files/publication/2017/2716-d-4-2-experiences-of-bottom-up-adaptation-approaches.pdf. [18]

CAF (2022), *Assessment of the Carbon Credit Market in Latin America and the Caribbean*, https://scioteca.caf.com/bitstream/handle/123456789/1949/assessment%20of%20the%20CM%20in%20LAaC.pdf?sequence=4&isAllowed=y. [56]

CAF (2021), *CAF to allocate USD 25 billion over the next five years to promote green growth*, https://www.caf.com/en/currently/news/2021/11/caf-to-allocate-usd-25-billion-over-the-next-five-years-to-promote-green-growth/ (accessed on 11 October 2022). [67]

CBD (n.d.), *https://www.cbd.int/ - Costa Rica*, https://www.cbd.int/financial/pes/costarica-pestechnical.pdf (accessed on 2023). [53]

CBI (2021), *Taxonomy Roadmap for Chile: One more step towards consolidating the local Green Finance Agenda*, https://www.climatebonds.net/files/reports/taxonomy_chile_report_a4_en.pdf. [80]

Climate Bonds Initiative (2021), *Latin America & the Caribbean Sustainable Finance State of the Market 2021*, Climate Bonds Initiative, https://www.climatebonds.net/files/reports/cbi_lac_2020_04e.pdf. [74]

CNCCMDL (2020), *Experiencia dominicana en el diseño de un isystema de monitoreo, reporte y verificación (MRV) de gases de efecto invernadero*, https://mepyd.gob.do/wp-content/uploads/drive/VIMICI/Convocatorias/Conovocatoria/Sistematizacion/7.%20Disen%CC%83o%20sistema%20MRVde%20gases%20de%20efecto%20invernadero%20%281%29.pdf. [43]

CODS (2021), *Sistemas MRV y Financiamiento Climático en Colombia*, Centro de los Objectivos de Desarrollo Sostenible para América Latina, https://cods.uniandes.edu.co/sistemas-mrv-y-financiamiento-climatico-en-colombia/. [42]

Cognuck González, S. and E. Numer (2020), *What is climate governance?*, https://www.unicef.org/lac/media/19651/file/what-is-climate-governance.pdf. [4]

Conway, D. et al. (2019), "The need for bottom-up assessments of climate risks and adaptation in climate-sensitive regions", *Nature Climate Change*, Vol. 9/7, pp. 503-511, https://doi.org/10.1038/s41558-019-0502-0. [16]

Danish, K. (1995), "International Environmental Law and the "Bottom-Up" Approach: A Review of the Desertification Convention", *Indiana Journal of Global Legal Studies*, Vol. 3/1, http://www.repository.law.indiana.edu/ijgls/vol3/iss1/9. [25]

Dechezleprêtre, A. et al. (2022), "Fighting climate change: International attitudes toward climate policies", *OECD Economics Department Working Papers*, No. 1714, OECD Publishing, Paris, https://doi.org/10.1787/3406f29a-en. [125]

Ellen Macarthur Foundation (2019), *Completing the Picture: How the circular economy tackles climate change*, https://circulareconomy.europa.eu/platform/sites/default/files/emf_completing_the_picture.pdf. [106]

EU (2022), *EU-LAC Partnership*, https://www.eeas.europa.eu/sites/default/files/documents/Factsheet%20EU_LAC_en_2022_2510fin.pdf. [130]

EUROCLIMA+ (n.d.), *EUROCLIMA+*, https://www.euroclima.org/ (accessed on 10 October 2022). [129]

Funaro, R. (ed.) (2021), *Climate Policies in Latin America and the Caribbean: Success Stories and Challenges in the Fight against Climate Change*, Inter-American Development Bank, https://doi.org/10.18235/0003239. [2]

Garrett, J. and S. Moarif (2018), "Reporting on capacity-building and technology support under the Paris Agreement: Issues and options for guidance", *OECD/IEA Climate Change Expert Group Papers*, No. 2018/01, OECD Publishing, Paris, https://doi.org/10.1787/f5330a47-en. [84]

GCF (2021), *Annual Results Report*, https://www.greenclimate.fund/sites/default/files/document/20220412-arr2021.pdf. [68]

GEF (2022), *The GEF Monitoring Report*, https://www.thegef.org/sites/default/files/documents/2022-11/EN_GEF.C.63.03_The%20GEF%20Monitoring%20Report%202022.pdf. [69]

GFLAC (2021), *Sustainable Finance Index - Results report for Latin America and the Caribbean, 2020*, https://fd31067a-8e9b-4ab4-a7be-d30689ad3aa1.filesusr.com/ugd/32948d_45d5502a4fe4467cb159f60f03255347.pdf?index=true. [47]

Gligo, N. et al. (2020), *La tragedia ambiental de América Latina y el Caribe*, https://repositorio.cepal.org/bitstream/handle/11362/46101/1/S2000555_es.pdf. [32]

Gómez, X. (2017), *Colombia: Integrando la métrica de la mitigación y adaptación ante el cambio climático*, https://ledslac.org/wp-content/uploads/2017/06/05-Colombia.-Integrando-la-m%C3%A9trica-de-la-mitigaci%C3%B3n-y-adaptaci%C3%B3n.pdf. [41]

Government of Belize (2022), *Government and Conservation Partners Sign Protected Areas Co-Management Agreements*, https://www.pressoffice.gov.bz/government-and-conservation-partners-sign-protected-areas-co-management-agreements/. [22]

Government of Brazil (2023), *United for Our Forests: Joint Communiqué of Developing Forest Countries in Belém*, https://www.gov.br/mre/en/contact-us/press-area/press-releases/united-for-our-forests-joint-communique-of-developing-forest-countries-in-belem (accessed on 29 August 2023). [5]

Government of Costa Rica, G. (2018), *cambioclimatico.org - Plan Nacional de Descarbonización - Gobierno de Costa Rica 2018-2050*, https://cambioclimatico.go.cr/wp-content/uploads/2019/02/PLAN.pdf (accessed on August 2023). [13]

Government of Mexico (2022), *Lanza México herramienta que ayudará a monitorear acciones de mitigación y adaptación en las entidades del país*, https://www.gob.mx/semarnat/prensa/lanza-mexico-herramienta-que-ayudara-a-monitorear-acciones-de-mitigacion-y-adaptacion-en-las-entidades-del-pais (accessed on 1 August 2023). [40]

Guevara Sanginés, A., A. Mercado García and J. Lara Pulido (2020), "Disponibilidad de estadísticas ambientales en nueve países latinoamericanos. An Assessment of the Availability of Environmental Statistics in Nine Latin American Countries", *Realidada, Datos U Espacio Revista Internacional de Estadistica y Geografía*, Vol. 11/2, https://rde.inegi.org.mx/index.php/2020/08/06/disponibilidad-de-estadisticas-ambientales-en-nueve-paises-latinoamericanos/. [39]

Haščič, I. et al. (2010), "Climate Policy and Technological Innovation and Transfer: An Overview of Trends and Recent Empirical Results", *OECD Environment Working Papers*, No. 30, OECD Publishing, Paris, https://doi.org/10.1787/5km33bnggcd0-en. [85]

Hermansen, E. and G. Sundqvist (2022), "Top-down or bottom-up? Norwegian climate mitigation policy as a contested hybrid of policy approaches", *Climatic Change*, Vol. 171/3-4, https://doi.org/10.1007/s10584-022-03309-y. [11]

IDB (2022), *Inter-American Development Bank Sustainability Report 2021*, https://publications.iadb.org/publications/english/document/Inter-American-Development-Bank-Sustainability-Report-2021.pdf. [70]

IEA (2020), *Implementing Effective Emissions Trading Systems: Lessons from international experiences*, https://iea.blob.core.windows.net/assets/2551e81a-a401-43a4-bebd-a52e5a8fc853/Implementing_Effective_Emissions_Trading_Systems.pdf (accessed on September 2023). [10]

ILO (2019), *Working on a warmer planet: The impact of heat stress on labour productivity and decent work*, https://www.ilo.org/wcmsp5/groups/public/---dgreports/---dcomm/---publ/documents/publication/wcms_711919.pdf. [92]

ILO (n.d.), *What is a green job?*, https://www.ilo.org/global/topics/green-jobs/news/WCMS_220248/lang--en/index.htm (accessed on 22 August 2023). [93]

IPCC (2022), *Sixth Assessment Report - Mitigation of Climate Change: Summary for Policymakers*, https://www.ipcc.ch/report/sixth-assessment-report-working-group-3/. [132]

Ivanova, A. et al. (2021), *Climate Change in Latin America and the Caribbean Challenges and Opportunities*, https://www.imf.org/en/Blogs/Articles/2021/10/28/blog-climate-change-latin-america-the-caribbean-challenges-and-opportunities (accessed on 31 July 2023). [60]

Langhill, R. (2021), *EPR in Latin America - Progress toward implementation*, https://www.loraxcompliance.com/blog/env/2021/07/26/EPR_in_Latin_America_-_Progress_toward_implementation.html#. [103]

Lemos, M. and A. Agrawal (2006), "Environmental Governance", *Annual Review of Environment and Resources*, Vol. 31/1, pp. 297-325, https://doi.org/10.1146/annurev.energy.31.042605.135621. [3]

Livingstone, L. et al. (2022), “Synergies and trade-offs in the transition to a resource-efficient and circular economy”, *OECD Environment Policy Papers*, No. 34, OECD Publishing, Paris, https://doi.org/10.1787/e8bb5c6e-en. [104]

Maciel, E. (2022), *Carbon pricing in Latin America: How is this market growing?*, https://www.developmentaid.org/news-stream/post/145275/carbon-pricing-in-latin-america-how-is-this-market-growing (accessed on 1 August 2023). [57]

Marr, M., D. Marett and N. Wohlgemuth (2018), *“MRV in Practice” - Connecting bottom-up and top-down approaches for developing National MRV systems for NDCs*, https://transparency-partnership.net/system/files/document/GH_New%20Climate_MRV%20in%20Practice_2018.pdf (accessed on 2023). [9]

Massuela Calenga, D., A. Montes de Oca Risco and M. Ulloa Carcassés (2019), “LA EVALUACIÓN AMBIENTAL ESTRATÉGICA: DESDE EL ENFOQUE DE SU DESARROLLO HISTÓRICO HASTA SU APLICABILIDAD EN LA ACTUALIDAD.”, *HOLOS*, Vol. 6, pp. 1-22, https://doi.org/10.15628/holos.2019.8704. [28]

Merle, C., G. Gondjian and Y. Gong (2021), *The New Geography of Taxnomies: A Global Standard-setting Race*, https://gsh.cib.natixis.com/api-website-feature/files/download/12087/the_new_geography_of_taxonomies_final_version_november__2021_natixis_gsh.pdf (accessed on 13 July 2023). [79]

MINAM (2022), *Aprendizajes sobre el proceso de consulta a las cominidades indígenas para la elaboración del Reglamento de la Ley Marco sobre Cambio Climático del Perú*, https://cdn.www.gob.pe/uploads/document/file/2827915/Libro_Sistematizaci%C3%B3n%20del%20Proceso%20de%20Consulta%20Previa.pdf.pdf?v=1675798796. [19]

Ministry of Environment Peru (n.d.), *Comisión de Alto Nivel de Cambio Climático*, https://www.gob.pe/institucion/minam/campa%C3%B1as/7744-comision-de-alto-nivel-de-cambio-climatico. [14]

Miranda, T. (2021), *Nationally Determined Contributions across the Americas - A Comparative Hemispheric Analysis*, https://iamericas.org/NDC-Report-2021/. [45]

MMA (2022), *Guida de Evaluación Ambiental Estratégica para incorporar el Cambio Climático en Instrumentos de Ordenamiento y Planificación Territorial*, https://mma.gob.cl/wp-content/uploads/2022/08/Guia-de-Evaluacion-Ambiental-Estrategica-para-incorporar-el-Cambio-Climatico-en-Instrumentos-de-Ordenamiento-y-Planificacion-Territorial.pdf. [26]

MOVE (n.d.), *Movilidad Eléctrica Latinoamérica y el Caribe*, https://movelatam.org/ (accessed on 10 October 2022). [90]

Noltze, M. et al. (2021), “Monitoring, evaluation and learning for climate risk management”, *OECD Development Co-operation Working Papers*, No. 92, OECD Publishing, Paris, https://doi.org/10.1787/58665de0-en. [38]

Ocampo, R. (2021), *Impementación de las cuentas ambientales en América Latina y el Caribe*, https://seea.un.org/sites/seea.un.org/files/2._situacion_regional_cuentas_ecosistemicas_rolando_ocampo.pdf (accessed on 31 July 2023). [34]

OECD (2023), *3rd LAC Regional Policy Dialogue on Environmental Sustainability: Addressing Climate Change Adaptation in Latin America & the Caribbean*, https://www.oecd.org/greengrowth/3rd-lac-policy-dialogue.htm. [120]

OECD (2023), "Biodiversity: Protected areas", *OECD Environment Statistics* (database), https://doi.org/10.1787/5fa661ce-en (accessed on 18 August 2023). [111]

OECD (2023), *Environment at a Glance in Latin America and the Caribbean: Spotlight on Climate Change*, OECD Publishing, Paris, https://doi.org/10.1787/2431bd6c-en. [36]

OECD (2023), "Global Plastics Outlook: Plastic waste by end-of-life fate and region - projections", *OECD Environment Statistics* (database), https://doi.org/10.1787/e4e8c086-en (accessed on 23 August 2023). [100]

OECD (2023), "Green growth indicators", *OECD Environment Statistics* (database), https://doi.org/10.1787/data-00665-en (accessed on 1 August 2023). [55]

OECD (2023), *OECD Environmental Performance Reviews: Costa Rica 2023*, OECD Environmental Performance Reviews, OECD Publishing, Paris, https://doi.org/10.1787/ec94fd4e-en. [105]

OECD (2023), "Patents in environment-related technologies: Technology indicators", *OECD Environment Statistics* (database), https://doi.org/10.1787/e478bcd5-en (accessed on 17 August 2023). [87]

OECD (2023), *Private Finance Mobilised by Official Development Finance Interventions. Opportunities and challenges to increase its contribution towards the SDGs in developing countries*, https://www.oecd.org/dac/2023-private-finance-odfi.pdf. [72]

OECD (2023), "Sustainable Ocean Economy", *OECD Environment Statistics* (database), https://doi.org/10.1787/4c44ff65-en (accessed on 28 September 2023). [113]

OECD (2022), *Aggregate Trends of Climate Finance Provided and Mobilised by Developed Countries in 2013-2020*, Climate Finance and the USD 100 Billion Goal, OECD Publishing, Paris, https://doi.org/10.1787/d28f963c-en. [62]

OECD (2022), *Climate Finance Provided and Mobilised by Developed Countries in 2016-2020: Insights from Disaggregated Analysis*, Climate Finance and the USD 100 Billion Goal, OECD Publishing, Paris, https://doi.org/10.1787/286dae5d-en. [65]

OECD (2022), *Empowering Women in the Transition Towards Green Growth in Greece*, OECD Publishing, Paris, https://doi.org/10.1787/a9eacee6-en. [94]

OECD (2022), *Enabling Conditions for Bioenergy Finance and Investment in Colombia*, Green Finance and Investment, OECD Publishing, Paris, https://doi.org/10.1787/20f760d6-en. [91]

OECD (2022), *Global Plastics Outlook: Policy Scenarios to 2060*, OECD Publishing, Paris, https://doi.org/10.1787/aa1edf33-en. [99]

OECD (2022), *International Programme for Action on Climate*, https://www.oecd.org/climate-action/ipac/ (accessed on 2023). [127]

OECD (2022), *OECD Guidance on Transition Finance: Ensuring Credibility of Corporate Climate Transition Plans*, Green Finance and Investment, OECD Publishing, Paris, https://doi.org/10.1787/7c68a1ee-en. [76]

OECD (2022), *OECD Review of Fisheries 2022*, OECD Publishing, Paris, https://doi.org/10.1787/9c3ad238-en. [112]

OECD (2022), *Scaling up blended finance in developing countries*, https://www.oecd.org/dac/scaling_up_blended_finance_in_developing_countries.pdf (accessed on September 2023). [75]

OECD (2022), "Subnational government climate expenditure and revenue tracking in OECD and EU Countries", *OECD Regional Development Papers*, No. 32, OECD Publishing, Paris, https://doi.org/10.1787/1e8016d4-en. [17]

OECD (2021), *Effective Carbon Rates 2021: Pricing Carbon Emissions through Taxes and Emissions Trading*, OECD Series on Carbon Pricing and Energy Taxation, OECD Publishing, Paris, https://doi.org/10.1787/0e8e24f5-en. [50]

OECD (2021), *Gender and the Environment: Building Evidence and Policies to Achieve the SDGs*, OECD Publishing, Paris, https://doi.org/10.1787/3d32ca39-en. [114]

OECD (2021), *Implementing the OECD Recommendation on Policy Coherence for Sustainable Development: Guidance Note*, https://www.oecd.org/gov/pcsd/pcsd-guidance-note-publication.pdf. [8]

OECD (2021), "Think green: Education and climate change", *Trends Shaping Education Spotlights*, No. 24, OECD Publishing, Paris, https://doi.org/10.1787/2a9a1cdd-en. [122]

OECD (2018), "Blended finance instruments and mechanisms", in *Making Blended Finance Work for the Sustainable Development Goals*, OECD Publishing, Paris, https://doi.org/10.1787/9789264288768-9-en. [131]

OECD (2017), *Development Co-operation Report 2017: Data for Development*, OECD Publishing, Paris, https://doi.org/10.1787/dcr-2017-en. [33]

OECD (2017), *Marine Protected Areas: Economics, Management and Effective Policy Mixes*, OECD Publishing, Paris, https://doi.org/10.1787/9789264276208-en. [110]

OECD (2015), *Aligning Policies for a Low-carbon Economy*, OECD Publishing, Paris, https://doi.org/10.1787/9789264233294-en. [1]

OECD (2006), *Applying Strategic Environmental Assessment*, https://www.oecd.org/environment/environment-development/37353858.pdf (accessed on April 2023). [27]

OECD (2006), *Applying Strategic Environmental Assessment. Good Practice Guidance for Development Co-operation*, https://www.oecd.org/environment/environment-development/37353858.pdf. [31]

OECD/CAF (2019), "Innovation and technology (Dimension 5)", in *Latin America and the Caribbean 2019: Policies for Competitive SMEs in the Pacific Alliance and Participating South American countries*, OECD Publishing, Paris, https://doi.org/10.1787/ef1c27ba-en. [86]

OECD et al. (2022), *Latin American Economic Outlook 2022: Towards a Green and Just Transition*, OECD Publishing, Paris, https://doi.org/10.1787/3d5554fc-en. [6]

OECD/ILO (2019), *Tackling Vulnerability in the Informal Economy*, Development Centre Studies, OECD Publishing, Paris, https://doi.org/10.1787/939b7bcd-en. [95]

OECD/The World Bank/UN Environment (2018), *Financing Climate Futures: Rethinking Infrastructure*, OECD Publishing, Paris, https://doi.org/10.1787/9789264308114-en. [63]

Ogando, P. (2022), *A pending task: 5 reasons why we need environmental education*, https://www.unicef.org/lac/en/stories/a-pending-task-5-reasons-why-we-need-environmental-education (accessed on 6 June 2023). [123]

Oueslati, W. (2023), *OECD'S contribution to G7: Climate change and environment*, https://www.iges.or.jp/sites/default/files/inline-files/3_G7%20OECD%20Symposium_Walid%20Oueslati.pdf (accessed on September 2023). [59]

Prada Hernández, A. et al. (2023), *Overcoming the Babel tower challenge! A taxonomy to create a common language for sustainable finance in the Latin American & Caribbean region*, https://wwfint.awsassets.panda.org/downloads/wwf_taxonomies_latin_america_eng_16jan202.pdf. [77]

Prasad, A. et al. (2022), "Mobilizing Private Climate Financing in Emerging Market and Developing Economies", *IMF Staff Climate Note 2022/007*, https://www.imf.org/en/Publications/staff-climate-notes/Issues/2022/07/26/Mobilizing-Private-Climate-Financing-in-Emerging-Market-and-Developing-Economies-520585. [64]

Presidéncia de la República Dominicana (n.d.), *Consejo Nacional para el Cambio Climático y Mecanismo de Desarrollo Limpio (CNCCMDL)*, https://cambioclimatico.gob.do/index.php/sobre-nosotros/historia. [15]

Presidency of the Dominican Republic (2016), *Plan Nacional de Adaptación para el Cambio Climático en la República Dominicana 2015-2030 (PNACC RD)*, https://bvearmb.do/bitstream/handle/123456789/164/Plan-Nacional-Adaptacion-Cambio-Climatico-2015-2030-PNACC-RD.pdf?sequence=1&isAllowed=y. [44]

Qamar, M. and S. Archfield (2022), "Consider the risks of bottom-up approaches for climate change adaptation", *Nature Climate Change*, Vol. 13/1, pp. 2-3, https://doi.org/10.1038/s41558-022-01572-6. [12]

Quispe, C. (2017), *http://cairplas.org.ar/ - Responsabilidad Extendida del Productor en América Latina*, http://cairplas.org.ar/news/49/Responsabilidad-Extendida-del-Productor-en-America-Latina.pdf (accessed on 2023). [102]

REGATTA (n.d.), *REGATTA Communities of Practice*, https://cambioclimatico-regatta.org/index.php/en (accessed on 10 October 2022). [89]

Rentschler, J. and M. Bazilian (2017), "Policy Monitor—Principles for Designing Effective Fossil Fuel Subsidy Reforms", *Review of Environmental Economics and Policy*, Vol. 11/1, pp. 138-155, https://doi.org/10.1093/reep/rew016. [48]

Reyer, C. et al. (2015), "Climate change impacts in Latin America and the Caribbean and their implications for development", *Regional Environmental Change*, Vol. 17/6, pp. 1601-1621, https://doi.org/10.1007/s10113-015-0854-6. [116]

Rodrigo-Ilarri, J. et al. (2020), "Advances in Implementing Strategic Environmental Assessment (SEA) Techniques in Central America and the Caribbean", *Sustainability*, Vol. 12/10, p. 4039, https://doi.org/10.3390/su12104039. [29]

Roy, J. et al. (2022), “2018: Sustainable Development, Poverty Eradication and Reducing Inequalities”, in *Global Warming of 1.5°C*, Cambridge University Press, https://doi.org/10.1017/9781009157940.007. [115]

Russel, D. et al. (2020), “Policy Coordination for National Climate Change Adaptation in Europe: All Process, but Little Power”, *Sustainability*, Vol. 12/13, p. 5393, https://doi.org/10.3390/su12135393. [23]

Saget, C., A. Vogt-Schilb and T. Luu (2020), *Jobs in a net-zero emissions future in Latin America and the Caribbean*, https://www.ilo.org/wcmsp5/groups/public/---americas/---ro-lima/documents/publication/wcms_752069.pdf. [96]

Samaniego, J. et al. (2022), *Panorama de las hojas de ruta de economía circular en América Latina y el Caribe*, https://repositorio.cepal.org/bitstream/handle/11362/48632/1/S2201064_es.pdf. [107]

Sanderson, H. et al. (eds.) (2018), *The Diversity of Adaptation in a Multilevel Governance Setting*, Elsevier, https://doi.org/10.1016/c2016-0-02106-x. [24]

Schneider, L. and S. La Hoz Theuer (2018), “Environmental integrity of international carbon market mechanisms under the Paris Agreement”, *Climate Policy*, Vol. 19/3, pp. 386-400, https://doi.org/10.1080/14693062.2018.1521332. [58]

SGP (n.d.), *ICCA-GSI PHASE 1*, https://sgp.undp.org/index.php?option=com_content&view=article&id=414&Itemid=524#.WOPDI0UrIdU. [21]

Souza, L. and T. Gasparotto (2023), *A new Taxonomy is born: insights on the Mexican Sustainable Taxonomy*, https://gsh.cib.natixis.com/our-center-of-expertise/articles/a-new-taxonomy-is-born-insights-on-the-mexican-sustainable-taxonomy (accessed on 13 July 2023). [78]

Strumskyte, S., S. Ramos Magaña and H. Bendig (2022), “Women's leadership in environmental action”, *OECD Environment Working Papers*, No. 193, OECD Publishing, Paris, https://doi.org/10.1787/f0038d22-en. [119]

Tambutti, M. and J. Gómez (eds.) (2020), *The outlook for oceans, seas and marine resources in Latin America and the Caribbean: Conservation, sustainable development and climate change mitigation*, Economic Commission for Latin America and the Caribbean (ECLAC). [109]

The Dialogue (2023), *A Roadmap to Unlock New Climate Finance in LAC*, https://www.thedialogue.org/analysis/a-roadmap-to-unlock-new-climate-finance-in-lac/#:~:text=Of%20these%20investments%2C%20around%2080,overshadow%20those%20of%20sustainable%20activities. (accessed on 13 July 2023). [66]

UN (1992), *United Nations Framework Convention of Climate Change*, https://unfccc.int/resource/docs/convkp/conveng.pdf. [121]

UN ECLAC (2022), *How to finance sustainable development. Recovery from the effects of COVID-19 in Latin America and the Caribbean*, http:///repositorio (accessed on 1 August 2023). [49]

UN ECLAC (2021), *Avances hacia una economía circular en América Latina y el Caribe: Desafíos y oportunidades para lograr un estilo de desarrollo más sostenible y bajo en carbono*, https://www.cepal.org/es/eventos/avances-economia-circular-america-latina-caribe-desafios-oportunidades-lograr-un-estilo. [97]

UN ECLAC (2019), *https://comunidades.cepal.org/ - Avances y desafíos de las cuentas ambientales y ecosistémicas en América Latina y el Caribe*, https://comunidades.cepal.org/estadisticas-ambientales/es/grupos/discusion/avances-y-desafios-de-las-cuentas-ambientales-y-ecosistemicas-en-america-latina-y (accessed on 2023). [37]

UN ECLAC (2017), *La sitación de las estadísticas, indicadores y cuentas ambientales en América Latina y el Caribe*, https://repositorio.cepal.org/bitstream/handle/11362/43139/1/S1701237_es.pdf. [35]

UN Environment (2018), *Waste Management Outlook for Latin America and the Caribbean*, https://www.unep.org/ietc/resources/publication/waste-management-outlook-latin-america-and-caribbean. [98]

UNDP (2022), *Building a common framework of sustainable finance taxonomies in Latin America and the Caribbean*, https://www.undp.org/latin-america/press-releases/building-common-framework-sustainable-finance-taxonomies-latin-america-and-caribbean (accessed on 13 October 2022). [81]

UNDP (n.d.), *Advancing gender equality in NDCs: progress and higher ambitions*, https://data.undp.org/content/gender-and-ndc/ (accessed on 7 July 2023). [118]

UNDP; UN Women; OECD (n.d.), *Gender Response Tracker with a Green Lens*, https://data.undp.org/gendertracker/ (accessed on 1 August 2023). [117]

UNECE (2016), *Protocol on Strategic Environmental Assessment - Facts and Benefits*, https://unece.org/DAM/env/eia/Publications/2016/Protocol_on_SEA/1609217_UNECE_HR.pdf. [30]

UNEP (2023), *Common Framework of Sustainable Finance Taxonomies for Latin America and the Caribbean*, https://www.undp.org/latin-america/publications/common-framework-sustainable-finance-taxonomies-latin-america-and-caribbean (accessed on 13 July 2023). [82]

UNEP (2023), *New environmental education guide for Latin America and the Caribbean*, https://www.unep.org/news-and-stories/press-release/new-environmental-education-guide-latin-america-caribbean-region (accessed on 6 June 2023). [124]

UNEP (2022), *Integrate Extended Producer Responsibility within the International plastics Treaty*, https://apps1.unep.org/resolutions/uploads/integrate_epr_within_the_international_treaty_on_plastics_pollution_1.pdf. [101]

UNEP (2022), *Technology Transfer for Climate Mitigation and Adaptation: Analysing needs and development assistance support in technology transfer processes*, UNEP Copenhagen Climate Centre, https://unepccc.org/wp-content/uploads/2023/06/tech-transfer-policy-brief-oecd.pdf. [88]

UNEP (2017), *GEO-6: Global Environmental Outlook: Regional assessment for Latin America and the Caribbean*, https://www.unep.org/resources/report/geo-6-global-environment-outlook-regional-assessment-latin-america-and-caribbean. [73]

UNFCCC (2023), *Long-term strategies portal*, https://unfccc.int/process/the-paris-agreement/long-term-strategies (accessed on 2023). [134]

UNFCCC (2023), *NDC Registry*, https://unfccc.int/NDCREG (accessed on 2023). [133]

UNFCCC (2022), *Glasgow Climate Pact*, https://unfccc.int/sites/default/files/resource/cma2021_10_add1_adv.pdf (accessed on 20 September 2022). [61]

UNFCCC (2021), *Report of the Standing Committee on Finance*. [46]

UNFCCC (2020), *https://unfccc.int/ - Payments for Environmental Services Program | Costa Rica*, https://unfccc.int/climate-action/momentum-for-change/financing-for-climate-friendly-investment/payments-for-environmental-services-program (accessed on 2023). [52]

UNFCCC (2019), *Climate action and support trends 2019. Based on national reports submitted to the UNFCCC secreatriat under the current reporting framework*, https://unfccc.int/sites/default/files/resource/Climate_Action_Support_Trends_2019.pdf. [7]

UNFCCC (n.d.), *About Carbon Pricing*, https://unfccc.int/about-us/regional-collaboration-centres/the-ciaca/about-carbon-pricing#Which-types-of-carbon-pricing-exist?- (accessed on 1 August 2023). [128]

United Nations (2021), *United Nations Handbook on Carbon Taxation for developing countries*, https://desapublications.un.org/file/918/download. [51]

Williams, K. and H. Tai (2016), "A Multi-Tier Social-Ecological System Analysis of Protected Areas Co-Management in Belize", *Sustainability*, Vol. 8/2, p. 104, https://doi.org/10.3390/su8020104. [20]

World Bank (2023), *Blue Economy in Latin America and the Caribbean*, https://www.worldbank.org/en/news/infographic/2023/06/07/oceans-blue-economy-in-latin-america-and-the-caribbean (accessed on 18 August 2023). [108]

World Bank (2023), *State and Trends of Carbon Pricing 2023*, https://doi.org/10.1596/978-1-4648-2006-9. [54]

World Bank (2021), *Promoting Climate Change Action in Latin America and the Caribbean*, https://www.worldbank.org/en/results/2021/04/14/promoting-climate-change-action-in-latin-america-and-the-caribbean (accessed on 3 October 2022). [71]

World Bank (2007), *International Trade and Climate Change*, The World Bank, https://doi.org/10.1596/978-0-8213-7225-8. [83]

Notas

[1] Los países cubiertos en este reporte fueron: Antigua y Barbuda, Argentina, Bahamas, Barbados, Belice, Bolivia, Brasil, Chile, Colombia, Costa Rica, Cuba, Dominica, República Dominicana, Ecuador, El Salvador, Granada, Guatemala, Guyana, Haití, Honduras, Jamaica, México, Montserrat, Nicaragua, Panamá, Paraguay, Perú, San Cristóbal y Nieves, Santa Lucía, San Vicente y las Granadinas, Surinam, Trinidad y Tobago, Uruguay y Venezuela (OECD, 2022[62]).

[2] Según el Comité Permanente de Finanzas de la Convención Marco de las Naciones Unidas sobre el Cambio Climático (CMNUCC), la financiación climática "tiene como objetivo reducir las emisiones y mejorar los sumideros de gases de efecto invernadero y tiene como objetivo reducir la vulnerabilidad de los sistemas humanos y ecológicos, así como mantener y aumentar su resiliencia". a los impactos negativos del cambio climático". La OCDE proporciona análisis y rastrea el progreso en el objetivo colectivo de los países desarrollados de movilizar USD 100 mil millones por año para la acción climática en los países en desarrollo, como se presentó en la COP15 y se reiteró y amplió en la COP21.

[3] Chile, Costa Rica, México y Panamá.

Annex A. Adaptación al clima en los marcos de política pública de los países de ALC

Tabla A A.1. Adaptación al clima en los marcos de política pública nacionales de los países de ALC

País	Plan Nacional de Adaptación	PNAs sectoriales y otros resultados	Adaptación con las NDCs	Legislación y políticas nacionales de adaptación (general	País
Antigua and Barbuda	No	No	Yes (conditional targets on buildings, renewable energy, water, gender, finance,)	Antigua & Barbuda's 2015-2020 National Action Plan: Combatting Desertification, Land Degradation & Drought	
Argentina	No	No	Yes (as reflected in Adaptation Communication of Argentina)	Law 27520/2019 on Minimum Budgets for Adaptation and Mitigation to Global Climate Change	National Action Plan for Energy and Climate Change 2017; National Plan for the Restoration of Native Forests (PNRBN) 2018
Bahamas	No	No	Yes (target on reducing vulnerability, with components on preparedness, funding, food and water security, ecosystems' management, energy, education, information and monitoring)	2005 National Policy for the Adaptation to Climate Change	Climate Change and Carbon Market Initiatives Act 2022
Barbados	No	No	Yes (though no explicit targets)	Proclamation of the Planning and Development Act (2021); 2021 Physical Development Plan (PDP)	Barbados Comprehensive Disaster Management (CDM) Country Work Programme (CWP) 2019-2023; other policies on tourism, coastal zone management, storm water management, other sectoral plans (agriculture, fisheries, water and health)
Belize	No	No	Yes (with sectoral targets on coastal zone and marine resources, agriculture, fisheries and aquaculture, human health, tourism, forestry and biodiversity, land use, human settlements and infrastructure, water resources)	2014 National Climate Change Policy, Strategy and Action Plan (with focus on priority sectors including agriculture, tourism, energy, forestry and fisheries)	
Bolivia	No	No	Yes (targets for water, forestry and agriculture)	The Mother Earth Law and Integral Development to Live Well (Law No 300/2012); Economic and Social Development Plan - PDES 2021-2025	2016 Supreme Decree No. 2.914 on Deforestation monitoring and control
Brazil	12-May-16	Yes	Yes (reference to country's NAP)		

Chile	07-Sep-17	Yes (Agriculture, Biodiversity, Fisheries and Aquaculture)	Yes (special attention to water)	National Climate Change Strategy 2006; Framework Law on Climate Change 21455/2022	National Policy of Land Management (PNOT) 2021
Colombia	27-Feb-18	No	Yes	National Climate Change Decree (SISCLIMA); Law no 1931/2018 establishing guidelines for the management of climate change	Resolution no. 126/2022 adopting Policy Guidelines for Sustainable Cattle Farming 2022-2050
Costa Rica	05-May-22	No	reference to co-benefits and NAP	National Adaptation Policy 2018-2030 (Decree 41091-MINAE); National Plan of adaptation to Climate Change 2022-2026	Decree No. 41127/2018 creating the National Measuring System for Climate Change
Cuba	No	No	Yes	State Plan for confronting climate change (Tarea Vida) 2017	
Dominica	No	No	Yes (ecosystems, coastal and marine resources, health, agriculture)	Climate Resilience Act 2018; National Resilience Development Strategy 2018-2030; Climate Resilience and Recovery Plan 2020-2030	National Forest Policy 2022
Dominican Republic	No	No	Yes	Law 1-12: National Development Strategy 2030	National Adaptation Strategy for the Agricultural Sector 2014-2020; Climate Change and Gender Action Plan (PAGCC-RD) 2018;
Ecuador	No	No	Yes (energy, agriculture, forestry, water, ecosystems, risk management)	Executive Decree 1815/2009; Executive Decree 495/2010 on Interinstitutional Committee on Climate Change; National Climate Change Strategy 2012-2025; National Climate Change Mitigation Plan (Planmicc)	National Forestry Restoration Program
El Salvador	No	No	Yes (agriculture, ecosystems, cities, electricity, infrastructure, water resources, waste management, health, transport)	National Plan for Climate Change	Action Plan for the restoration of ecosystems and landscapes in El Salvador with an adaptation-based mitigation approach: 2018-2022 project; Environmental strategy for adaptation and mitigation to climate change in the agricultural, forestry and aquaculture sectors 2018; National plan for integrated management of water resources 2018
Grenada	06-Nov-19	Yes (National Climate Change Policy)	only reference to co-benefits and NAP	National Climate Change Policy; National Sustainable Development Plan 2020-2035	
Guatemala	02-Aug-19	No	Yes (agriculture, marine coastal zones, forestry and ecosystems, water resources, health, infrastructure)	Framework law to regulate reduction of vulnerability, mandatory adaptation to the effects of climate change, and the mitigation of greenhouse gas effects (Decree of the Congress 7-	National Plan for Innovation and Development 2020-2024 (PLANID)

				2013)	
Guyana	No	No	Yes (agriculture, water)		
Haiti	No	No	Yes (agriculture, fishing, water resources, road infrastructure, coastal zones, health and habitat)		
Honduras	No	No	Yes (water resources, ecosystems, agriculture, infrastructure)	Decree no.297/2013 (Law on Climate Change); National Plan for Adaptation to Climate Change 2018-2030	
Jamaica	No	No	Yes (co-benefits)		
Mexico	No	No	Yes (agriculture)	General Law on Climate Change 2012; Law of General Ecological Balance and Protection of the Environment;	General Law for Sustainable Forest Development 2018;
Nicaragua	No	No	Yes	Presidential Decree 7/2019 establishing the national policy of climate change mitigation and adaptation and creating the national response system to climate change	
Panama	No	No	Yes	National Strategy for Climate Change 2050 (Executive Decree 34/2019)	National plan on climate change for agriculture (PNCCSA) 2018
Paraguay	03-May-20	No	Yes	National Law on Climate Change no. 5875/2017	National Forest Strategy for Sustainable Growth (ENBCS) 2019
Peru	22-Jul-21	No	Yes	Framework Law no 30754/2018 on Climate Change; Supreme Decree 003-2022-MINAM declaring the climate emergency of national interest	Mechanisms of Compensation for Services to Ecosystems (Law No. 30215/2014); National Strategy for the Restoration of Ecosystems and Degraded Forest Lands (ProRest 2021-2030)
Saint Kitts and Nevis	No	No	Yes	National Climate Change Adaptation Strategy 2018	Food and Nutrition Security Policy and Plan of Action 2019
Saint Lucia	21-Sep-18	Yes (Agriculture, Fisheries, Water, Communication Strategy, Monitoring and Evaluation Strategy)	Yes (link to NAP)	National Environment Policy (NEP) and National Environmental Management Strategy (2004; Revised 2014)	
Saint Vincent and the Grenadines	14-Nov-19	No	Yes (coastal zones, water resources, health, agriculture)		
Suriname	02-Jun-20	No	Yes (agriculture)	Policy Development Plan 2017-2021; Multi-Annual Development Plan 2022-2026	Suriname National REDD+ Strategy
Trinidad and Tobago	No	No	Yes (co-benefits)		
Uruguay	03-Dec-19	Yes (Agriculture, Cities, Coastal)	Yes	National Policy for Climate Change 2017; National Action Strategy for Climate Empowerment 2022;	National Adaptation Plan to Climate Variability and Change for Cities and Infrastructures 2018; Law

					No. 19.772/2019 on Land-use Planning and Sustainable Development of the Coastal Area of the Atlantic Ocean and the Rio de la Plata; National Adaptation Plan to Climate Variability and Change for the Agriculture Sector 2019; Gender and Climate Change Action Plan 2021; National Waste Management Plan 2021
Venezuela	No	No	Yes (agriculture, water resources, mining, health, risk reduction, ecosystems)		

Nota: El cuadro no es exhaustivo. Pueden existir otras legislaciones o planes. Los autores examinaron los principales textos legislativos disponibles.

Annex B. NDCs and LTS en ALC

Tabla A B.1. Panorama general de las NDCs y las LTS en la región de ALC

			Fundamentales		Alcance y cobertura			Consideración de Eliminación de carbono
País	NDC Fecha de envío	LTS	Objetivos relevantes	Condicionalidad	Cubre todos los sectores	Cobretura de gases	Cobertura de todas las categorías del IPCC (inventario de balances metodológicos)	¿Incluye tecnologías de captura y almacenamiento de cabrono?
Antigua and Barbuda	Sep-21	No	Net zero by 2040	Conditional	Yes	GHG		No
			·86% renewable energy generation from local resources in the electricity sector by 2030			(CO_2, CH_4, N_2O)		
			·100% all new vehicle sales to be electric vehicles by 2030					
Argentina	Nov-21	Yes 06/11/2022	Climate neutrality by 2050	Absolut unconditional target	Yes	GHG	Yes	No
			-349 $MtCO_2e$ by 2030			(CO_2, CH_4, N_2O, HFCs, PFCs)		
Bahamas	Nov-22	No	-30% GHG_{BAU} by 2030	Conditional	Yes	GHG		No
						(CO_2, CH_4, N_2O)		
Barbados	Jul-21	No	Carbon neutrality by 2030		Yes			No
			-35%GHG_{BAU} by 2030 (unconditional)	Unconditional				
			-70% GHG_{BAU} by 2030 (conditional)	Conditional				
Belize	Sep-21	Yes	Promise of net zero by 2050	Unconditional	Yes	GHG		No
		03/05/2023	Sectoral targets			(CO_2, CH_4, N_2O)		
Bolivia	Apr-22	No	Sectoral targets non GHG targets	Conditional and unconditional	Yes	GHG + Black Carbon		No
						(CO_2, CH_4,		

						N_2O, HFCs, PFCs, SF_6, NF_3)		
Brazil	Apr-22	No	Climate neutrality by 2050 -50% GHG_{2005} by 2030	Relative unconditional target	Yes	GHG (CO_2, CH_4, N_2O, HFCs, PFCs, SF_6)	Yes	No
Chile	Apr-20	Yes 03/11/2021	Climate neutrality by 2050 95 $MtCO_2e$ by 2030	Absolut unconditional target	Yes	GHG + Black Carbon (CO_2, CH_4, N_2O, HFCs, PFCs, SF_6, NF_3)	Yes	No
Costa Rica	Dec-20	Yes 12/12/2019	Climate neutrality by 2050 9.11 $MtCO_2e$ by 2030	Absolut unconditional target	Yes	GHG + BC +Criteria gases (CO_2, CH_4, N_2O, HFCs, PFCs, SF_6), CO, NOx, NMVOC, SO_2 and black carbon	Yes	No
Colombia	Dec-20	Yes 12/11/2021	Climate neutrality by 2050 169.44 $MtCO_2e$ by 2030 -51% GHG_{BAU} by 2030 -40% BC_{2014} by 2030	Absolut unconditional target	Yes	GHG + Black Carbon (CO_2, CH_4, N_2O, HFCs, PFCs, SF_6)	Yes	No
Cuba	Dec-20	No	Sectoral targets non GHG targets	Conditional	No	(CO_2, CH_4, N_2O)	No	No
Dominica	July – 2022	No	-45% GHG_{2014} by 2030	Conditional	Yes	(CO_2, CH_4, N_2O, HFCs, NMVOC, SO_2)	Yes	No
Dominican Republic	Dec-20	No	Carbon neutrality by 2050 -27% GHG_{BAU} by 2030 -7% GHG_{BAU} by 2030 -6% BC_{BAU} by 2030	 Conditional Unconditional	Yes	GHG + Black Carbon (CO_2, CH_4, N_2O)	Yes	No
Ecuador	Mar-19	No	-9% GHG_{BAU} by 2025	Unconditional	Yes	GHG + BC +Criteria gases	Yes	No

			-21% GHG_{BAU} by 2025	Conditional		(CO_2, CH_4, N_2O, HFCs, PFCs, SF_6), CO, NOx, NMVOC, SO_2 and black carbon		
El Salvador	Dec-21	No	AFOLU climate neutrality by 2050	n/d	Yes	GHG (CO_2, CH_4, N_2O)	Yes	No
Grenada	Nov-20	No	CO_2 neutrality only by 2050 -40 GHG_{2010} by 2030	Conditional	Yes	GHG (CO_2, CH_4, N_2O, HFCs, PFCs, SF_6)	Yes	No
Guatemala	May-22	No	-22.6% GHG_{BAU} by 2030 -11.2% $GHGI_{BAU}$ by 2030	Conditional Unconditional	Yes	GHG (CO_2, CH_4, N_2O)	Yes	No
Guyana	May-16	No	Already CO_2 neutral Sectoral targets	Conditional Unconditional	No	CO_2		No
Haiti	Jun-22	No	-31.8% GHG_{BAU} by 2030 -6.32% GHG_{BAU} by 2030	Conditional Unconditional		GHG (CO_2, CH_4, N_2O)		No
Honduras	May-21	No	-16% GHG_{BAU} by 2030	Conditional		GHG (CO_2, CH_4, N_2O, HFCs)		No
Jamaica	Jul-22	No	Net zero by 2050 -28.5% GHG_{BAU} by 2030 -25.4% GHG_{BAU} by 2030	Conditional Unconditional	No	GHG (CO_2, CH_4, N_2O, HFCs)		No
Mexico	Nov-22	Yes 16/11/2016	-30% GHG_{BAU} by 2030 -40% GHG_{BAU} by 2030	Conditional Unconditional	Yes	GHG + Black Carbon (CO_2, CH_4, N_2O, HFCs, PFCs, SF_6)	Yes	No
Nicaragua	Dec-20	No	Sectoral targets	Conditional		GHG (CO_2, CH_4, N_2O, HFCs, PFCs)		No
Panama	Dec-20	No	Climate neutrality by 2050 Sectoral targets	n/d	Yes	GHG (CO_2, CH_4, N_2O)		No
Paraguay	Jul-21	No	Carbon neutral by 2050	Conditional	Yes			No

			-20% GHG_{BAU} by 2030			GHG + Black Carbon		
			-10% GHG_{BAU} by 2030	Unconditional		(CO_2, CH_4, N_2O, HFCs, PFCs, SF_6)		
Peru	Dec-20	No	Climate neutrality by 2050		Yes	GHG	Yes	No
			GHG emissions of 179 $MtCO_2e_{max}$ by 2030	Conditional		(CO_2, CH_4, N_2O, HFCs, PFCs, SF_6)		
			GHG emissions of 208.8 $MtCO_2e_{max}$ by 2030	Unconditional				
Saint Kitts and Nevis	Oct-21	No	Net zero by 2050	Conditional	Yes	CO_2		No
			-61% GHG_{2010} by 2030					
Saint Lucía	Jan-21	No	-7% GHG_{2010} by 2030	Conditional	Energy	GHG + criteria pollutants		No
						(CO_2, CH_4, N_2O)		
Saint Vincent and the Grenadines	Feb-16	No	-22% GHG_{BAU} by 2025	Unconditional	Yes	GHG		No
						(CO_2, CH_4, N_2O, HFCs)		
Surinam	Dec-19	No	Already CO_2 neutral	Conditional	Yes	GHG		Yes
			Sectoral targets			(CO_2, CH_4, N_2O)		
Trinidad and Tobago	Feb-18	No	-15% GHG_{BAU} by 2030	Conditional	Energy	GHG		No
						(CO_2, CH_4, N_2O		
Uruguay	Dec-22	Yes	CO_2 neutrality only by 2050	Conditional and unconditional		GHG		No
		12/12/2021	Sectoral targets			(CO_2, CH_4, N_2O, HFCs)		
Venezuela	Nov-21	No	-20% GHG_{BAU} by 2030	Conditional	No	No		No

1. 11 $MtCO_2e$ by 2030
2. 44 $MtCO_2e$ by 2030

Nota: La neutralidad climática se refiere a cero emisiones netas de todos los GEI (o al menos de CO_2, CH_4 y N_2O); tanto "cero emisiones netas" como "neutralidad de carbono" se consideran términos ambiguos, ya que no está claro qué gases pretenden cubrir los países y, por lo tanto, su alcance de GEI debe considerarse poco claro. Brasil y México permiten niveles de emisiones superiores a los objetivos establecidos en sus NDC de 2016.

El cuadro no es exhaustivo. Pueden existir otras legislaciones o planes. Los autores examinaron los principales textos legislativos disponibles.

Fuente: (UNFCCC, 2023[1]); (UNFCCC, 2023[2]).

References

UNFCCC (2023), *Long-term strategies portal*, https://unfccc.int/process/the-paris-agreement/long-term-strategies (accessed on 2023). [2]

UNFCCC (2023), *NDC Registry*, https://unfccc.int/NDCREG (accessed on 2023). [1]

www.ingramcontent.com/pod-product-compliance
Lightning Source LLC
LaVergne TN
LVHW082036051026
849532LV00011B/3382
* 9 7 8 9 2 6 4 8 4 6 4 3 2 *